Antônio Pereira Gaio Júnior
O PROCESSO NOS JUIZADOS ESPECIAIS CÍVEIS ESTADUAIS, FEDERAIS E DA FAZENDA PÚBLICA

Antônio Pereira Gaio Júnior

O PROCESSO NOS JUIZADOS ESPECIAIS CÍVEIS ESTADUAIS, FEDERAIS E DA FAZENDA PÚBLICA

3ª EDIÇÃO

Completa e Atualizada de acordo com o CPC/2015 e com a Lei n. 13.728, de 31.10.2018.

Belo Horizonte
2019

Copyright © 2019 Editora Del Rey Ltda.
Nenhuma parte deste livro poderá ser reproduzida, sejam quais forem os meios empregados, sem a permissão, por escrito, da Editora.
Impresso no Brasil | Printed in Brazil
EDITORA DEL REY LTDA

www.editoradelrey.com.br

Editor: Arnaldo Oliveira

Editor Adjunto: Ricardo A. Malheiros Fiuza

Diagramação / Capa: Alfstudio

Revisão: Responsabilidade do autor

EDITORA
Rua dos Goitacazes, 71 – Lojas 20 a 24
Centro - Belo Horizonte-MG
CEP 30190-909
Comercial:
Tel.: (31) 3284-3284 | 3293-8233
vendas@editoradelrey.com.br
Editorial:
editorial@editoradelrey.com.br

CONSELHO EDITORIAL:
Alice de Souza Birchal
Antônio Augusto Cançado Trindade
Antonio Augusto Junho Anastasia
Antônio Pereira Gaio Júnior
Aroldo Plínio Gonçalves
Carlos Alberto Penna R. de Carvalho
Dalmar Pimenta
Edelberto Augusto Gomes Lima
Edésio Fernandes
Felipe Martins Pinto
Fernando Gonzaga Jayme
Hermes Vilchez Guerrero
José Adércio Leite Sampaio
José Edgard Penna Amorim Pereira
Luiz Guilherme da Costa Wagner Junior
Misabel Abreu Machado Derzi
Plínio Salgado
Rénan Kfuri Lopes
Rodrigo da Cunha Pereira

G143p
Gaio Júnior, Antônio Pereira
    O processo nos juizados especiais cíveis estaduais, federais e da fazenda pública / Antônio Pereira Gaio Júnior. — 3. ed. compl. e atual. — Belo Horizonte: Del Rey, 2019.
    xxxii, 282 p.: il.
    ISBN: 978-85-384-0553-5
    1. Processo civil – Brasil 2. Juizados especiais cíveis 3. Conciliação (processo civil) 4. Recursos (Direito)
    I. Título

CDU (1976) 347.9(81)

Ficha catalográfica elaborada pelo bibliotecário Junio Martins Lourenço CRB 6/3167.

Antônio Pereira Gaio Júnior

Pós-Doutor em Direito pela Universidade de Coimbra

Pós-Doutor em Democracia e Direitos Humanos pelo *Ius Gentium Conimbrigae* – Faculdade de Direito da Universidade de Coimbra

Doutor em Direito pela Universidade Gama Filho

Mestre em Direito pela Universidade Gama Filho

Pós-Graduado em Direito Processual pela Universidade Gama Filho

Professor Associado de Direito Processual Civil e Teoria Geral do Processo da Universidade Federal Rural do Rio de Janeiro – UFRRJ

Membro da *International Association Procedural of Law* – IAPL

Membro da *International Bar Association* – IBA

Membro Efetivo do Instituto Iberoamericano de Direito Processual – IIDP

Membro Efetivo do Instituto Brasileiro de Direito Processual – IBDP

Membro da Associação de Direito e Economia Europeia – ADEE

Membro Efetivo da Comissão Permanente de Processo Civil do Instituto dos Advogados Brasileiros – IAB Nacional

Membro da Comissão de Direito Processual Civil da OAB-MG

Membro da Comissão de Educação Jurídica da OAB-MG

Advogado, Consultor Jurídico e Parecerista

www.gaiojr.com

Dedicatória

Dedico esta obra:

A Deus pela força viva e luz de todo dia.

Sempre aos meus amados pais, Antônio e Miryam (*em memória*), fontes inesgotáveis de inspiração, tradução de um amor vivo e intenso e que me faz estar de pé todos os dias, acreditando na força da informação para a formação.

Como de sempre, dedico-lhes mais algumas letras jurídicas, ou melhor, devolvo-lhes, ainda que endividado, o labor que me proporcionaram a construir e ser.

A minha esposa Raquel, pelo amor incondicional e sem limites, na construção de um caminho sólido e a quatro mãos – e um só coração!

Aos amados filhos Miguel e Raphael, pelo dom mágico de me transformarem em criança.

Agradecimentos

Aos meus diletos alunos e ex-alunos, em todos os níveis e sem exceções, por me permitirem o prazer do exercício da cátedra.
Sempre à estimada Editora Del Rey na figura do festejado amigo e empreendedor Arnaldo, por acreditar firmemente no poder criativo e transformador de realidades a partir das ideias e ideais do homem.
Àqueles que, em todas as passagens de minha vida, se propuseram a ensinar-me.

"Dentro da relatividade do mundo, a impossibilidade do ideal não legitima a perversão do real."

Eugenio Raúl Zaffaroni

Abreviaturas

a.C .... Antes de Cristo

ac. .... Acórdão

AGMC .... Agravo Regimental na Medida Cautelar

AgRg .... Agravo Regimental

AIJ .... Audiência de Instrução e Julgamento

Art .... Artigo

AT .... Antecipação de Tutela

BolAASP .... Boletim da Associação dos Advogados de São Paulo

Cap . ... Capítulo

CC .... Conflito de Competência

C. Civil .... Código Civil

c/c .... Combinado com

CDC .... Código de Defesa e Proteção do Consumidor

Cf. .... Conferir

CPC .... Código de Processo Civil

CPP .... Código de Processo Penal

CF .... Constituição Federal

CNJ .... Conselho Nacional de Justiça

d.C. .... Depois de Cristo

DJU .... Diário da Justiça da União

Dec.-Lei.. Decreto-Lei

Des.. Desembargador

DJ.. Diário de Justiça

DOU.. Diário Oficial da União

EC... Emenda Constitucional

ed. .... Edição

Ed. .... Editora

EDcl... Embargos de Declaração

Emb. Div. .... Embargos de Divergência

En. .... Enunciado

ex vi .... Pela força

FONAJE............................... Fórum Nacional dos Juizados Especiais

IAB.. Instituto dos Advogados Brasileiros

IBDP.. Instituto Brasileiro de Direito Processual

inc.(s) .... Inciso(s)

J. .... Julgamento

JECSP .... Juizado Especial Cível de São Paulo

JTJ............................. Jurisprudência do Tribunal de Justiça do Estado de São Paulo

LAJ... Lei de Assistência Judiciária

LJE........................ Lei dos Juizados Especiais Estaduais (Lei n. 9.099/95)

Min. .... Ministro

MP.. Medida Provisória; Ministério Público

OAB.. Ordem dos Advogados do Brasil

Ob. cit.. Obra citada

p. .... página

p.ex .... por exemplo

Parág. Único... Parágrafo Único

RE.. Recurso Extraordinário

Rel.. Relator

REsp .... Recurso Especial

RISTF........................ Regimento Interno do Supremo Tribunal Federal

RT .... Revista dos Tribunais

RTJ	Revista Trimestral de Jurisprudência (do STF)
RSTJ	Revista do Superior Tribunal de Justiça
ss.	Seguinte(s)
STF	Supremo Tribunal Federal
STJ	Superior Tribunal de Justiça
T.	Turma
TA	Tribunal de Alçada
TJ	Tribunal de Justiça
TJBA	Tribunal de Justiça do Estado da Bahia
TJDF	Tribunal de Justiça do Distrito Federal
TJMA	Tribunal de Justiça do Estado do Maranhão
TJMG	Tribunal de Justiça do Estado de Minas Gerais
TJRJ	Tribunal de Justiça do Estado do Rio de Janeiro
TJ/SC	Tribunal de Justiça do Estado de Santa Catarina
TJSP	Tribunal de Justiça do Estado de São Paulo
Trad.	Tradução
v.	Ver
v.g.	*verbi gratia* (por exemplo)
Vol	Volume
v.u	votação unânime

Prefácio

Tomei conhecimento da obra jurídica do autor quando li seu manual de "Direito Processual Civil", já em terceira edição. Impressionou-me a clareza de suas ideias, aliadas a uma didática pouco comum nos trabalhos processualísticos dos últimos tempos. Sem se perder em debates acadêmicos, muitas vezes insolúveis e quase sempre despidos de efeitos relevantes sobre a dinâmica do mundo em que a lei processual tem de atuar, o autor consegue abrir e iluminar os caminhos do aprendizado da técnica de atuação da jurisdição, oferecendo aos alunos dos cursos jurídicos um instrumental valioso de iniciação científica.

Pude, na ocasião, acatar a análise da obra efetuada por seu ilustre prefaciador, Magistrado e Professor Alberto Nogueira, no sentido de que o Professor Antônio Pereira Gaio Júnior, em seu "Direito Processual Civil", logrou combinar a visão teórica (sem tecnicidades) com o espírito prático apresentando com clareza (como se espera de um "manual") a doutrina, "sem aprofundar a discussão teórica que, de outro modo, prejudicaria o objetivo propedêutico da obra, o que deu ao texto qualidade técnica (teoria do processo) e prática (como as 'Primeiras Linhas' do clássico de Amaral Santos)". O curso, segundo seu emérito apresentador, contendo ao mesmo tempo "um trabalho tão simples (aspecto didático) e profundo (raízes doutrinárias), não apresentou apenas um livro a mais na literatura processual brasileira, mas correspondeu a "algo novo e importante", capaz de contribuir para sua renovação.

Procurando conhecer mais do trabalho doutrinário do autor, deparei-me com seu precioso ensaio sobre a "Tutela Específica dos Obrigações de Fazer", também já em terceira edição e pude confirmar o mérito da obra que o Prof. Antônio Pereira Gaio Júnior vem produzindo. Como destacou Prof. Araken de Assis, ao prefaciar a referida reedição, nas pegadas de Pontes de Miranda, os livros de direito hão de ser leis aos juízes e advogados, como roteiro para as suas atividades. "Os livros que não resolvem dúvidas, os livros sem valor prático, são livros de metafísica ou de retórica jurídica; não são livros de ciência. É perder tempo lê-los ou mencioná-los". No testemunho de Araken de Assis, são essas virtudes que não faltam à obra de Antônio Pereira Gaio júnior, onde se aliam o estilo primoroso e claro e o predicado decisivo: a utilidade das lições divulgadas.

De igual juízo, acerca da referida monografia do autor, é o ilustre Prof. Leonardo Greco, para quem o doutrinador conseguiu demonstrar, com dito ensaio, "a sua capacidade de lidar com rigor científico tanto dos aspectos processuais como dos de direito material das diversas situações jurídicas que conduzem à execução judicial de obrigações de fazer".

Volta agora o Prof. Antônio Pereira Gaio Júnior, a enriquecer a doutrina pátria com interessante e utilíssimo estudo, desta vez sobre "O Processo nos Juizados Especiais Cíveis Estaduais". As características anotadas e ressaltadas nas obras anteriores continuam presentes e marcantes no novo trabalho jurídico.

História, teoria e prática aliam-se para tornar compreensível a função e o procedimento dos Juizados Especiais da Lei nº 9.099, de 26/09/1995.

O livro desdobra-se em três capítulos principais: o primeiro é dedicado às *noções gerais*, onde se exploram, além dos antecedentes históricos, os principais orientadores da tutela jurisdicional proporcionada por essa peculiaríssima justiça, bem como os critérios informativos da formação de seus órgãos, da definição de sua competência, da forma dos seus atos processuais e dos meios de sua comunicação entre o juízo e as partes.

O segundo cuida do processo de cognição nos Juizados Especiais, desde o rito até as questão ligadas à prova, à sentença, aos recursos e à rescindibilidade dos respectivos julgados. E o terceiro capítulo é reservado à execução forçada no âmbito dos Juizados Especiais, tanto fundada nos títulos judiciais como nos extrajudiciais.

Em anexos, informativos de relevância prática são adicionados, por meio de organograma procedimental, de reprodução do texto integral da Lei nº 9.099/1995, e da divulgação dos Enunciados Cíveis do Fórum Nacional dos Juizados Especiais – FONAJE.

Com segurança, pode-se esperar, para a nova monografia processual, o mesmo sucesso editorial já registrado na divulgação dos livros jurídicos anteriores do autor.

Humberto Theodoro Júnior

Apresentação à 1ª edição

É virtude do Direito, como instrumento da liberdade, corresponder e ser correspondido no âmbito do tecido social o qual se faz destinado a se servir seja através da regulação das condutas do ser humano, como também – e aí, vigorando hoje como papel preponderante – restaurador das garantias fundamentais por vezes inadimplidas, proporcionando, com isso, a crença do cidadão comum na segurança jurídica, fator decisivo na perspectiva de bem-estar social.

Importante questão posta no centro das discussões hodiernas, no que toca, sobretudo, às Ciências Sociais Aplicadas, é a necessária participação da Ciência Jurídica no contexto desenvolvimentista estatal, ou seja, ter o Direito não somente o papel de regulador e mobilizador de condutas em sociedade (diga-se aqui de modo pejorativo, dado já ser muito e complexo dito empreendimento!), mas, mais do que isto, ser vetor propulsor de melhoria da qualidade de vida e aí há de se ter em mente a figura do operador do direito como ator fundamental em tal contexto.

A Academia não deve se furtar em estabelecer norte racional na discussão do Direito como elo indubitável na cadeia construtiva para desenvolvimento do país, por isso, um efetivo contributo à pragmática crítica, esta que também envolve o exercício da atividade jurídica, sendo indissociável aos institutos instrumentalizadores do ideário do Processo Efetivo e Justo, a razão.[1]

É com esse espírito que se fez encarnar a presente obra.

Os Juizados Especiais Cíveis Estaduais traduzem um novo momento para o Direito e a Processualística pátria.

---

[1] "A academia não pode deixar-se instrumentalizar por forças políticas, econômicas, sociais ou de qualquer outra natureza, pois está a serviço da razão" (RODRIGUEZ, José Rodrigo. Desenvolvimento sem retórica. *In*: RODRIGUEZ, José Rodrigo. (Org.). *O Novo Direito e Desenvolvimento*. **Presente, Passado e Futuro**. São Paulo: Saraiva, 2009, p.XIV).

É consenso entre todos aqueles que veem no Processo a exata realização do direito material inadimplido, tradução dos sentimentos que urgem por tê-lo a partir de uma postura realista e comprometida com ambiente ao qual se destina e, por isso, o cerca.

A Lei n. 9.099/95 possibilitou um olhar para a informalidade, oralidade, simplicidade, economia e celeridade, todas, qualidades dignas de um Processo Civil moderno, condizente com o nosso tempo, onde o homem caboclo, *L'uomo della strada*, o cidadão mediano, realidade deste nosso país, possa não se ver alijado do sistema, a partir de um processo que possui ferramentas aptas a fazer valer o binômio que se procura ter como tônica nas mais diversas e também recentes reformas legislativas de ordem processual: Celeridade + Efetividade na prestação jurisdicional.

Resta-nos agora, após uma década e meia da edição da supracitada lei, laborar para o aperfeiçoamento do sistema, algo sempre necessário, sobretudo em um mundo onde as relações sociais são inventadas e reinventadas e, assim, como toda obra humana, adapta-se, readapta-se, a fim de que possa sempre o Direito, aqui o Processo Civil, nos tornar mais felizes, ou menos infelizes. Saudemos, por tudo, os Juizados Especiais Cíveis Estaduais!

Antônio Pereira Gaio Júnior

Apresentação à 2ª edição

Apresento-lhes a 2ª Edição de nossa obra, agora acrescida pelas detidas análises das Leis n. 10.259/01 e 12.153/09, mais precisamente, reguladoras dos Juizados Especiais Federais e dos Juizados Especiais da Fazenda Pública, completando assim a tríade da Sistemática dos Juizados Especiais brasileiros.

Em verdade, tem-se acréscimo maiúsculo de conteúdos em relação à 1ª Edição, dada a incomensurável contribuição dos procedimentos supramencionados à razão prática do que já havíamos enfrentado naquela edição primeira.

Assim, de forma mais ampla e com referência ao modelo de Sistema alcançado pelo entrelaçamento entre os procedimentos dos Juizados Especiais Estaduais, Federais e da Fazenda Pública, inclusive pela Lei que regula este último, consegue-se lograr êxito em tal racionalidade sistemática, contribuindo para, cada vez mais, tornar íntegros os princípios afetos a este modelo sumaríssimo de procedimentos voltados ao *l'uomo della strada*, possibilitando, dentro dos devidos limites e mínimas características, completar lacunas interpretativas em omissões normativas, para que se permita dar mais completude ao manejo dos procedimentos. E isso se faz presente em várias das passagens da presente edição e em diversos institutos e fases processuais, *v.g.* nas conciliações, em sede de provas permissíveis, na ideia de complexidade da causa, na interposição de recursos, como o Agravo de Instrumento, na fase executória, dentre outras.

Espero, sinceramente, uma aprazível leitura de todos!

Antônio Pereira Gaio Júnior

Apresentação à 3ª edição

Com alegria e satisfação, apresento-lhes a 3ª Edição de nosso "O Processo nos Juizados Especiais Estaduais, Federais e da Fazenda Pública".

A presente edição se justifica na medida em que, após quase 3 anos do advento do Código de Processo Civil de 2015 (Lei n. 13.105/2015), alguns conteúdos já merecem melhor investigação e reflexão acerca de aderências ou não ao microssistema dos Juizados Especiais Cíveis, o que, por exemplo, se dá com a aplicabilidade da contagem dos prazos processuais em dias úteis (Lei n. 13.728, de 31.10.2018), os necessários contornos reflexivos em torno do instituto da sentença em sede de juizados e as necessárias "motivação" e "fundamentação" analítica, específica e adequada que devem sempre amparar a mesma; o Incidente de Resolução de Demandas Repetitivas – IRDR e os acórdãos decorrentes de tal Incidente como aderentes aos comandos do rito sumaríssimo; a mecânica dos Recursos Extraordinários Repetitivos em sede dos Juizados Especiais, dentre outras e, igualmente, importantíssimas questões.

Espero, com o maior gosto e sinceridade, que as presentes letras possam servir de apoio e reflexão crítica para o amparo em resultados qualitativos, seja em sede dogmática quanto pragmática, colocando nos exatos trilhos o respeito à edificação deste especialíssimo Microssistema de Justiça, e bem por isso, evitando a sua ordinarização no respeito à efetividade da prestação jurisdicional que nele e dele se espera!

Vamos à leitura!

Antônio Pereira Gaio Júnior

Sumário

Abreviaturas XIII

Prefácio
– Humberto Theodoro Júnior XVII

Apresentação à 1ª Edição XIX

Apresentação à 2ª Edição XXI

Apresentação à 3ª Edição XXIII

PARTE I
JUIZADOS ESPECIAIS CÍVEIS ESTADUAIS

CAPÍTULO I
NOÇÕES GERAIS

1. Uma Introdução necessária: Direito, Processo e Desenvolvimento 3
2. Breve noção e historicidade dos Juizados Especiais Estaduais 7
   2.1 A atribuição dos Estados na criação dos Juizados Especiais Estaduais 10
3. Princípios Orientadores 11
4. Juizados Especiais e sua composição 16
   4.1 O Órgão Judicante 17
   4.2 Juízes leigos e Conciliadores 18
   4.2.1 Da Mediação nos Juizados Especiais 20
5. Competência 23
   a) Quanto ao valor da causa e das matérias específicas 23
   a.1) Matérias excluídas da competência dos Juizados Especiais 26
   b) Quanto às pessoas – Legitimidade 27
   c) Quanto ao Território – Foro competente 28
6. Escolha entre Procedimentos 29

XXVI

7. Atos Processuais e sua forma 31
    7.1 Citações e Intimações.. 33
    7.2 Prazos 35

CAPÍTULO II
PROCESSO E COGNIÇÃO NOS JUIZADOS ESPECIAIS

1. O Rito Sumaríssimo e seu desenvolvimento 39
    1.1 Propositura da Ação 40
    1.2 Audiência Conciliatória. Juízo Arbitral 41
    1.3 Instrução e Julgamento 43
    1.4 Resposta do Réu.. 45
    1.5 O CPC/2015 e aplicabilidade do Incidente de Desconsideração da
    Personalidade Jurídica nos Juizados Especiais Cíveis Estaduais 46
    1.5.1 Natureza de "incidente" 48
    1.5.2 Cabimento 48
    1.5.3 Legitimidade e Participação.. 49
    1.5.4 Regras Processuais e Procedimentais 51
    1.6 Instrução da causa... 53
    1.6.1 Provas Testemunhais 54
    1.6.2 Provas periciais... 55
    1.6.3 Inspeção Judicial 61
    1.7 Sentença... 62
    1.8 Extinção do Processo.. 68
    1.9 Recursos 69
    1.9.1 Recurso Inominado... 69
    1.9.1.1 Delimitação 69
    1.9.1.2 Interposição.. 70
    1.9.1.3 Prazo 70
    1.9.1.4 Efeitos 71
    1.9.1.5 Procedimento 71
    1.9.1.6 Observações quanto aos Recursos Especial e Extraordinário............. 72
    1.9.2 Embargos de Declaração 73
    1.9.2.1 Observações pertinentes aos "Agravos" em tema de Recursos nos
    Juizados Especiais Cíveis Estaduais 74
    1.9.3 Recurso Extraordinário 79
    1.9.3.1 Delimitação 79

1.9.3.2 Interposição 80

1.9.3.3 Prazo 81

1.9.3.4 Efeitos 82

1.9.3.5 Procedimento 83

1.9.3.6 Do Pré-questionamento 84

1.9.4 Repercussão Geral 85

1.9.4.1 Introdução 85

1.9.4.2 Breves Noções de Ordem Normativa 86

1.9.4.3 Repercussão Geral e sua Conceituação Legal 87

1.9.4.4 Procedimento no Supremo Tribunal Federal 89

1.9.5 Julgamento dos Recursos Extraordinários Repetitivos 92

1.9.5.1 Ocorrência da afetação.. 93

1.9.5.2 Não ocorrência da afetação 94

1.9.5.3 Julgamento dos recursos repetitivos 95

2. Aplicabilidade aos Juizados Especiais do Incidente de Resolução de Demandas Repetitivas – IRDR 97

3. Ação Rescisória e sua inadmissibilidade 100

CAPÍTULO III
EXECUÇÃO NOS JUIZADOS ESPECIAIS CÍVEIS ESTADUAIS

1. Introdução 103

2. Execução de Títulos Judiciais 104

   2.1 Obrigações de Fazer, Não Fazer e Entregar................................... 105

   2.2 Obrigação de Pagar Quantia Certa 105

   2.3 Embargos do Devedor 107

3. Execução de Títulos Extrajudiciais 110

4. Acordos Extrajudiciais 112

CAPÍTULO IV
DISPOSIÇÕES FINAIS E RELEVANTES EM SEDE DE JUIZADOS ESPECIAIS CÍVEIS ESTADUAIS

1. As Despesas Processuais no Rito Sumaríssimo................................... 115

2. Curadorias e Serviço de Assistência Judiciária.................................. 117

3. Disposições finais sobre a Organização dos Juizados Especiais.......... 119

XXVIII

Anexo I
ORGANOGRAMA DOS JUIZADOS ESPECIAIS CÍVEIS ESTADUAIS 121

Anexo II
LEI N. 9.099/1995, DE 26 DE SETEMBRO DE 1995 122

Anexo III
ENUNCIADOS ATUALIZADOS ATÉ 43º FONAJE.. 142

PARTE II
JUIZADOS ESPECIAIS CÍVEIS FEDERAIS

CAPÍTULO I
NOÇÕES GERAIS

1. Nota introdutória.. 159

2. Breve escorço histórico da instituição legal do Juizado Especial Federal........ 160

3. Princípios orientadores 162

4. Composição do Órgão judicante... 164

5. Competência 164
   5.1 Competência absoluta... 164
   5.2 Critérios determinativos de Competência nos Juizados Especiais Cíveis
   Federais 165
   a) Valor da Causa 165
   b) Matérias... 165
   c) Pessoas... 166
   d) Território 167

6. Intervenção de terceiros e litisconsórcio.. 167

7. *Jus postulandi* e representação das partes.. 168

8. Ministério Público.. 170

9. Atos Processuais... 171

10. Prazos nos JEFs.. 174

CAPÍTULO II
PROCEDIMENTO

1. Petição inicial 175

2. Resposta... 176

3. Audiência de conciliação 177

4. Instrução Probatória 178

5. Sentença 180

CAPÍTULO III
RECURSOS

1. Recursos nos Juizados Especiais Cíveis Federais............................ 187

2. Recurso Extraordinário 188

3. Pedido de Uniformização de Jurisprudência 190

CAPÍTULO IV
EXECUÇÃO E MEDIDAS CAUTELARES

1. Execução 193

2. Medidas cautelares 195

3. Tutela Provisória 195

Anexo IV
ORGANOGRAMA DOS JUIZADOS ESPECIAIS CÍVEIS FEDERAIS 200

Anexo V
LEI N. 10.259, DE 12 DE JULHO DE 2001 201

Anexo VI
ENUNCIADOS CÍVEIS DO FÓRUM NACIONAL DOS JUIZADOS ESPECIAIS FEDERAIS –
FONAJEF 207

PARTE III
JUIZADOS ESPECIAIS DA FAZENDA PÚBLICA

CAPÍTULO I
NOÇÕES GERAIS

1. Nota introdutória.. 229

2. A instituição legal do Juizado Especial da Fazenda Pública e ideia de Sistema.. 230

3. Princípios orientadores 231

4. Composição do Órgão Judicante 233

XXX

5. Competência 234

   5.1 Competência Absoluta.. 234

   5.2 Critérios determinativos de Competência nos Juizados Especiais da Fazenda Pública.. 234

   a) Valor da Causa 235

   b) Matérias 235

   c) Pessoas.. 236

   d) Território 237

6. Intervenção de terceiros e litisconsórcio... 237

7. *Jus postulandi* e a representação das partes 238

8. Ministério Público.. 239

9. Atos Processuais 239

10. Prazos nos JEFP 240

CAPÍTULO II
PROCEDIMENTO

1. Petição inicial 241

2. Resposta... 242

3. Sessão de conciliação 243

4. Instrução Probatória... 244

5. Sentença 247

CAPÍTULO III
RECURSOS

1. Recursos nos Juizados Especiais da Fazenda Pública................................... 253

2. Recurso Extraordinário 255

3. Pedido de Uniformização de Jurisprudência 256

CAPÍTULO IV
EXECUÇÃO E MEDIDAS CAUTELARES

1. Execução 259

2. Medidas Cautelares.. 262

3. Tutela Provisória 262

Anexo VII
ORGANOGRAMA DOS JUIZADOS ESPECIAIS DA FAZENDA PÚBLICA 266

Anexo VIII
LEI N. 12.153, DE 22 DE DEZEMBRO DE 2009.. 267

Anexo IX
ENUNCIADOS CÍVEIS DO FÓRUM NACIONAL DOS JUIZADOS ESPECIAIS ESTADUAIS
RELATIVOS AOS JUIZADOS ESPECIAIS DA FAZENDA PÚBLICA – FONAJE 273

REFERÊNCIAS BIBLIOGRÁFICAS.. 275

PARTE I

JUIZADOS ESPECIAIS CÍVEIS ESTADUAIS

I

NOÇÕES GERAIS

1. Uma Introdução necessária: Direito, Processo e Desenvolvimento

Já bem pronunciava a genialidade chiovendiana acerca do legítimo papel do processo em nossos tempo: *"Il processo deve dare per quanto è possibile praticamente a chi ha um diritto quello e próprio quello ch'egli há diritto di conseguire."*[1]

A dimensão social pela qual o processo deva ser vetorizado, hodiernamente, é noção necessária deste instrumento da jurisdição, exatamente porque nele é que o jurisdicionado deposita confiança– ainda que, por vezes, em forma diminuta - esperando alcançar sua verdade em tempos onde o descumprimento de uma obrigação acertada é bom negócio para muitos. Espera o cidadão ainda mais: a satisfação decorrente desta verdade, na medida em que, uma vez reconhecida e não cumprida pela parte recalcitrante, necessitará ele, novamente – em que pese as recentes reformas , sobretudo na esfera da execução - de um instrumento apto a transformar a declaração formal de seu direito em atividade dinâmica e realizadora concreta, no mundo dos fatos, do direto devido.

Aliás, é exatamente em tal perspectiva que Cappelletti, em estudos de vanguarda, já apontava para a aludida dimensão social do processo: "Sob esta nova perspectiva, o direito não é encarado apenas do ponto de vista dos seus produtores e de seu produto (as normas gerais e especiais), mas é encarado, principalmente, pelo ângulo dos *consumidores* do direito e da Justiça, enfim, sob o ponto de vista dos usuários dos serviços processuais."[2]

---

[1] CHIOVENDA, Giuseppe. Dell Azione Nascente dal Contratto Preliminare *In: Saggi di Diritto Processuale Civile*. 2 ed. Roma: Foro It., 1930, n.3, p.110.

[2] CAPPELLETTI, Mauro. Problemas de reforma do processo civil nas sociedades contemporâneas. *In*: GRINOVER, Ada Pellegrini *et ali. O Processo Civil Contemporâneo*. Curitiba: Juruá, 1994, p.15.

Não olvidando as fundamentais transformações conceituais e pragmáticas pelas quais vem a Ciência Processual experimentando, a partir, sobretudo, de novos contornos em institutos formadores de sua própria "Trilogia Estrutural" - Ação, Jurisdição e Processo – impende notar que o próprio alcance desta "nova" perspectiva metodológica do processo e o movimento pela sua instrumentalidade[3] rumo a um processo civil de resultados, marca a urgência na modificação de posturas não somente dos operadores do direito, como também de todo o aparato estatal, seja por meio de inovadoras performances na estrutura física e administrativa dos foros em geral e ainda na produção legiferante qualitativa, apta a mirar, indubitavelmente, como centro das atenções, a efetividade, entendida aqui como instrumentalização racional e razoável de entrega do bem da vida a quem, exatamente, dele necessita. Afinal, o Direito (aqui, o Processo) deve ser instrumento a tornar as pessoas mais felizes ou menos infelizes!

Por outro lado, há que se debruçar sobre a perspectiva do direito como instrumento estatal potencializador de reais e efetivas políticas afirmativas no sentido de propiciar melhoria na qualidade de vida do cidadão comum, aptidão hoje inevitável, inclusive do próprio desenvolvimento do Estado.

Despiciendo é dizer que o conceito de desenvolvimento, hodiernamente, se relaciona não somente com a tradicional ótica de crescimento econômico, sobretudo na perspectiva de um avanço significativo no quadro das políticas sociais voltadas à edificação da cultura de melhoria das condições daquela sociedade destinatária de tais políticas. [4]

---

[3] Cf. DINAMARCO, Cândido Rangel. *A Instrumentalidade do Processo*. 4 ed. São Paulo: Malheiros Editores, 1994, p.17-24.

[4] Ratificando tal concepção desenvolvimentista, VASCONCELOS, Marco Antonio; GARCIA, Manuel Enriquez. (*Fundamentos de economia*. São Paulo:Saraiva, 1998, p. 205) apontam para a idéia de que , em qualquer conceituação de desenvolvimento, há de se levar em conta e mesmo, deva incluir "as alterações da composição do produto e a alocação de recursos pelos diferentes setores da economia, de forma a melhorar os indicadores de bem-estar econômico e social (pobreza, desemprego, desigualdade, condições de saúde, alimentação, educação e moradia)."
Por outro lado, avançando no conceito de desenvolvimento como liberdade, numa visão do próprio desenvolvimento como um processo de expansão das liberdades reais, e ainda estas, tanto um meio de garantia quanto um fim si mesma, através da fruição de outras importantes liberdades, fundamental a obra de SEN, Amartya. *Development as freedom*. New York: Anchor Books, 2000, p. 297.
Sobre o assunto ver também o nosso Direito, Processo e Desenvolvimento: Pacto de Estado e a Reforma do Judiciário. In: *Revista Magister de Direito Empresarial, Concorrencial e do Consumidor*, v.19, fev/mar., Magister : Porto Alegre, 2008, p.31-34.

Na verdade, ainda que pese esforços hercúleos do Direito no sentido de se regular condutas – sua primordial gênese - há de prosperar avanços na Ciência Jurídica, mais precisamente junto à noção de norma como cadenciadora de políticas públicas voltadas ao desenvolvimento como propiciadora de melhoria das condições de vida, depositando-se na norma a proteção, regulação e concessão de direitos e ainda condicionando-a ao aprimoramento do tecido social a ela submetida, depositando então em dimensões largas, crescentes, o próprio exercício e respeito aos direitos, como rotina. Aliás, em um sentido mediato, a serventia da norma jurídica em sua dinâmica é o convívio social harmônico, no entanto há de vir esta acompanhada da perspectiva social do aludido convívio, de forma a viabilizar condições de melhoria das relações socioeconômicas e estruturais nas mais variadas dimensões, seja cidadão-cidadão; cidadão – Estado; Estado – cidadão; Estado – Estado etc.

Cappelletti, em importantíssima obra[5] acerca das temáticas que envolvem, entre outras, a construção de idéias em torno dos aspectos sociais e políticos praticados no contexto do Processo Civil contemporâneo, aponta, dentre os eventos e tendências evolutivas nos ordenamentos jurídicos do nosso tempo, três movimentos de ação de pensamento na temática por ele denominada "Dimensões do Direito da Justiça".[6]

Dentre as dimensões pontuadas pelo festejado jurista, aqui merece atenção especial aquela por ele denominada "Dimensão Social", representada pelo problema do acesso à justiça apresentada sob dois aspectos principais: *a)* a "efetividade dos direitos sociais que não têm de ficar no plano das declarações meramente teóricas, senão, devem, efetivamente, influir na situação econômico-social dos membros da sociedade, que exige um vasto aparato governamental de realização"[7]; *b)* a "busca de formas e métodos, a miúde, novos e alternativos, perante os tradicionais, pela racionalização e controle de tal aparato e, por conseguinte, para a proteção contra os abusos aos quais o mesmo aparato pode ocasionar, direta ou indiretamente."[8]

---

[5] CAPPELLETTI, Mauro. *Processo, Ideologias e Sociedade*. Trad. de Elício de Cresce Sobrinho. Vol. I. Porto Alegre: Sérgio Antonio Fabris Editor, 2008.

[6] Observa Cappelletti: "Trata-se, em primeiro lugar, da dimensão 'constitucional', que consiste na busca de certos valores fundamentais que muitos ordenamentos modernos afirmaram com normas às quais assina-se força de *Lex superior* vinculando o próprio legislador (ordinário), impondo sua observância através de formas e mecanismos jurisdicionais especiais. (...). Uma segunda dimensão é a 'transnacional', quer dizer, a tentativa de superar os rígidos critérios das soberanias nacionais com a criação do primeiro núcleo de uma *Lex universalis* e com a constituição, portanto, do primeiro núcleo de um 'governo universal' ou transnacional (...). Esta tentativa reflete-se, em particular, na Declaração Universal dos Direitos do Homem de 1948 e nos Pactos que na mesma Declaração vieram; (...). Uma terceira dimensão do Direito e da Justiça é a 'social' que nas suas manifestações mais avançadas pode ser expressa na fórmula de uso corrente nos últimos anos: acesso ao Direito e à Justiça."Ob. cit.,p.379-381.

[7] Idem, p.385.

[8] Ibidem.

Afinado dito conjunto de idéias com a perspectiva do que afirmamos em linhas atrás, já é tempo de se ter em mente a dimensão social, política, econômica e jurídica que traz a carga o processo, este como instrumento do Estado apto a contribuir para o desenvolvimento do país[9], influenciando, mediante a prolação de uma simples decisão judicial[10], no emprego e desemprego, no reconhecimento de débeis condições contratuais a gerar riqueza ou não, no amparo do hipossuficiente assolapado em precárias condições de higiene e saúde, na restauração judicial da dignidade da pessoa diante de aviltante tratamento concedido por parte de serviços públicos ínfimos ofertados pelo próprio Estado (Previdência, Transporte, habitação, lazer etc), dentre outras questões e situações.[11]

Enfim, o contributo da processualística pátria para com a massa crédula em dias melhores é possível e real, sobretudo se a visão turva da formalidade irracional e estéril, que tem no processo um fim em si mesmo e ainda praticada de forma larga nos pretórios nacionais, se curve perante o exercício prático da norma processual que, desejosa por seu alcance efetivo na satisfação dos direitos, possa ir mais além, isto é, ser igualmente protagonista de parcela contributiva aos desígnios desenvolvimentistas de nosso amado país.[12]

---

[9]   Sobre o importante papel das instituições no processo de desenvolvimento, ver, dentre muitos, NÓBREGA, Maílson da. Brasil: um novo horizonte. *In*: ZYLBERSZTAJN, Décio; SZTAJN, Rachel.(Orgs.) *Direito e Economia. Análise Econômica do Direito e das Organizações*. Rio de Janeiro: Elsevier, 2005, p.291.
Mais precisamente sobre a atividade judicante do Poder Judiciário no desígnios desenvolvimentistas do Estado Brasileiro,confira PINHEIRO, Armando Castelar. Magistrados, Judiciário e Economia no Brasil.*In*: ZYLBERSZTAJN, Décio; SZTAJN, Rachel.(Orgs.) *Direito e Economia. Análise Econômica do Direito e das Organizações*. Rio de Janeiro: Elsevier, 2005, p.244-283; NUSDEO, Fábio. *Curso de Economia: Introdução ao Direito Econômico*. 5 ed.. São Paulo: RT, 2008.

[10]   Vale frisar aqui a máxima sapiência de ZAFFARONI, ao realçar o importante papel do Poder Judiciário nos desígnios do Estado hodierno:
"O limite entre o político e o judicial não pode ser definido formalmente no Estado moderno. A justiça moderna não pode ser 'apolítica' nesse sentido, e **hoje mais do que nunca deve-se reconhecer que o poder judiciário é 'governo'**." (Grifo nosso). ZAFFARONI, Eugenio Raúl. *Poder Judiciário. Crise, Acertos e Desacertos*. Trad. Juarez Tavares São Paulo: RT, 1995, p. 24.

[11]   A idéia de bem-estar dos indivíduos lastreada pelo caminho da prosperidade econômica, não fica à margem também do pensamento econômico. Nisto:
"A concepção de prosperidade econômica do bem-estar dos indivíduos é abrangente. Ela reconhece não apenas nível de conforto material dos indivíduos, mas também o grau de satisfação estética, seus e sentimentos pelos demais e, qualquer outra coisa que eles possam valorizar, mesmo que intangível". KAPLOW, Louis; SHAVELL, Steven. *Fairness versus Welfare*, 114 Harv. L. Rev. 961, (200-2001), p.968.

[12]   A dimensão transnacional da qualidade dos serviços públicos - aqui o Poder Judiciário - nos países em desenvolvimento tem sido fator de atentas análises por parte do Banco Mundial, este que junto a outros organismos multilaterais, iniciou nos anos 80 inúmeros projetos objetivan-

2. Breve noção e historicidade dos Juizados Especiais Estaduais

Nesta toada, diante da supracitada perspectiva, não fugiu a Constituição Federal de 1988 ao espírito propulsor para novas eras, ao firmar em seu corpo, entoado pelo sedento movimento de acesso à justiça, a implantação dos Juizados de Pequenas Causas (art. 24, X) – Juizados Especiais – cuja competência se debruça sobre as causas cíveis de menor complexidade e infrações penais de menor potencial ofensivo (art. 98, I). [13]

---

do analisar o estágio do Poder Judiciário com vistas à sua modernização no âmbito de aludidos países.

Em relatório intitulado *O setor judicial na américa latina e no caribe: elementos da reforma*, delineia-se a visão de Poder judicante que deveria ser adotada por países em desenvolvimento, levando-se em conta a busca da ampliação de investimentos estrangeiros e maior inserção no mercado internacional.

O supracitado documento constata, e aí aplicável ao cenário brasileiro, que:

" (...) o Judiciário é incapaz de assegurar a resolução de conflitos de forma previsível e eficaz, garantindo assim os direitos individuais e de propriedade"; "(...) a reforma do Judiciário faz parte de um processo de redefinição do Estado e suas relações com a sociedade, sendo que o desenvolvimento econômico não pode continuar sem um efetivo reforço, definição e interpretação dos direitos e garantias sobre a propriedade. Mais especificamente, a reforma do judiciário tem como alvo o aumento da eficiência e equidade em solver disputas, aprimorando o acesso à justiça que atualmente não tem promovido o desenvolvimento do setor privado." (BANCO MUNDIAL. *O setor judicial na américa latina e no caribe: elementos da reforma*. Documento técnico do banco mundial n. 319S. Washington, D.C., 1997, p. 6-10).

Insta apontar que, para o Banco Mundial, a crise do Poder Judiciário é compreendida como a crise da Administração da Justiça, e sua ineficiência decorre da incapacidade de prestar um serviço público a um preço competitivo, rápido e eficaz, em resposta às demandas que lhe são submetidas.

Por outro lado, notadamente, a concepção da atividade judicante como serviço é por demais estranha à tradição brasileira, onde o Poder Judiciário foi estabelecido historicamente como um dos três poderes de Estado. Contudo, tem-se "aos poucos repercutido na tradição político-jurídica nacional, e uma de suas faces visíveis são os diagnósticos e processos de avaliação que se tem produzido para analisar o funcionamento do Judiciário e propor mudanças em sua atuação". (BARBOSA, Claudia Maria. *Poder Judiciário:reformaparaquê?*.Disponívelem:<www. ambitojuridico.com.br/site/index.php?n_link=revista_artigos_leitura&artigo_id=2339>. Acesso em 20 de dezembro de 2009).

De inegável contributo para as reformas processuais já operadas (vide o nosso *Direito Processual Civil*. Vol. I. ..., p.15-18) e em andamento - até porque não se pode combater as patologias sem não menos conhecê-las - são os diagnósticos apresentados anualmente pelo Conselho Nacional de Justiça, este que, desde sua instalação, tem prestado serviços relevantes nas áreas de inteligência e administração para a eficiência do serviço público de justiça realizado pelo Poder Judiciário Brasileiro.

[13] Vale informar aqui que, a despeito de surgirem dúvidas diante do que dispões a própria Constituição Federal de 1988 ao se referir a "Juizados de Pequenas Causas" em seu art. 24, X e mais adiante, no art. 98, I, usar da expressão "Juizados Especiais", para causa de menor complexi-

Dando cabo ao prenúncio constitucional e sob a perspectiva de um acesso aos órgãos judiciários brasileiros de maneira menos formalista ou mais simplista (apresentação oral da contenda, p. ex.), mais econômica (*v.g.*, aspectos procedimental e pecuniário) e primando pela celeridade (procedimento com audiência una e concentrada, evitando-se, inclusive, as decisões de cunho interlocutório) é que veio a lume a Lei n. 9.099 de 26.09.1995.

Dita lei mira a aplicabilidade das competências alhures apontadas na esfera da justiça estadual, tanto em torno das matérias ditas cíveis quanto aquelas criminais, ao destinar em seu corpo legal um capítulo específico, dentre vários outros, para o disciplinamento do Juizado especificamente Cível (art. 3º a 59), nosso tema ora em destaque na presente obra.

Em síntese apertada e a despeito do contexto atual que envolve temática em tela, cumpre destacar, como antecedente lógico da Lei n. 9.099/95, a Lei n. 7.244/84, cuja edição regulava com favoráveis êxitos bem como com notadas deficiências, o Juizado Especial de Pequenas Causas, propulsor no estabelecimento de uma novata relação entre o Poder Judiciário e a sociedade, na medida em que possibilitou uma quebra de paradigmas para aqueles excluídos do sistema formal e burocrático, historicamente causador de colapsos em tal serviço público de justiça estatal e ainda propiciador de insatisfações e descréditos da própria sociedade usufruidora direta de dita jurisdição.

Instituindo critérios como aqueles da oralidade, simplicidade, informalidade, economia processual e celeridade, incentivando, sempre que possível, a conciliação entre os partícipes (*ex vi* do art. 2º da Lei n. 7.244/84), conteúdos quase que literalmente reproduzidos pela Lei n. 9.099/95, em seu art. 2º, se mirava, realmente, em um avanço no desenvolvimento para a melhoria da qualidade de vida dos jurisdicionados incapazes de alcançar o bem da vida ora inadimplido pelo modelo superado para uma realidade onde a desmotivação diante da possibilidade de litigar por direitos de valores pecuniários baixos era a realidade e, diante da relação custo-benefício pautada na problemática da "duração do processo e justiça da

---

dade, a doutrina, de um modo geral, tratou de extirpar qualquer eventual contradição em tal assunto.

Conforme bem nota Humberto Theodoro Júnior (*Curso de Direito Processual Civil*. Vol. III. 36 ed. Rio de Janeiro: Forense, 2006, p.453), ao se analisar detidamente tal questão, concluído foi que não haveria "razão para semelhante distinção, pois que 'as pequenas causas' a que aludia a Carta Magna eram consideradas como tais tanto em função do valor econômico em jogo como de sua menor complexidade", correspondendo, portanto a um mesmo instituto tais juizados. No mesmo sentido, ver MALACHINI, Edson Ribas. A Constituição Federal e a Legislação Concorrente dos Estados e do Distrito Federal em Matéria de Procedimentos. *In:* GRINOVER, Ada Pellegrini *et ali. O Processo Civil Contemporâneo...*p.154.

decisão", a escolha era pela não litigância em juízo e crescente insatisfação latente pela oferta do serviço público jurisdicional prestado pelo Estado.

Aliás, esta litigiosidade contida, para Kazuo Watanabe, um dos autores do anteprojeto de lei dos juizados, era uma das tônicas que moviam a ideia de criação dos juizados de pequenas causas no Brasil.[14]

Sob uma perspectiva de cunho jurídico, é possível observar que a criação dos juizados de pequenas causas, está relacionada a um conjunto de inovações no universo jurídico pátrio, i. é, "no mesmo período, aumenta o espectro de direitos tutelados pelo Estado."[15]

Em que pese o festejo pela edição da Lei n. 7.244/84 apontando para um novo tempo, digno de surpresa a todos, foi a regulação alçada pelo seu art. 40 quando estatuía que para a execução do julgado, deveria o interessado se dirigir ao juízo ordinário competente, numa clara intenção de se voltar às rédeas da justiça comum ordinária toda a satisfação do direito conquistado em via célere e informal de cognição.

Por outro lado, em termos processuais e procedimentais, o advento da Lei n. 9.099/95 gerou modificações pontuais em questões tidas como "pontos nevrálgicos" em sede de pequenas causas.

Como exemplo, a questão da competência dos juizados, ou seja, se caberia ao autor da ação escolher entre o juízo comum e o juizado especial para solucionar sua contenda. Conforme bem noticia nesta toada Luciana Gross Cunha[16], houvera grande discussão, tão logo a promulgação da lei supracitada, sobretudo no que concerne às interpretações dos próprios Tribunais, tendo aí como notícia, decisões proferidas nos Estados do Rio de Janeiro e de Santa Catarina, onde se reconhecia ainda como absoluta a competência dos juizados. Hoje, de certo e conforme se verá em momento oportuno na presente obra, já não mais figura dito entendimento.

De fato, ainda que pese a não incidência da competência absoluta no modelo judicante em tal seara dos Juizados Estaduais Cíveis Estaduais, diferentemente da normativa editada pela Lei n. 7.244/84 apontada linhas atrás, o próprio Juizado terá a competência para processar execução de seus julgados (art. 52 da Lei n. 9.099/95).

---

[14] WATANABE, Kazuo. (Org.). *Juizado Especial de Pequenas Causas*. São Paulo: RT, 1985, p. 2.

[15] CUNHA, Luciana Gross. *Juizado Especial. Criação, Instalação, Funcionamento e a Democratização do Acesso à Justiça*. São Paulo: Saraiva, 2008, p.21.

[16] Idem, p. 54-55.

Outras questões serão em maior volume, tratadas no decorrer dos capítulos da presente obra, de modo a demonstrar o aperfeiçoamento normativo, dogmático e pragmático instaurado com a Lei n. 9.099/95 no âmbito das causas ditas "de menor complexidade" - ainda que pese a falibilidade administrativa, porque burocrática, dos Estados Federados - não apagando, contudo, o notório fortalecimento da via sumaríssima de solução de conflitos, no caminhar de passos mais justos e igualitários, como bem há de ser o acesso efetivo ao justo, dado que sem a certeza de uma justiça mais aberta e acessível a todos com da devida ampliação dos canais de proteção e satisfação dos direitos inadimplidos, a almejada inclusão social em nosso país será apenas imagem de retórica.[17]

2.1 A atribuição dos Estados na criação dos Juizados Especiais Estaduais

Conforme outras vezes já por nós assinalado[18], a Constituição Federal de 1988 estabeleceu, em seu art. 24, competência concorrentemente entre a União, os Estados e o Distrito Federal sobre:

> "(...)
> X - criação, funcionamento e processo do juizado de pequenas causas;
> XI - procedimentos em matéria processual;
> (...)".

Notadamente, a Lei n. 9.099/95 editada pela União impôs aos Estados que estes, no prazo de 6 meses, criassem em sua base territorial os Juizados Especiais cíveis e criminais bem como a sua organização, composição e competência, conforme dicção dos arts. 94 e 95 da supracitada lei.

Tal incumbência aos Estados, reservando-lhes a criação dos Juizados Especiais no âmbito de suas delimitações territoriais, assegurando, inclusive a instituição de procedimentos em dita seara, demonstra a preocupação do legislador constituinte com as discrepâncias de realidades estruturais pelas quais convivem os mais diversos estados da federação brasileira[19], variando os desníveis desde as demandas que mais afligem determinadas localidades, costumes, questões estruturais relativas aos próprios órgãos judiciários etc.

---

[17] No mesmo sentido, ver SADEK, Maria Tereza Aina apud CUNHA, Luciana Gross. Ob. cit., p. IX.

[18] Cf. o nosso *Direito Processual Civil*. Vol. I. 3 ed. Belo Horizonte: Del Rey, 2008, p.10.

[19] Vale aqui registrar, a despeito da diversidade de contextos, que tal ocorrência acerca da lei aderente à realidade local já fora observada em outro momento da história processual brasileira, notadamente, quando do advento dos Códigos Estaduais a partir da Constituição Federal de 1891, tendo esta outorgado aos estados a prerrogativa de legislar sobre processo e organização judiciária, tendo vários deles levado a a cabo tal incumbência. Sobre o assunto, confira o Capítulo I do nosso *Direito Processual Civil*. Vol. I. 3 ed. Belo Horizonte: Del Rey, 2009. Sobre o assunto, ver ainda nesta presente obra, em capítulo final.

3. Princípios Orientadores

Como já dito em outras oportunidades e valendo a pena reproduzir neste momento, o processo é elemento indispensável à função jurisdicional que objetiva a relisão de conflitos, garantindo a satisfação, a paz social e segurança jurídica, mediante a atuação concreta da lei, sendo, por definição, "o instrumento através do qual a jurisdição opera"[20].

A viabilização e aplicação do direito material ora inobservado tem, no processo, sua razão de ser, por isso, tanto a instrumentalidade quanto a efetividade colocam o processo na sua verdadeira trilha, não como fim em si mesmo, mas como meio, repudiando o apego ao fetichismo de formas sacramentais.

Diante da exata noção do processo como meio de alcançar os objetivos desejados, prestando-se, por isso, à efetiva realização do direito material controverso mediante o seu emprego, Dinamarco bem assevera que "todo instrumento, como tal, é meio e todo meio só é tal e se legitima, em função dos fins a que se destina. O raciocínio teleológico há de incluir, então, necessariamente, a fixação dos escopos do processo, ou seja, dos propósitos norteadores da sua instituição e das condutas dos agentes estatais que o utilizam."[21]

Nisto temos que, para a construção lógica e justificadora de um efetivo emprego dos fins a que se destina a realização da jurisdição, tendo como instrumento apto a tal o processo, inegável se faz a necessária visão da trilogia estrutural -ação, jurisdição e processo – pressuposto lógico para edificação de um sistema processual de direitos que, de uma forma ou de outra, seja através de atos, formas e comportamentos daqueles partícipes da marcha processual, assegurem a realização de um processo justo, mediante o exercício ético de direitos realizáveis à luz do ordenamento processual vigente. Em última análise: a prestação de um serviço público de qualidade, desde a provocação do órgão público para a análise e possível realização da pretensão, até a entrega da prestação jurisdicional efetiva.

Para tal realização, deve-se ter como certo que Direito Processual vai além de normas formais, encravando em princípios que lhe dão a diretriz, o contorno e a solidez e, não obstante o modelo de cada sistema processual e de cada população, três princípios atestam como notas uníssonas nos diversos ordenamentos jurídicos, repousando-se no escopo processual da realização dos direitos subjetivos e/

---

[20] CINTRA Antonio Carlos de Araújo *et ali*. *Teoria Geral do Processo*. 11 ed. São Paulo: Malheiros Editores, 1995, p.277.

[21] DINAMARCO, Cândido Rangel. Ob. cit., p.149.

ou confirmação da ordem jurídica, objetivo cuja tarefa importante é a da manutenção da paz social e da garantia da segurança jurídica. São eles:

a) o devido processo legal;

b) o acesso à justiça;

c) a instrumentalidade.

Com relação ao primeiro princípio, referente ao *Due Process of Law*, é entendido como o conjunto de garantias constitucionais que, por um lado, asseguram às partes o pleno exercício de suas faculdades e poderes processuais e, por outro, indispensáveis são a total coerência na aplicação do exercício da jurisdição. Pressupõe-se que tal princípio repouse em um procedimento regular, previamente estabelecido, com atos sem vícios insanáveis ou insupríveis, contraditório com real igualdade de "armas" e tratamento, juiz natural, investido na forma da lei, coerente, competente e imparcial, sendo de advertir-se que nele não se pode falar quando meramente formal ou em relação àquele que, pela sua demora, permite o sacrifício do direito do autor, considerando que o processo deve ser visto como uma espécie de contrapartida que o Estado oferece aos cidadãos diante da proibição da autotutela.

O segundo princípio referente ao acesso à justiça está diretamente ligado à justiça social e verdadeira democracia, sublinhando aqui as idéias de Cappelletti e Garth, que, através de três "ondas", procuram dar soluções práticas aos entraves que tal princípio cotidianamente oferece.

O acesso à justiça determina, na visão dos autores supracitados, duas finalidades básicas do sistema jurídico, através do qual os cidadãos podem reivindicar seus direitos e também resolver seus litígios sob as guardas do Estado: primeiro, o sistema deve ser igualmente acessível a todos; segundo, ele deve produzir resultados que sejam individual e socialmente justos.

Notadamente, o conceito de acesso à justiça vem sofrendo transformações importantes tanto doutrinariamente quanto na sua aplicação prática.

Nos estados liberais burgueses dos séculos XVIII e XIX, o direito à jurisdição significava apenas o direito formal de propor ou contestar uma ação, ou seja, os procedimentos usados para compor litígios civis apontavam para uma filosofia eminentemente individualista dos direitos, onde só estaria em juízo quem pudesse suportar o ônus de uma demanda. Sob tal panorama, é de se concluir que as desigualdades econômicas e sociais não compartilhavam com as preocupações efetivas do Estado; sendo assim, afastar a "pobreza no sentido legal" – incapacidade que muitas pessoas sofrem de utilizar a justiça e suas instituições na plenitude – não fazia parte do rol de preocupações do Estado; "o acesso formal, mas não efetivo à justiça, correspondia à igualdade, apenas formal, mas não efetiva".

NOÇÕES GERAIS

Assim que as democracias começaram a se preocupar com a verdadeira e complexa realidade social e econômica, não somente se concentrando no reconhecimento das liberdades políticas, mas também observando que as sociedades cresciam em tamanho e complexidade, a conceituação de direitos humanos começou a sofrer uma transformação severa; as ações e relações assumiram, de uma forma mais crescente, uma orientação mais coletiva do que individual, fazendo-se, necessariamente, que as sociedades modernas abandonassem a visão individualista dos direitos, observadas nas "declarações de direitos" dos séculos XVIII e XIX.

Os direitos e deveres sociais surgem – creditados pelo preâmbulo da Constituição Francesa de 1946 – e com eles se busca salvaguardar a liberdade do cidadão não mais da opressão política, mas sim da opressão econômica.

Conforme já notado, o princípio do acesso à justiça está fortemente ligado à noção de justiça social, no qual o direito à igualdade de significar direito à igualdade de oportunidades e, justamente, partindo da idéia de que os desiguais têm que ser tratados de forma desigual, a igualdade, obrigatoriamente, tem que atingir a mesma oportunidade de acesso à justiça a todos.

Um processo justo, garantindo o acesso a uma justiça imparcial de forma a que não somente possibilite a participação efetiva e adequada dos litigantes, mas que também permita a efetividade da tutela dos direitos, consideradas as diferentes posições sociais e as determinadas situações de direito substancial, significa não somente o acesso à justiça, mais do que isto, "acesso à ordem jurídica justa."

No tocante ao terceiro princípio, este repousa na instrumentalidade em que o processo deve trilhar, notadamente não como fim em si mesmo, mas como meio a atingir a realização do direito material ora violentado, propiciando também maior utilidade aos provimentos jurisdicionais.[22]

Fundamental se faz pontuar que, para estabelecer as ideias supracitadas, há de se contextualizar bem como empreender um pensamento crítico e renovado que atinja tanto o estudioso quanto o profissional do foro, deixando as amarras das puras técnicas e dogmáticas visualizadas como fim em si mesmo, para situar o processo em seu verdadeiro e acertado caminho, ou seja, algo posto à disposição das pessoas com vistas a fazê-las mais felizes (ou menos infelizes) mediante a eliminação dos conflitos que as envolvem com decisões justas.

---

[22] Sobre os aspectos positivos e negativos ínsitos à instrumentalidade das formas processuais, ver o nosso *Tutela Específica das Obrigações de Fazer*. 3 ed. Rio de Janeiro: Forense, 2007, p. 9.

O resultado do processo deve ser tal, que possa assegurar à parte vitoriosa o pleno gozo de seu substancial a que se faz jus segundo o ordenamento jurídico vigente.

Acostado então os princípios processuais norteadores dos mais diversos sistemas processuais hodiernos, inclusive o brasileiro, resta-nos agora apontar, mais precisamente, os princípios também orientadores no âmbito dos Juizados Especiais Cíveis Estaduais, sendo, inclusive, elencados pelo legislador ordinário no art. 2º., da Lei n. 9.099/95, nos seguintes termos:

> *"Art.2º O processo orientar-se-á pelos critérios da oralidade, simplicidade, informalidade, economia processual e celeridade, buscando, sempre que possível a conciliação ou a transação."*

Nisto temos os seguintes princípios orientadores:

a) *Princípio da oralidade*: justificador da própria natureza dos atos e destinação dos fins de tal modalidade procedimental, dotada do perfil informal quanto à solicitação da prestação jurisdicional, tendo como conseqüência lógica e natural, portanto, a prevalência da forma oral;

b) *Princípio da Economia Processual*: pautado na idéia de conceder às partes o máximo de resultado com o mínimo de esforço ou esmero formal nas formas processuais;

c) *Princípios da Informalidade, Simplicidade e Celeridade*: tratam-se de desdobramentos lógicos do que se tem como interpretação extensiva do aludido princípio da economia processual, pois que se mira em uma justiça voltada, sobretudo, à celeridade dos conflitos e destinada ao leigo ou nas palavras de Calamandrei, *L'uomo della strada*[23], a simplicidade no processamento e a informalidade dos atos, devendo estes, inclusive, sobreporem a qualquer exigência de conotação formalista sem que se justifique.

Mais especificamente, quanto aos supracitados princípios que a própria Lei dos Juizados Especiais Cíveis Estaduais (LJE) descreve como orientadores da prestação jurisdicional em tal rito sumaríssimo, devemos nos mirar verdadeiramente nas práticas que os expressam, mas sempre em forma conjunta, de modo a harmonizá-los coletivamente - na medida do possível ! - pois que, a atenção difusa na exegese é exercício hercúleo e a escolha de um caminho interpretativo pode sobejar à análise da aplicabilidade principiológica em dada circunstância, *ex vi*

---

[23] *Apud* DINAMARCO, Cândido Rangel. *Instituições de Direito Processual Civil*. Vol. III. São Paulo: Malheiros Editores, 2002, p.122.

NOÇÕES GERAIS

do corriqueiro indeferimento do juízo diante de protesto de quaisquer das partes pela aplicabilidade e exercício de uma modalidade de prova, *v.g.*, a pericial.

No caso, p. ex., uma vez indeferida dita prova sob o argumento de que se trata de modalidade fundamentalmente complexa, decidindo então o magistrado pela extinção do feito por necessidade de instrução técnica mais apurada - e também, mais uma vez, complexa! - restará ao peticionário se dirigir à justiça comum para obter tal intento, cabendo-lhe "acreditar" que seu pedido encontrou empecilho na própria *lex*, quando, na verdade, os princípios justificadores para a negativa da prestação jurisdicional são comumente apontados como o da "simplicidade do rito", o do "prejuízo à celeridade" etc, sobejando sempre sem qualquer análise ou apontamento, a instrumentalidade das formas ou mesmo a economia processual, respaldadas na determinante análise de pedido probatório não proibido pelo ordenamento à luz do princípio do acesso à justiça como padrão de procedimento e, em última análise, da prestação de um serviço público de forma eficiente, o que de longe se encontrariam óbices a um cotejo do julgador em analisar respectiva modalidade de prova.

Aliás, a própria interpretação do art. 35[24] não deixa dúvidas sobre a viabilidade de se conjugar os princípios orientadores dos Juizados Especiais com a necessidade da prova para o processo[25], permitindo ao juiz a compatibilidade do binômio tempo-efetividade com a real virtude do processo como instrumento democrático de conquista do justo[26].

---

[24] *"Art.35. Quando a prova do fato exigir, o juiz poderá inquirir técnicos de sua confiança, permitida às partes a apresentação de parecer técnico".*

[25] Conforme sabiamente nota Leonardo Greco (A Prova no Processo Civil: Do Código de 1973 ao Novo Código Civil. *In*: COSTA, Hélio Rubens Batista Ribeiro; RIBEIRO, José Horácio Halfeld Rezende; DINAMARCO, Pedro da Silva. (Coord.). *Linhas Mestras do Processo Civil*.: São Paulo: Atlas, 2004,p.403., " (...) é necessário que a admissibilidade das provas seja apreciada pelo juiz não da sua própria perspectiva, mas da utilidade ou relevância da prova, analisada à luz da perspectiva probatória ou da linha deargumentação da parte que a propôs."

[26] Ao menos, ainda que pese o abstracionismo do "justo", deve-se acreditar na boa-fé do homem e das instituições que por bem cria.

Niklas Luhmann (*Legitimação pelo Procedimento*. Trad. de Maria da Conceição Côrte-Real. Brasília: Universidade de Brasília, 1980, p. 51 e ss.) bem aponta à luz da sociologia crítica que a estrutura jurídica – logicamente, tendo o processo aí como elemento de fundamental significância - se torna legitima na medida em que é capaz de produzir uma prontidão generalizada voltada à aceitação das decisões ali obtidas, mesmo que indeterminadas com relação ao seu conteúdo concreto, tudo dentro de uma margem do razoável e tolerável.

Na verdade, isso se nota na medida em que o procedimento se realiza com a oportunidade de se exercer a igualdade de "armas" ou oportunidades dentro da dinâmica da prática dos atos pro-

4. Juizados Especiais e sua composição

A composição do Juizado Especial se faz por um juiz togado (Juiz de Direito), pelos serventuários da justiça (escrivão, escrevente, oficiais de justiça etc.) bem como por conciliadores e juízes leigos, consoante ao que expressa o art. 7º Lei da LJE.

Vale ressaltar que, no tocante à função de conciliador, recomenda a supracitada lei que a escolha recaia de preferência entre bacharéis em Direito (art. 7º, *caput*), dada natureza da função a ser exercida, certamente, de conteúdo jurídico-técnico, por vezes há de se valer no exercício conciliatório, sobretudo em sede do Poder Judiciário.

Já no que toca aos juízes leigos, o parágrafo único do art. 7º aponta, como requisito de escolha deste, a necessária experiência temporal para o exercício da respectiva atividade – mais de cinco anos de advocacia.

Restará à lei local definir, especificamente, o modelo que será empregado no intuito de escolher os respectivos conciliadores e juízes leigos, cuja investidura, certamente, deverá ser temporária, determinando, por conseguinte, o critério remuneratório dos mesmos ou a sua gratuidade.

É de se alertar aqui para a questão pecuniária no que toca aos juízes leigos, pois que, por serem advogados, a própria Lei n. 9.099/95, em seu art. 7º, também no digitado parágrafo único, impede o advogado que assumir dito encargo a exercer a advocacia perante os Juizados Especiais (não perante a Justiça Ordinária!)

cessuais, de modo a criar entre todos os interlocutórios da demanda (Juiz, Ministério Público, advogados e mesmo as partes) uma espécie de lealdade no exercício dos direitos processuais, o que torna então como função legitimadora do aludido procedimento, a busca de uma decisão aceitável, ainda que contrariando possíveis expectativas de direitos dos demandantes e demandados.

Enfim, a função legitimadora de um procedimento judicial, para Lumann, não estaria na substituição de uma decepção por um reconhecimento do direito decidido na instância processual, mas a imunização da decisão final contra decepções inevitáveis de ocorrerem. Contudo, a função de uma decisão é absorver e reduzir insegurança na medida da aceitação do comando legal sentencial por todas as oportunidades concedidas às partes da contenda e possivelmente realizadas durante a marcha processual, possibilitando a redução de incertezas das quais resultará assim, em uma decisão dotada de legitimidade.

É de pontuar que dita legitimidade é concebida por Lumann como uma ilusão funcionalmente necessária, pois que se baseia na ficção de que possa existir possibilidades de decepções rebeldes oriundas de julgamentos, só que, no entanto, ditas possíveis decepções não são transformadas em outras atitudes ou atos, dada a conformação das partes com a oportunidade já concedida de exercer os direitos processualmente legítimos e, com isso, ter tido a oportunidade de demonstrar Estado-juiz, a sua versão dos fatos e, portanto, de seu direito.

Dito isso, neste caso a ideia é aquela que aponta para a legitimação das decisões judiciais na medida em que os seus procedimentos garantem a supracitada ilusão.

enquanto no desempenho de suas funções, o que, de certo e razoável não se faz então a gratuidade na prestação de tal ofício.

4.1 O Órgão Judicante

Quanto ao órgão Judicante, mais especificamente o juiz togado, caberá a ele a direção e julgamento do processo em todas as suas fases, sendo-lhe garantida, *ex vi* do art. 5º da LJE, a liberdade para determinar as provas a serem produzidas, para apreciá-las e para dar especial valor às regras de experiência comum ou técnica, logicamente, sempre no interesse do processo, não custando reafirmar aqui o papel do Estado além das partes e da sociedade, como principal interessado na solução da controvérsia, ofertando serviço público de entrega da prestação jurisdicional qualitativa e efetiva, não encontrando lugar hoje a figura do juiz, servidor do Estado, meramente espectador, desarticulado ou mesmo desinteressado na busca pela pacificação social.

Deveras é que o magistrado, ao manter-se imparcial, eqüidistante das partes, e ao permitir que elas tenham a iniciativa da produção das provas que acham necessárias e pertinentes, não impede ou exclui de ser participativo, sendo autorizado, quer por iniciativa própria ou a pedido de uma das partes, deixar a sua natural impassividade e, pessoalmente, examinar pessoas ou coisas, indo ao local onde se encontram para elucidar-se de fatos que sejam relevantes para o esclarecimento da demanda, aqui numa certeira remissão ao próprio CPC (art. 440 481).

Insta ressaltar aqui, mais uma vez, que tal iniciativa participativa do juiz, além de demonstrar, indubitavelmente e como retro referido, a idéia do Estado como o principal interessado na solução dos conflitos, ao chamar o monopólio da jurisdição para si, interessa, fundamentalmente, a ele a possibilidade de se buscar a verdade real na medida do justo e da razoável possibilidade, escopo elucidativo da pretensão solicitada, desde que operacionalizada pelo juiz de acordo com as circunstâncias que o próprio processo exige, já que o principal destinatário das provas é, sem sombra de dúvidas, a própria verdade.

Nesta toada, muito bem leciona Humberto Theodoro Jr:

"Entre o juiz e as partes não se estabelece uma 'contraposição' nem um clima de 'opressão'. O que se deseja é o 'equilíbrio' e, sobretudo, a 'colaboração' entre aquele e estas, como adverte Barbosa Moreira. Assim, embora a palavra final sobre a admissibilidade ou não de uma prova caiba sempre ao juiz, o certo é que não poderá denegar a pretensão de produzi-Ia, senão fundamentadamente (CF, art. 93, incs. IX e X).

As regras da experiência não representam, tecnicamente, *prova* para o processo, mas se revelam como critérios úteis de avaliação dos fatos e provas dos autos.

São valores que o juiz extrai da convivência profissional e social, não para redigir ou alterar a norma legal, mas para analisar o fato sobre o qual a regra abstrata irá incidir, para interpretá-lo segundo a explicação social, política e ideológica. Há uma valorização cultural que o juiz realiza ao lado do exame técnico-jurídico.

Enquanto no processo civil tradicional o juiz somente se vale de regras de experiência para suprir lacunas das normas jurídicas específicas (art. 335 375), nos Juizados Especiais isto se dá como rotina, ou seja, como ponto de partida do julgamento.

Por outro lado, o art. 6º da Lei nº 9.099 recomenda ao juiz adotar, em cada caso, 'a decisão que reputar mais justa e equânime, atendendo aos fins sociais da lei e às exigências do bem comum'. Não quer isto dizer que o julgamento possa deixar a lei de lado e transformar-se num puro juízo de eqüidade. O intuito da norma é apenas o de ressaltar uma regra de interpretação da lei a ser aplicada. O que se deseja é que o juiz, na operação exegética, proceda 'à escolha de teses que mais se coadunem com a indispensável justiça do caso concreto'; e que, no plano dos fatos, o magistrado deva 'interpretá-los de modo inteligente, sem apego desmesurado ao requisito da certeza e sem o comodismo consistente em dar seguidamente por descumprido o ônus da prova'. Enfim, 'o juiz interpretará a lei e os fatos da causa sempre com a preocupação de fazer justiça e evitar que a rigidez de métodos preestabelecidos o conduza a soluções que contrariem a grande premissa posta ao processo das pequenas causas, ou seja, a de que o processo é um instrumento sensivelmente ético e não friamente técnico. Essa é a recomendação do legislador, ao pedir-lhe decisões justas e equânimes'." [27]

4.2 Juízes leigos e Conciliadores

Conforme já estampado em seu art.2ª *in fine*, a Lei 9.099/95 mira inegavelmente a busca satisfatória pela conciliação ou transação das pretensões resistidas endereçadas aos Juizados Especiais Cíveis Estaduais.

Para o exercício afirmativo e efetivo de tal propósito, a *lex* tratou de prever a presença de específicos auxiliares do juízo, estes representados pelas figuras já anteriormente citadas: o conciliador e o juiz leigo.

A ambos compete o labor da busca pela conciliação ou mesmo transação com o fito de pacificar o conflito, por isso, orientando e estimulando as partes *ex adversas*, sobretudo nas vantagens propiciadas por tal composição, logicamente não a todo custo, de qualquer forma ou forçosamente, cabendo, portanto, ao próprio

---

[27] THEODORO JÚNIOR, Humberto. *Curso de Direito Processual Civil*. Vol. III. 36 ed. Rio de Janeiro: Forense, 2006, p.461- 462.

ordenamento balizar o trabalho dos auxiliares neste contexto, ao indicar que quanto ao exercício tais condutas, caberá o esclarecimento às partes presentes na sessão conciliatória, quanto às vantagens da conciliação e ainda apontando-lhes os riscos e as consequências do litígio.

Destacam-se aqui, de forma subsidiária, as regras do CPC/2015 e sua exata aplicação no que se refere aos conciliadores (também aos mediadores) quanto aos princípios informativos que devem reger o procedimento conciliatório como método propício à solução de conflitos. Nisso, sublinha o *caput* do art. 166:

"*A conciliação e a mediação são informadas pelos princípios da independência, da imparcialidade, da autonomia da vontade, da confidencialidade, da oralidade, da informalidade e da decisão informada.*"

Por conseguinte, estabelece o art. 21 que, uma vez aberta a sessão de conciliação, o juiz togado ou leigo esclarecerá as partes presentes sobre as vantagens da conciliação, mostrando-lhes os riscos e as consequências do litígio, especialmente quanto ao disposto no §3º do art. 3º da Lei n.9.099/95.[28]

Vale ressaltar que a atividade conciliatória será conduzida diretamente pelo magistrado bem como pelo juiz leigo ou ainda pelo conciliador sob orientação destes (art. 22), cabendo, a aplicação subsidiária dos regramentos previstos nos arts.165 a 175 do CPC/2015.

Vista a possibilidade prática da conciliação bem como a possibilidade do seu exercício por qualquer dos auxiliares do juízo ou mesmo pelo juiz togado, obtido o sucesso desejado da mesma na composição do conflito, será ela reduzida a termo, recebendo, por conseguinte, a exigida homologação do juiz togado mediante sentença dotada com força de título executivo, consoante o disposto no parágrafo único do art. 22.

Por outro lado, não logrando a esperada solução do litígio diante da tentativa conciliatória da pretensão posta no presente juízo especial, encerrada estará a fase conciliatória inicial e, com ela, notadamente a tarefa do conciliador. Isto se dá, pois que, em fase posterior - a instrutória - destinada a regular instrução e julgamento da lide, poderá conduzi-la o juiz togado ou mesmo ao juiz leigo, este desde que supervisionado por aquele, como pondera expressamente o art. 37.

Daí uma vez a fase instrutora sendo dirigida pelo magistrado togado, em respeito aos princípios da identidade física do juiz e da imediatidade, caberá a ele prolatar a sentença meritória da causa.

---

[28] "*§ 3º A opção pelo procedimento previsto nesta Lei importará em renúncia ao crédito excedente ao limite estabelecido neste artigo, excetuada a hipótese de conciliação.*"

Do contrário, isto é, sendo o juiz leigo aquele a quem coube a atividade dirigente relativa à instrução probatória da demanda, a ele incumbirá o ato de proferir a sentença, esta que terá, por disposição legal, de ser submetida à homologação imediata do juiz togado, tudo conforme preceitua a primeira parte do art. 40:

"O juiz leigo que tiver dirigido a instrução proferirá sua decisão e imediatamente a submeterá ao juiz togado (...)"

Ao juiz togado caberão algumas das alternativas ditadas pelo dispositivo legal supra:

- Homologar a decisão proferida pelo juiz leigo;

- Proferir outra decisão em substituição àquela realizada pelo juiz leigo;

- Antes de qualquer manifestação acerca do ato decisório, determinar a realização de atos probatórios indispensáveis à demanda.

Por tudo, é de se concluir que a respectiva sentença, fundamentalmente, só adquirirá a sua plena eficácia após o crivo do juiz togado, seja pela necessária homologação decorrente do ato decisório realizado pelo juiz leigo ou mesmo pela prolação da sentença por parte daquele julgador togado.

4.2.1 Da Mediação nos Juizados Especiais

Convém destacar neste compasso, a possibilidade prática do exercício da Mediação em sede de Juizados Especiais.

Na verdade, trata-se de um meio propício e voluntário de resolução de conflitos no qual o terceiro imparcial orienta as partes para a solução de controvérsia sem sugestionar. Na mediação, as partes se mantêm autoras de suas próprias soluções.

Nesses termos, bem expressa Ellen Grace Northfleet,

> (...) na técnica de mediação um terceiro não interessado (o mediador) auxilia as partes a definirem suas posições em relação aos pontos em litígio e a explorarem as possibilidades de solução negociada. O mediador não avalia ou emite opinião sobre o caso, mas, apenas, facilita o intercâmbio de informações, ideias e alternativas para a solução do litígio.[29]

Ainda que de origem milenar[30], tem a mediação, hoje, utilização frequente no âmbito da comunidade internacional, sobretudo na América do Norte onde o instituto teve significativos avanços.

---

[29] NORTHFLEET, Ellen Grace. Novas Fórmulas para Solução de Conflitos. In: TEIXEIRA, Sávio de Figueiredo (Coord.). *O Judiciário e a Constituição*. São Paulo: Saraiva, 1994, p. 323.

[30] Sobre a historicidade da Mediação, ver por todos, CACHAPUZ, Rozane da Rosa. *Mediação nos Conflitos e Direito de Família*. 4. ed. Curitiba: Juruá, 2006, p. 24.

Já nos Estados Unidos, a partir da década de 70, do século passado, os casos envolvendo a matéria de divórcio precisavam, antes de ser instaurados no Poder Judiciário, passar pela mediação, na busca de uma solução que visava, inicialmente, reatar os laços familiares, sendo, em seguida, utilizada em uma variedade de matérias, chegando até mesmo aos deslindes da esfera penal.[31]

No Canadá, a partir de 1981, passou a mediação a se compor no âmbito do Poder Judiciário, dotando-se de função relevante e daí alçada a um serviço público gratuito em questões de cunho familiar decorrentes de separações conjugais, mediante o trabalho de uma equipe interdisciplinar para melhor deslinde do feito.

Em território sul-americano, mais precisamente na Argentina, recebeu a Mediação tratamento normativo, tendo como principais textos legais os Decretos n. 1.480/92 e n. 1.021/95, bem como a Lei n. 24.573/95 e ainda foram criados com o intuito de acompanhar o desenvolvimento do instituto o Programa Nacional de Mediação, a Comissão de Mediação e Conciliação do Colégio de Advogados da cidade de Buenos Aires, dentre outros.

Em 2014 tivemos em andamento o PL n. 7.169/2014, com origem no Senado Federal sob o registro de PLS n. 517/2011, possibilitando a demarcação do marco legal da Mediação no Brasil, concretizado no advento da Lei n. 13.140 de 26 de junho de 2015.

Referida lei trata de dispor acerca da mediação entre particulares como meio de solução de controvérsias e sobre a autocomposição de conflitos no âmbito da administração pública; altera a Lei n. 9.469, de 10 de julho de 1997 e o Decreto n. 70.235, de 6 de março de 1972, e ainda revoga o § 2º do art. 6º da Lei n. 9.469, de 10 de julho de 1997.

Outrossim, não pairam dúvidas sobre o contributo de tal via propícia à solução de conflitos, assumindo importante papel, seja no campo extraprocessual ou

---

[31] De acordo com o Presidente do Quadro de Diretores do Institute for the Study and Devolopment of Legal Systems (Instituto para o Estudo e Desenvolvimento do Sistema Legal), Robert A. Goodin, *"By the late 1980s and particularly beginning and continuing through the 1990s, mediation has become an increasingly popular procedure in all types of civil cases. In fact, it I snow probably the most popular form of alternative dispute resolution used by litigants in civil cases in the United States. Moreover, because of its flexibility, it is increasingly used not only in civil disputes but also criminal cases and cases that are on appeal"*. GOODIN, Robert A. *Mediation: an overview of alternative dispute resolution.* Disponível em: <http://usinfo.state.gov/journals/itdhr/1299/ijde/goodin.htm>. Acesso em: 14.09.2018.

mesmo endoprocessualmente, por meio de sua serventia, sobretudo no que toca aos conflitos na área de família e sua judicialização.[32]

Quando do advento do CPC/2015, a mediação, ao lado da conciliação, foi incorporada normativamente como meio de solução das lides apresentadas ao Poder Judiciário, devendo ambos os métodos serem estimulados para resolução das contentas, tudo em caráter interessado e voluntário das partes e, como dito, promovido por todos os partícipes do processo. Nestes termos, apresenta-se o art. 3º, §§2ª e 3º do CPC:

> § 2º O Estado promoverá, sempre que possível, a solução consensual dos conflitos.
> § 3º A conciliação, a mediação e outros métodos de solução consensual de conflitos deverão ser estimulados por magistrados, advogados, defensores públicos e membros do Ministério Público, inclusive no curso do processo judicial.

Assim, é plenamente possível e satisfatório que a mediação, ao lado da conciliação, entre na pauta pragmática dos Juizados Especiais, de modo a que possa ser estimulada e realizada como método propício à solução de conflito e, por conseguinte,, aproximando a característica do conflito em questão com o método adequado, possibilitando o alcance de melhores resultados na satisfação da demanda posta em juízo, sendo o exercício da mediação

Por fim, deve ser referendado aqui a aplicação subsidiária das regras do CPC/2015 no que se refere aos mediadores, sobretudo quanto aos princípios informativos que devem reger o procedimento da mediação como método propício à solução de conflitos. Nisso, sublinha o *caput* do art. 166:

"*A conciliação e a mediação são informadas pelos princípios da independência, da imparcialidade, da autonomia da vontade, da confidencialidade, da oralidade, da informalidade e da decisão informada.*"

Entendemos que a atividade da mediação deverá ser conduzida por profissional apto ao manejo deste método de solução de conflitos, tal qual a atividade conciliatória, se valendo para isso dos regramentos previstos nos arts.165 a 175 do CPC/2015.

---

[32] Sobre o assunto, vale conferir: GRINOVER, Ada Pellegrini; WATANABE, Kazuo; LAGRASTA NETO, Caetano (Coords.). *Mediação e Gerenciamento do Processo.Revolução na Prestação Jurisdicional*. São Paulo: Atlas, 2007; GAIO JÚNIOR, Antônio Pereira; GAIO, Raquel Mota Dias. A Mediação na esfera civil como meio propício para solução de conflitos. *In*: VARGAS, Fábio de Oliveira; DOMITH, Laira Carone Rachid (Coords.). *Direito e Psicologia. Estudos em homenagem ao Professor Israel Carone Rachid*. Juiz de Fora: Editar, 2013, p. 81-106.

5. Competência

a) Quanto ao valor da causa e das matérias específicas

A competência no âmbito dos Juizados Especiais Cíveis, ainda que pese outros campos incidentes (como se verá nas alíneas que se seguem neste item), está formalmente delimitada pelo caput do art. 3º, da Lei n. 9.099/95, sendo estes, conforme já apontado, competentes para conciliação, processo e julgamento das causas cíveis de menor complexidade.

Vale assinalar que a aludida "menor complexidade", a despeito de sua valoração subjetiva e de contornos relativistas, foi especificada pela própria lei e de forma taxativa[33], nos seguintes termos:

> *Art. 3º - O Juizado Especial Cível tem competência para conciliação, processo e julgamento das causas cíveis de menor complexidade, assim consideradas:*
> *I - as causas cujo valor não exceda a quarenta vezes o salário mínimo;*
> *II - as enumeradas no art. 275, inciso II, do Código de Processo Civil;*
> *III - a ação de despejo para uso próprio;*
> *IV - as ações possessórias sobre bens imóveis de valor não excedente ao fixado no inciso I deste artigo*
> *§ 1º - Compete ao Juizado Especial promover a execução:*
> *I - dos seus julgados;*

---

[33] A despeito da existência de entendimentos que apontam, de forma genérica, a possibilidade de dentro das causas definidas em abstrato como de menor complexidade, ocorrer hipóteses que demandem complexidade probatória tal que não se compatibiliza com a simplicidade e celeridade do Juizado Especial (causas que exijam prova pericial complexa, *v.g.*), discordamos de tal caráter generalista.

Ora, se o respeito à simplicidade e celeridade devem ser considerados como se sagradas fossem, o declamado acesso ao judiciário pela via menos onerosa para o próprio cidadão comum e em procedimento informal, mas qualificador de melhor satisfação jurisdicional para sua pretensão devem também ser preservados, de modo que a razoabilidade do julgador diante do caso concreto, demonstrando viva experiência na contenda é, inequivocamente, o porto seguro.

Ainda que pese não ter a legislação proibido expressamente, a possibilidade de produção de prova complexa é de prudente critério, sendo daí a se decidir pois, pela extinção do feito sem resolução do mérito, obrigando o jurisdicionado, ávido pela solução de seu problema, a se dirigir à Justiça Comum para nova e idêntica propositura da ação, no mínimo poderá representar um desqualificado acesso à justiça, constituindo *in casu*, verdadeiramente, uma escolha que faz o magistrado entre a "sagrada formalidade" do instrumento processo ou a efetiva instrumentalidade do processo como meio propício e hábil à satisfação do direito controverso, típica atividade cognitiva operada pelo Estado a qualificar a tutela jurisdicional por ele próprio ofertada e pelo cidadão comum tão esperada!

Aliás, em uníssono à presente ideia, faz sentido o que enuncia o art. 6º da Lei n. 9.099/95 ao dispor: *"O juiz adotará em cada caso a decisão que reputar mais justa e equânime, a tendendo aos fins sociais da lei e às exigências do bem comum."*

Sobre o desenvolvimento de provas complexas como a pericial, ver, por todos, MOREIRA, Wander Paulo Marotta. *Juizados Especiais Cíveis*. Belo Horizonte: Del Rey, 1996, p.54-55.

II - dos títulos executivos extrajudiciais, no valor de até quarenta vezes o salário mínimo, observado o disposto no § 1º do art. 8º desta lei.

Nota-se fundamentalmente que o legislador, no corpo do art. 3º, serviu-se de diversos critérios para fixação da competência do Juizado Especial Cível.

Assim, o critério inicialmente utilizado é o da fixação da competência em razão do valor da causa[34], conforme se extrai do disposto no art. 3º. I e parágrafo 1º, II e III, da lei supracitada.

Em seguida, é fixada a competência do Juizado Especial em razão da matéria, traduzindo-se em outro critério, conforme se depreende do art. 3º, II e III.

Importante frisar que, a despeito de qualquer valor, o Juizado Especial é competente para conhecer e julgar todas as causas mencionadas no revogado art. 275, II, do CPC/1973, previstas para o rito sumário, quais sejam:

- de arrendamento rural e de parceria agrícola;

- de cobrança de condomínio de quaisquer quantias devidas ao condomínio;

- de ressarcimento por danos em prédio urbano ou rústico;

- de ressarcimento por danos causados em acidente de veículo de via terrestre;

- de cobrança de seguro, relativamente aos danos causados em acidente de veículo, ressalvados os casos de processo de execução;

- de cobrança de honorários dos profissionais liberais, ressalvado o disposto em legislação especial;

- em demais casos previstos em lei.

Vale destacar que, não obstante a referência ao art. 275, II do revogado CPC/1973, é cediço que o CPC/2015 fez extinguir com o denominado "Rito Sumário".

No entanto, prudentemente, o legislador do novel *Codex*, optou pela continuidade aplicativa dos temas inclusos no art. 275, II aos Juizados Especiais Cíveis Estaduais, nos seguintes termos:

> Art. 1.063. Até a edição de lei específica, os juizados especiais cíveis previstos na Lei nº 9.099, de 26 de setembro de 1995, continuam competentes

---

[34] A regulação do valor da causa encontra-se disciplinada nos arts. 291 a 293 do CPC. Esta sistemática é a que deverá prevalecer integralmente para os Juizados Especiais, dada a ausência de regras próprias previstas pela Lei n. 9.099/95.
Por outro lado, ocorrendo impugnação ao valor atribuído à causa pelo autor, o procedimento a ser observado para a solução de tal incidente será aquele previsto pela própria Lei n.9.099/95, em seu art. 30, e não o do CPC.

NOÇÕES GERAIS

para o processamento e julgamento das causas previstas no art. 275, inciso II, da Lei nº 5.869, de 11 de janeiro de 1973.

Na mesma toada, ou seja, nos campos inerentes ao "Valor da Causa" e à "Matéria", digno de nota é a existência de um terceiro critério utilizado pela Lei - critério misto - unindo matéria e valor, este com previsão no art. 3º, IV, sendo competente o Juizado Especial para conhecer e julgar *as ações possessórias sobre bens imóveis de valor não excedente ao fixado no inciso I do art. 3º*, da LJE. Daí, temos o Juizado como competente para julgar demandas possessórias sobre bens imóveis desde que o valor do próprio bem não ultrapasse a 40 salários mínimos.

Por fim, disposto no art. 57 da Lei n. 9.099/95, tem-se um critério de fixação de competência diverso dos demais, mas relacionado aos mesmos conteúdos, tendo como mira, exclusivamente, o interesse público e a segurança jurídica no que se refere ao conteúdo e força legal de ato documentado.

Expressa o art. 57, *in verbis:*

"Art. 57 - O acordo extrajudicial, de qualquer natureza ou valor, poderá ser homologado, no juízo competente, independentemente de termo, valendo a sentença como título executivo judicial. "

Observa-se, portanto, que fora outorgado ao Juizado Especial Cível competência para homologação de acordo extrajudicial de qualquer natureza ou valor, valendo a sentença como título executivo judicial.

Dito acordo extrajudicial poderá se referir a qualquer matéria ou valor, sendo homologado pelo juízo competente, podendo, no entanto, ser executado no âmbito dos Juizados Especiais, de modo especial, nos casos de sua competência.

Já como valor de título executivo extrajudicial, em consonância com temperamentos interpretativos do art. 784, II e IV do Código de Processo Civil, pontifica o parágrafo único do próprio art. 57:

"Parágrafo único - Valerá como título extrajudicial o acordo celebrado pelas partes, por instrumento escrito, referendado pelo órgão competente do Ministério Público. "

Neste ínterim, vale reforçar, portanto, que competirá também aos Juizados Especiais promover a execução de seus julgados e ainda daqueles títulos executivos extrajudiciais de valor até 40 vezes o salário mínimo.

Tal apontamento referente a este valor de alçada tem razão de ser. De acordo com o próprio art. 3º, em seu §3º, é sustentado que para as conciliações perante os Juizados, autorizados estarão acordos superiores ao limite de 40 salários mínimos, notoriamente, portanto, havendo execução decorrente de sentença que operou homologação de acordo nestas condições, terá a execução que se pautar sobre toda a extensão do valor pactuado, o mesmo acontecendo nas competências em razão da matéria, *v.g.*, as causas do art. 275, II do revogado CPC/1973, estas também submetidas originariamente ao rito sumário.[35]

Por outro lado, dita questão não ocorre quanto à execução de sentenças dos processos originários de tal Juizado quando a competência se pautar, especificamente, no valor da causa. Neste caso, não somente o §3º do art. 3º como também o art. 39 apontam para tal entendimento, na medida em que o primeiro dispositivo[36] impõe a renúncia ao valor que exceder a 40 vezes o salário mínimo bem como o segundo[37] que determina a ineficácia da sentença acima de aludido limite.[38]

a.1) Matérias excluídas da competência dos Juizados Especiais

Mais especificamente quanto à matéria, coube ao legislador ordinário o interesse em nominar conteúdos excludentes de apreciação no presente juizado, sendo daí delimitado o campo de ação em nível de direito substancial, sendo previsto no art. 3º, §2º a exclusão da competência do Juizado Especial para determinadas causas, tais como aquelas:

- de natureza alimentar;
- de natureza falimentar;
- de natureza fiscal;
- de interesse da Fazenda Pública;
- relativas a acidentes do trabalho;
- relativas a resíduos (direito sucessório);
- relativas ao estado e à capacidade das pessoas, ainda que de cunho patrimonial.

---

[35] "Em razão da matéria, qualquer que seja o valor, todas as causas enumeradas no art. 275, II, do Código de Processo Civil poderão ser propostas e julgadas no Juizado Especial Civil." SANTOS, Ernane Fidélis dos. *Novos Perfis do Processo Civil Brasileiro*. Belo Horizonte: Del Rey, 1996, p.152.

[36] "Art. 3º (...)
§ 3º A opção pelo procedimento previsto nesta Lei importará em renúncia ao crédito excedente ao limite estabelecido neste artigo, excetuada a hipótese de conciliação."

[37] "Art. 39. É ineficaz a sentença condenatória na parte que exceder a alçada estabelecida nesta Lei."

[38] "Enunciado 58 - Substitui o Enunciado 2 - As causas cíveis enumeradas no art. 275 II, do CPC admitem condenação superior a 40 salários mínimos e sua respectiva execução, no próprio Juizado." FONAJE –Fórum Nacional dos Juizados Especiais.Ver, dentre outros, LETTERIELLO, Rêmolo. *Repertório dos Juizados Especiais Cíveis Estaduais*. Belo Horizonte: Del Rey, 2008, p.528.

b) Quanto às pessoas - Legitimidade

A Lei n. 9.099/95 delimita a legitimidade de ação no âmbito dos Juizados Especiais às pessoas físicas capazes, conforme o já citado art. 8º, §1º, valendo consignar ainda que, com o advento da Lei n. 9.841/99, consagrada foi no art. 38 desta, a extensão da legitimidade ativa às microempresas, por isso, também autorizadas a postularem em sede de Juizados Especiais.[39]

Por outro lado, a própria Lei supracitada apontou, de forma inequívoca, a restrição quanto à participação de determinadas pessoas e entes no âmbito de tal rito sumaríssimo, expressando o art. 8º que não serão partes no processo de que cuida a Lei n. 9.099/95, quer como autoras ou rés:

- o incapaz;[40]
- o preso
- as pessoas jurídicas de direito público(União, Estado e Município);
- as empresas públicas da União;
- a massa falida e o
- insolvente civil.

---

[39] Lei Complementar nº 123, de 14 de dezembro de 2006:
"*Art. 3º Para os efeitos desta Lei Complementar, consideram-se microempresas ou empresas de pequeno porte a sociedade empresária, a sociedade simples, a empresa individual de responsabilidade limitada e o empresário a que se refere o art. 966 da Lei n º 10.406, de 10 de janeiro de 2002 (Código Civil), devidamente registrados no Registro de Empresas Mercantis ou no Registro Civil de Pessoas Jurídicas, conforme o caso, desde que*
I - no caso da microempresa, aufira, em cada ano-calendário, receita bruta igual ou inferior a R$ 360.000,00 (trezentos e sessenta mil reais); e
II - no caso da empresa de pequeno porte, aufira, em cada ano-calendário, receita bruta superior a R$ 360.000,00 (trezentos e sessenta mil reais) e igual ou inferior a R$ 3.600.000,00 (três milhões e seiscentos mil reais)."

[40] Importante ressaltar que as pessoas tidas como deficientes possuem capacidade regulada pela Lei n. 13.146, de 6 de julho 2015, onde em seus arts. 2º e 6º bem esclarecem a matéria:
"*Art. 2º Considera-se pessoa com deficiência aquela que tem impedimento de longo prazo de natureza física, mental, intelectual ou sensorial, o qual, em interação com uma ou mais barreiras, pode obstruir sua participação plena e efetiva na sociedade em igualdade de condições com as demais pessoas.*"
"*Art. 6º A deficiência não afeta a plena capacidade civil da pessoa, inclusive para:*
I - casar-se e constituir união estável;
II - exercer direitos sexuais e reprodutivos;
III - exercer o direito de decidir sobre o número de filhos e de ter acesso a informações adequadas sobre reprodução e planejamento familiar;
IV - conservar sua fertilidade, sendo vedada a esterilização compulsória;
V - exercer o direito à família e à convivência familiar e comunitária; e
VI - exercer o direito à guarda, à tutela, à curatela e à adoção, como adotante ou adotando, em igualdade de oportunidades com as demais pessoas."

c) *Quanto ao Território – Foro competente*

A competência territorial afeita ao Juizado Especial é expressamente definida pelo art. 4º da sempre citada Lei nº 9.099/95, cabendo assim sintetizar:

a) a regra geral é a da competência do foro do domicílio do réu (art. 4º, I);

b) a critério do autor, poderá a ação ser proposta também em um dos seguintes foros tidos como especiais:

- foro do local onde o réu exerça atividades profissionais ou econômicas, ou mantenha estabelecimento, filial, agência, sucursal ou escritório (art. 4º, I);

- foro do local onde a obrigação deve ser satisfeita (art. 4º, II);

- foro do domicílio do autor ou do local do ato ou fato, nas ações para ressarcimento do dano de qualquer natureza (art. 4º, III).

A escolha entre esses foros tidos como especiais é livre para o demandante, não havendo aí ordem de preferência entre os mesmos.

Ainda nesta toada, importante se faz ressaltar a disposição contida no parágrafo único do art. 4º, autorizadora de que, em qualquer hipótese, poderá a ação ser proposta no foro geral de domicílio do réu, ainda que se trate de uma das situações especiais contempladas pela legislação em tela.

De outro modo, não caberá ao réu, neste caso, impugnar a opção escolhida pelo autor da demanda judicial.

Ressalta-se que Lei n. 9.099/95 não traz qualquer regra especial quanto ao foro competente para as ações relativas a bens imóveis, tal como se observa no juízo comum (*ex vi* do art. 47 do CPC), portanto, deverá o autor, em tais casos, seguir a regra geral, ou seja, o domicílio do réu.

No âmbito dos Juizados Especiais, a incompetência territorial levará o processo à sua extinção sem resolução de mérito (art. 51, III) e, ainda que relativa tal competência, impedirá o juiz de remeter os autos para o juiz competente, diferente do que ocorre em sede do CPC/2015, onde, após julgado o conflito de competência, os autos são remetidos ao juízo declarado competente (art. 957, parágrafo único).

Enunciado Cível de n.89, do FONAJE, sustenta que a incompetência territorial poderá "*ser reconhecida de ofício no sistema de juizados especiais cíveis*", a despeito de, em sentido contrário, afirmar a Súmula 33 do STJ, isto é, que dita incompetência deve ser suscitada pelo demandado, não podendo assim o juiz declará-la de ofício.

Nisto observa bem Dinamarco que

> quando o juiz examina sua competência territorial (sempre a requerimento do réu), o processo já terá caminhado e superado a fase conciliatória: o

juiz incompetente já terá participado dele e sentido em alta medida a natureza, teor e razões do conflito. Se depois disso houvesse a remessa ao juiz competente, este já teria ficado sem a participação integral do feito, desvirtuando-se por esse modo o espírito do processo oral especialíssimo. Daí a indispensável extinção do processo, a qual ocorre tanto em caso de incompetência territorial (relativa), como de incompetência absoluta (incompetência dos juizados (...).[41]

6. Escolha entre Procedimentos

Questão pertinente ao conteúdo da competência é aquela relativa à faculdade de escolha pelo autor, diante de sua pretensão de direito, entre propô-la ao conhecimento dos Juizados Especiais e, daí o procedimento sumaríssimo seria o aplicável, ou na própria Justiça Comum, tendo então o procedimento comum como forma, sendo tal hipótese conjecturada, logicamente, em se tratando de causas que envolvem competência dos Juizados em concorrência com possíveis outros órgãos judiciais.

Vale lembrar nesta toada que, quando da vigência da Lei n. 7.244/84 (Lei dos Juizados de Pequenas Causas), a presente questão não encontrava dúvidas, dada a própria redação do art. 1º da aludida lei, ao estabelecer que:

"Art. 1º Os Juizados Especiais de Pequenas Causas, órgão da justiça ordinária, poderão ser criados nos Estados, no Distrito Federal e nos Territórios, para o processo e julgamento, por opção do autor, das causas de reduzido valor econômico."

Nota-se aí, logo, estampada expressamente a faculdade da parte na escolha da via procedimental. Lembra acertadamente Dinamarco que neste caso, "... a lei erigiu o próprio interessado em juiz da conveniência da propositura de sua demanda perante o Juizado Especial de Pequenas Causas ou no juízo comum - e, com isso, deu mais uma demonstração de que não se trata de discriminar pobres e ricos, uma vez que continuam aqueles, querendo, com a possibilidade de optar por este e pelo procedimento mais formal e demorado que ele oferece."[42]

Em se tratando da Lei n. 9.099/95, ainda que tal faculdade não tenha sido expressada nos moldes supracitados, encontramos no §3º do art. 3º desta lei possível opção do rito a ser escolhido diante de causas que possam ser propostas em sede dos Juizados Especiais ou na Justiça Comum. *In verbis:*

---

[41] DINAMARCO, Cândido Rangel. *Instituições de Direito Processual Civil*. Vol. III.4 ed. São Paulo: Malheiros, 2004, p.815.

[42] DINAMARCO, Candido Rangel. *Manual de Pequenas Causas*. São Paulo: RT, 1986, p.5.

"Art. 3º (...)

§3º A opção pelo procedimento previsto nesta Lei importará em renúncia ao crédito excedente ao limite estabelecido neste artigo, excetuada a hipótese de conciliação."

O acesso aos Juizados, nestes termos, corresponde a uma opção da parte, garantindo o legislador tal faculdade na medida em que atesta no próprio dispositivo supra as consequências de direito material decorrentes desta escolha pelo procedimento sumaríssimo, quando então determinada a competência pelo valor da causa, a explícita renúncia ao crédito excedente ao limite de alçada apontado pela própria lei.

É de certeira evidência, por tudo, a opção acerca de dito órgão julgador, pois que, do contrário, não haveria, certamente, qualquer necessidade de existência do aludido dispositivo - §3º, do art. 3º - caso a competência conferida aos Juizados Especiais fosse absoluta. Somado à presente ideia, está a ratificá-la o Enunciado Cível decorrente do Fórum Permanente de Juízes Coordenadores dos Juizados Especiais Cíveis e Criminais do Brasil, onde através do Enunciado n. 1 ditado está:

"O exercício do direito de ação no Juizado Especial Cível é facultativo para o autor."

Na mesma toada, outra não é a posição de jurisprudência que assenta a questão nos seguintes termos:

> Juizados Especiais Cíveis. Competência. Inteligência do art.3º, da Lei nº 9.099, de 26/09/95. É opção do autor a escolha do procedimento para valer seus direitos. Concurso de ações postas à disposição do jurisdicionado para a satisfação de um mesmo interesse, tendo ambas a finalidade de compor a lide. Provimento do recurso.[43]

E ainda:

> Competência – Justiça Comum - Juizado Comum - Juizado Especial Cível – Lei nº 9.099/95, art. 3º. Enumerados no art. 3º, I a 1V, da Lei nº 9.099/95, tem competência para sua conciliação, processo e julgamento tanto o Juizado Especial Cível quanto a Justiça contenciosa comum, cabendo ao autor, observando o disposto no §3º do citado artigo, optar por um daqueles procedimentos.[44]

---

[43] Turmas Recursais dos Juizados Especiais.TJRJ. Ementa 06 - Acórdão da 7º Turma Recursal .Recurso nº 041/96. Rel. Juiz Carlos José Martins Gomes.

[44] TJMG. CC 218.527 .Belo Horizonte.Rel. Juiz Herondes de Andrade. Julg. em 25.06.1996.*DJU* 25.09.1996.

7. Atos Processuais e sua forma

As normas relativas à prática dos atos processuais mereceram tratamento específico no âmbito dos Juizados Especiais. Tudo com o fito de se atingir o objetivo prático sumaríssimo desejado sem desprender-se ao correto e ordeiro exercício de tal via jurisdicional.

Nestes termos, cabe de início assinalar que serão públicos os atos processuais praticados em tal juizado, permitida ainda a realização dos mesmos em horário noturno, tudo conforme dispuserem as leis de organização judiciária (art. 12 da Lei n. 9.099/95).

Em que pese a sempre necessária forma adequada ínsita ao ato, de um modo geral, atendidos os critérios já apontados pelo art. 2º da LJE (vale dizer: oralidade, simplicidade, informalidade, economia processual e celeridade) serão eles considerados válidos desde que preencham as finalidades para as quais foram realizados, ex vi do art.13, *caput*, daí que não será pronunciada nenhuma nulidade processual sem que, efetivamente, tenha ocorrido prejuízo - art. 13, § 1º - num nítido prestígio do legislador ordinário quanto a correta instrumentalidade das formas, escopo inerente ao processo civil de resultados, nada custando reafirmar a verdadeira virtude do processo, não como um fim em si mesmo, mas e muito mais, como instrumento hábil e efetivo na busca pela satisfação do direito subjetivo, de todo e qualquer modo, inadimplido.

Na mesma sintonia, a LJE, já em muito adiante de seu tempo, logrou regrar a liberdade na forma de comunicação dos atos processuais entre comarcas por qualquer meio, desde que logicamente idôneo.

Assim, p. ex., no tocante à carta precatória, prescindível será a prática formal da mesma, vide art. 260 do Código de Processo Civil pátrio para que o magistrado de uma demanda solicite a outro juízo, ora então deprecado, a prática de ato processual fora de sua circunscrição territorial. Neste caso, "por meio idôneo" expresso no §2º do art. 13, deve-se entender comunicações via carta, telex, fax, telefone, telegrama, e ainda hoje, por decorrência do advento da Lei n. 11.419 de 19 de dezembro de 2006 (Informatização do Processo Judicial), também os denominados "meios eletrônicos", dentre eles o próprio *email*.[45]

---

[45] Dispõe o art. 1º da Lei n. 11.419/2006:

"*Art. 1o O uso de meio eletrônico na tramitação de processos judiciais, comunicação de atos e transmissão de peças processuais será admitido nos termos desta Lei.*

§ 1o Aplica-se o disposto nesta Lei, indistintamente, aos processos civil, penal e trabalhista, bem como aos juizados especiais, em qualquer grau de jurisdição (grifo nosso).

§ 2o Para o disposto nesta Lei, considera-se:

No que se refere aos atos praticados no correr do processo, mais precisamente aqui, aqueles observados em audiência, a respectiva documentação dos mesmos, conforme aponta o §3º do citado art.13, restará limitada apenas àqueles atos tidos como essenciais pelo juízo, sendo assentados, resumidamente, em forma manuscrita, datilografada, taquigrafada ou estenotipada, atendendo ao princípio da simplicidade.

Insta ressaltar a importante segurança do registro de conteúdo probante acostado aos autos, *v.g.,* a regular documentação das provas testemunhais, pois que qualquer perda de informação ou fala, ainda que registrada, de modo sucinto, decorrente dos próprios atos que formaram a convicção do juízo para posterior decisão poderá vir prejudicar a parte interessada quando de eventual recurso endereçado às Turmas Recursais, pois que a instância *ad quem, in casu* deverá ter sempre em mãos todos os elementos que subsidiaram a demanda bem como a própria decisão que se está a atacar quando do recurso inominado, caso contrário, haverá prejuízo na certeira análise de revisão do ato judicial final apelado.

Notamos isto a partir do que a própria LJE, em seu art. 36, apresenta. *In verbis*:

"*Art. 36. A prova oral não será reduzida a escrito, devendo a sentença referir, no essencial, os informes trazidos nos depoimentos.*"

Aliás, sobre tal assunto, bem expressa Figueira Júnior, ao prever que fundamental é que se interprete, sistematicamente, o aludido art. 13, §3º com o art. 36 da LJE, "sob pena de, na prática, ter-se apenas, quando da prolação da sentença, excertos dos depoimentos das testemunhas, apontados unilateralmente pelo juiz, inclusive sem o conhecimento das partes, tendo-se em conta que a decisão virá ao final, isto é, somente depois da coleta de todas as provas. Corre-se ainda o risco da perda de informações prestadas pelas testemunhas *A* ou *B*." [46]

Sobre o art. 36, continua o citado autor: "Na verdade, este artigo somente poderá ser aplicado em sua essência caso o depoimento esteja gravado, pois , na hipótese de interposição de recurso, verificar-se-á a decodificação/digitação e/ou

---

I - meio eletrônico qualquer forma de armazenamento ou tráfego de documentos e arquivos digitais;

*II - **transmissão eletrônica toda forma de comunicação a distância com a utilização de redes de comunicação, preferencialmente a rede mundial de computadores*** (grifo nosso);

III - assinatura eletrônica as seguintes formas de identificação inequívoca do signatário: assinatura digital baseada em certificado digital emitido por Autoridade Certificadora credenciada, na forma de lei específica;

b) mediante cadastro de usuário no Poder Judiciário, conforme disciplinado pelos órgãos respectivos."

[46] FIGUEIRA JÚNIOR, Joel Dias. *Manual dos Juizados Especiais Cíveis Estaduais e Federais*. São Paulo: RT, 2006, p.143-144.

NOÇÕES GERAIS

o encaminhamento das fitas magnéticas ao Colégio Recursal", isto de acordo com as normas a serem baixadas oportunamente pela Justiça Estadual.

Os demais atos, aí então tidos como não essenciais, poderão ser registrados na forma de gravação em fita magnética ou equivalente, que se conservará somente até o trânsito em julgado da decisão (art. 13, § 3º).

Por fim, determina o §4º do art. 13 que cabe às normas locais de organização judiciária a missão de dispor sobre a conservação das peças do processo e dos demais documentos que o instruem, permitindo aí, de acordo com as necessidades locais, a adoção de uma variedade de métodos hábeis para tanto, inclusive como já antes referendados, os eletrônicos.

7.1 Citações e Intimações

Por regra, as citações no âmbito dos Juizados Especiais serão realizadas pela via postal, na forma de correspondência, com aviso de recebimento em mão própria conforme aponta o inciso I do art. 18.

Interessante notar que, para fins de citação de pessoa jurídica ou de firma individual, a citação será válida, desde que a correspondência seja entregue ao que LJE em seu art. 18, II denomina como "encarregado da recepção", na verdade, funcionário daquelas, o qual deverá ser devidamente identificado no comprovante postal de recebimento.

Já a citação por oficial de justiça encontra lugar para sua admissibilidade somente em caráter de real necessidade e logicamente, diante de justificativa adequada, caso em que a diligência se cumprirá, independente de mandado ou precatória, do III do art. 18, o que significa a possibilidade de o oficial, para a prática do presente ato, avançar nos limites da própria comarca, valendo aí, para o exercício legal do ato citatório, de modelo padronizado e preenchido pela própria Secretaria ou mesmo tendo como base a própria Petição Inicial.

Há de se entender a possibilidade de citação por hora certa, não havendo óbices legais para tanto, mas tão somente para a realização de citação por edital, esta, sim, devidamente defesa de realização (§2º do art. 18).

Vale dizer que, diante do impedimento do ato citatório pela via editalícia, em não sendo possível a citação quer por correio ou por oficial de justiça,[47] deverá ser

---

[47] Vale lembrar como já alhures apontado que, com o advento da Lei n.11.419/2006, o meio eletrônico se faz também hábil para realização da respectiva citação, desde que devidamente implantando pela comarca. Disso, desde já referência o art. 9º, *caput* da supracitada lei:
"No processo eletrônico, todas as citações, intimações, inclusive da Fazenda Pública, serão feitas por meio eletrônico, na forma da lei".
Quando, todavia, por motivo técnico, for inviável o uso do meio eletrônico para a realização

o processo extinto pela ausência de pressuposto processual objetivo[48] (Art. 485, IV do CPC c/c art. 51, *caput* da Lei n. 9.099/95), cabendo ao autor, por isso, o aforamento da demanda na justiça comum.

A própria LJE cuida do conteúdo a ser acostado na citação pela Secretaria do Juizado. Para tanto, indica o §1º do art. 18:

> "§1º A citação conterá a cópia do pedido inicial, dia e hora para compareci-mento do citado e advertência de que, não comparecendo este, considerar-se--ão verdadeiras as alegações iniciais, e será proferido julgamento, de plano. "

É mais do que sabido que, num Estado de Direito a citação válida é sempre ato fundamental e de obrigatoriedade plena, traduzindo-se no espírito democrá-tico pelo qual o processo deve ser encarnado e, por isso, trilhado, onde a plena igualdade das armas, oportunidades, demonstra, inequivocamente, a necessária formação de um instrumento justo e de efetiva construção da verdade real, dentro de toda a razoabilidade que a cerca: um processo civil de resultados, no entanto, prestigiando o princípio da economia das formas, a LJE – §3º do art. 18 - autoriza que o comparecimento espontâneo do réu, suprirá a ausência ou os defeitos do ato citatório

No que se refere às intimações, desde logo, aponta a LJE que as regras acerca das formas pelas quais deverá a mesma ser realizada serão as mesmas aplicadas às citações, ou ainda por qualquer outro meio de comunicação idôneo (art.19), ou seja, todos aqueles aos quais já nos referimos linhas atrás, p. ex. carta, telex, fax, telefone, telegrama e ainda os meios eletrônicos, tais como os email, desde que, evidente, tenha a Lei de Organização Judiciária Estadual estabelecido tal via como autorizada e viabilizada na própria comarca.[49]

---

dos referidos atos, de acordo com o §2º do art. 9º, esses poderão ser praticados segundo as re-gras ordinárias, digitalizando-se o documento físico, que deverá ser posteriormente destruído.

[48] Cf. o nosso *Direito Processual Civil*. Vol. I. 3 ed. p. 104.

[49] Conforme já apontado em notas anteriores, com o advento da Lei n.11.419/06, o meio eletrôni-co se faz também hábil para realização da respectiva citação, desde que devidamente implan-tando pela comarca. Disso, desde já referência o art. 9º, *caput* da supracitada lei:
"*No processo eletrônico, todas as citações, intimações, inclusive da Fazenda Pública, serão feitas por meio eletrônico, na forma da lei*".
Por outro lado, quando, todavia, por motivo técnico, for inviável o uso do meio eletrônico para a realização dos referidos atos, de acordo com o §2º do art. 9º, esses poderão ser praticados segundo as regras ordinárias, digitalizando-se o documento físico, que deverá ser posterior-mente destruído.

Dos atos realizados na audiência, não haverá intimação propriamente dita, isto porque a lei os considera, desde logo, como da ciência das partes, *ex vi* do que preceitua o art. 19, § 1 º.

Importante ressaltar que, em havendo alteração de endereço do destinatário da intimação, a parte terá o dever de comunicar dita modificação ao respectivo juízo, pois que, mesmo não sendo encontrado o destinatário, ter-se-á como válida e eficaz a intimação enviada ao local anteriormente declarado nos autos, conforme se depreende do §2º do art. 19. Nota claramente aí que o legislador, no tocante às intimações, não fez prevalecer o requisito de que o aviso de recebimento postal seja firmado pela parte.

7.2 Prazos

A temática dos prazos no âmbito dos Juizados Especiais Cíveis tomou proporções inusitadas e contraditórias quando do advento do CPC/2015.

É que no microssistema dos Juizados Especiais sempre se aplicou subsidiariamente a regra do art. 184 do revogado CPC/1973 de que os prazos eram contados em dias corridos.

Com o advento do novel *Codex*, tivemos esculpida no art. 219 a seguinte disposição:

"Na contagem de prazo em dias, estabelecido por lei ou pelo juiz, computar-se--ão somente os dias úteis".

Pois bem. Estabelecida a mudança na contagem em dias pelo CPC/2015, elaborados foram alguns enunciados, como, *v. g.*, o da Escola Nacional de Formação e Aperfeiçoamento de Magistrado – ENFAM, onde, no de número 45, dispôs:

"A contagem dos prazos em dias úteis (art. 219 do CPC/2015) aplica-se ao sistema de juizados especiais."

Entretanto, o Fórum Nacional de Juizados Especiais - FONAJE, por meio da Nota Técnica N. 01/2016, exteriorizou que:

"Com o advento do Novo Código de Processo Civil (CPC de 2015), por força do artigo 219, a justiça cível dita comum passa a conviver com a contagem de prazos legais e judiciais em dias úteis, em inexplicável distanciamento e indisfarçável subversão ao princípio constitucional da razoável duração do processo."

Depois de aludida Nota Técnica, editado foi o Enunciado n.165 do próprio FONAJE, com o seguinte direcionamento:

"Nos Juizados Especiais Cíveis, todos os prazos serão contados de forma contínua (XXXIX Encontro - Maceió-AL)."

Nota-se que tanto a Nota Técnica ou mesmo o supracitado Enunciado n.165, se pautaram nos princípios informadores dos JEC's estampados no art. 2º da Lei n.9.099/95, mais precisamente na celeridade como justificadora para negar a aplicabilidade da contagem de prazos em dias úteis, e mais: pelo princípio da especialidade, exteriorizado de forma generalista pelo Enunciado n.161 também do FONAJE:

"Considerado o princípio da especialidade, o CPC/2015 somente terá aplicação ao Sistema dos Juizados Especiais nos casos de expressa e específica remissão ou na hipótese de compatibilidade com os critérios previstos no art. 2º da Lei 9.099/95 (XXXVIII Encontro – Belo Horizonte-MG)."

Interessante notar que, a despeito da alarmada "incompatibilidade" declarada do art. 219 para com o rito sumaríssimo, mesmo diante da ausência de norma reguladora de prazos em tal *lex* especial, sequer tomou-se o cuidado de apresentar dados empíricos justificadores para infirmar a ideia de que o processo restaria menos célere quando da adoção do referido dispositivo ao procedimento em tela. Ademais, ainda que pese o festejado princípio da celeridade, os Juizados Especiais Cíveis, em verdade, são pouco afeitos ao cumprimento efetivo para sua consolidação, seja pela frequente tentativa de ordinarizar o querido rito, e mesmo pelo pouco cuidado no trato informal que se pede o procedimento, tudo somado ao já conhecido e incipiente, ainda que digno, material humano e seu quantitativo.

Não obstante a isso, tal como se dá com toda legislação específica, ou seja, de cunho não generalista, seja sob o ponto de vista das matérias ali reguladas, quer de natureza substantiva e/ou adjetiva, seu conteúdo dificilmente se exaure na própria lei que o institui. Notadamente, não seria razoável e mesmo possível em caráter absoluto, que uma legislação, mesmo especial, pudesse prever todo o mecanismo processual a ser observado ao longo do caminho procedimental a ser percorrido.

Nestes termos, já havíamos observado em outro momento que seria na própria lei geral que se predeterminaria a aplicabilidade subsidiária aos procedimentos especiais. Nisto, àqueles ritos que, por não estarem inclusos no texto geral regulador (*in casu*, o Código de Processo Civil), a rigor, aplicar-se-iam as disposições gerais do procedimento comum (art. 318 do CPC).

Quer dizer isto que, a sistemática comum do CPC teria o fito de alcançar procedimentos pelos quais, uma vez lacunosos, seriam de preenchimentos inevitáveis, a fim de harmonizá-los com o sistema geral em torno do qual se acha plasmado o direito positivo pátrio.[50]

---

[50] GAIO JÚNIOR, Antônio Pereira. "Juizados Especiais Cíveis e a regra da contagem de prazos". Disponível em:< https://www.gaiojr.adv.br/artigos/juizados_especiais_civeis_e_a_regra_da_contagem_de_prazos> .

Dito isso e em consonância com as razões ora expostas, publicada fora a Lei n. 13.728, de 31 de outubro de 2018, esta que alterou a Lei nº 9.099, de 26 de setembro de 1995, para estabelecer que, na contagem de prazo para a prática de qualquer ato processual, inclusive para a interposição de recursos, computados serão somente os dias úteis.

Assim, passa a Lei n.9.099/95 a contar com o art.12-A, este que bem expressa o que já entendíamos:

"*Art. 12-A.* *Na contagem de prazo em dias, estabelecido por lei ou pelo juiz, para a prática de qualquer ato processual, inclusive para a interposição de recursos, computar-se-ão somente os dias úteis.*"

II

PROCESSO E COGNIÇÃO
NOS JUIZADOS ESPECIAIS

1. O Rito Sumaríssimo e seu desenvolvimento

A sequência dos atos processuais e seu desenvolvimento no âmbito dos Juizados Especiais, exteriorizada através do que se denominou como procedimento sumaríssimo foi devidamente regulado pela LJE.

Assim, como não poderia deixar de ser, estabeleceu-se, de forma lógica e racional, uma série de atos aos quais, tendo por objetivo final a prestação jurisdicional através da prolação da sentença, necessariamente devem se relacionar a ponto de justificar a sua prática teleológica mirada na própria efetividade do serviço público judicial ofertado pelo Estado.

Tem-se como importantes momentos processuais no decorrer do rito sumaríssimo em tela:

- Propositura da ação (arts. 14 a 17).

- Audiência de conciliação e Juízo Arbitral (art. 21 a 26).

- Audiência de Instrução e Julgamento (arts. 27 a 29).

- Resposta do réu (arts.30 e 31).

- Instrução da causa (arts. 32 a 37).

- Sentença (arts. 38 a 40).

- Recursos (arts. 41 a 50).

- Execução (arts. 51 e 52).

Notadamente, necessário se faz apontar ainda para o art. 51, este que regula os conteúdos pertinentes à extinção do processo sem julgamento de mérito.

Em sede de análise detalhada sobre cada momento processual retro, temos:

1.1 Propositura da Ação

Na propositura da demanda já se nota a incidência pragmática dos particulares princípios da oralidade e simplicidade, pois que desde já, a LJE permite ao autor a instauração do processo por meio de pedido oral ou mesmo pela via escrita junto à Secretaria do Juizado Especial, simplificando notoriamente naquela forma a regular provocação da jurisdição, *ex vi* do art. 14, *caput*.

Em sendo formalizada oralmente a pretensão, caberá a parte dirigir-se diretamente à Secretaria do Juizado Especial, esta que tomará por termo tal pedido solicitado, caso em que se poderá utilizar "o sistema de fichas ou formulários impressos" (art. 14, § 3º).

Realizado o pedido na forma oral ou escrita, certo é que deverão constar, de *forma simples e em linguagem acessível* conforme §1º do art. 14, as seguintes informações:

"*I - o nome, a qualificação e o endereço das partes;*

II - os fatos e os fundamentos, de forma sucinta;

III - o objeto e seu valor."

Quanto ao pedido, havendo dificuldade, de imediato, quanto à especificação do objeto, permitido será a solicitação de pedido genérico, conforme autoriza o §2º do art. 14:

"*É lícito formular pedido genérico quando não for possível determinar, desde logo, a extensão da obrigação.*"

Ainda com relação aos pedidos, podem ser formulados de modo alternativo ou cumulados, em sintonia com o que já autoriza o CPC, no entanto sendo cumulados somente se conexos e desde que somados não ultrapassem 40 salários mínimos (art. 15)

A ação será registrada, de imediato, pela Secretaria do Juizado, designando esta desde já, a data da sessão de conciliação à qual se realizará no prazo de 15 (quinze) dias.

Dita designação, conforme sustenta o art. 16 da LJE, será feita de plano, antes mesmo da autuação e distribuição, procedendo-se, em seguida, à citação do réu (art. 18).

Interessante notar que é possível que duas partes de uma possível e futura relação jurídica processual se dirijam ao Juizado em conjunto. Daí, dispensado será o registro prévio de pedido e bem como a citação e assim, antes mesmo do registro da demanda, a própria Secretaria instaurará a sessão de conciliação (art. 17), sendo necessária a presença do juiz togado, do juiz leigo, ou, mesmo do conciliador para que a haja a realização legal da audiência conciliatória.

Por fim, cabe ressaltar a possibilidade de ambos os litigantes formularem pedidos contrapostos, entendendo-se aí aqueles realizados um em face do outro, dispensando-se a formalização da contestação, sendo tais pretensões contrapostas apreciados em uma mesma sentença, fazendo realmente sentido, visto que não se está diante de uma reconvenção, dado, que ao comparecerem ambos os litigantes simultaneamente, cada um estará realizando pedido em face do outro, restando caracterizado, portanto, ações conexas do que resultará, pela lógica em se evitar decisões contraditórias, uma mesma sentença para ditas pretensões de direito, andando bem aí o parágrafo único do art. 17.

1.2 Audiência Conciliatória. Juízo Arbitral [1]

Sendo a audiência um momento essencial para a qualidade efetiva da prestação jurisdicional no que se refere ao rito sumaríssimo, sobretudo, porque de início, e antes mesmo de qualquer apresentação de defesa, já se tem como norte a tentativa conciliatória, fundamental, será para o alcance de tal intento a presença de ambas as partes *ex adversas*; nisto então o réu, validamente citado para comparecer pessoalmente e o autor, também intimado a nela estar presente.

Uma vez não comparecendo o autor, resultará de imediato, a extinção do processo sem julgamento do mérito conforme dita o art. 51, I da LJE. Por outro lado, não estando presente o réu, a conseqüência processual será a decretação de sua revelia, determinando a Lei n. 9.099/95 que o magistrado julgue a lide, reputando como verdadeiros os fatos alegados no pedido inicial (art. 20), devendo o ato sentencial, conforme o entendimento do art. 23, ser proferido já na própria audiência sentença.

De outro modo, estando presentes as partes, a audiência será iniciada pela tentativa de conciliação.

A Lei dos Juizados Especiais fez questão de exteriorizar a extensão daquilo que se deve esclarecer aos litigantes por parte de quem estiver no comando da audiência (juiz togado, o juiz leigo ou o conciliador), não se limitando, portanto, apenas a ouvir citados litigantes para a construção conciliatória da lide, mas estimulando as mesmas para a justa composição. Foi assim a *Lex* mais adiante. *In verbis*:

"Art. 21. Aberta a sessão, o Juiz togado ou leigo esclarecerá as partes presentes sobre as vantagens da conciliação, mostrando-lhes os riscos e as conseqüências do litígio, especialmente quanto ao disposto no § 3º do art. 3º desta Lei."

---

[1] Sobre a aplicação da Mediação no âmbito dos Juizados Especiais, ver o item 4.2.1 do Capítulo I da presente obra.

Diante do exercício prático conciliatório, dois rumos podem ser tomados: i) a composição dos litigantes em solução conciliatória; ou ii) a frustração da tentativa consensual de extinção do conflito.

No primeiro caso, obtida a conciliação, lavrar-se-á o termo específico, sendo então homologado pelo Juiz togado através de sentença com eficácia de título executivo (parágrafo único do art.22).

É de bom grado lembrar que, a despeito da atividade conciliatória ser passível de condução tanto pelo juiz togado quanto pelo juiz leigo ou mesmo pelo conciliador, o ato homologatório do acordo deverá ser prestado única e exclusivamente pelo juiz de direito, tratando-se, portanto, de ato de sua inteira responsabilidade, indicando este pensamento o art. 23 da LJE.

Já ao contrário, ou seja, restada fracassada a tentativa de conciliação, terão ainda as partes a possibilidade de tentar a solução do litígio por meio do juízo arbitral antes mesmo de se estabelecer o procedimento especificamente contencioso junto aos atos processuais do juízo, tudo autorizado pela Lei n. 9.099/95, nos seguintes termos:

"Art. 24. Não obtida a conciliação, as partes poderão optar, de comum acordo, pelo juízo arbitral, na forma prevista nesta Lei."

Neste ínterim, nota-se, pois, que entre a audiência de conciliação e a instrução e julgamento da demanda, haverá a possibilidade de se instaurar, endoprocessualmente, forma procedimental arbitral ou "Juízo Arbitral", configurando-se em uma via resolutiva de conflitos ofertada às partes *ex adversas*.

Em vez de passar para a fase instrutória e ao julgamento da demanda, a lei oportuniza aos litigantes optarem por um procedimento comumente usado em nível de relações jurídicas privadas, que é de aquele confiar, desde logo, a solução da contenda a um árbitro, *ex vi* do art. 24, *caput* supracitado.

Cabe ressaltar, contudo, que o árbitro em tela somente poderá ser escolhido pelas partes e ainda, dentre os juízes leigos do respectivo Juizado, tudo à luz dos §§ 1º e 2º do art. 24.

A instauração do juízo arbitral se dará de forma imediata, não dependendo de termo de compromisso. Daí o magistrado togado designará, logo, a devida audiência de instrução e julgamento, cuja condução será de inteiro comando por parte do juiz arbitral escolhido pelas partes.

Durante o procedimento arbitral, fundamental será, no tocante à instrução do feito, a condução do árbitro em sintonia e observância com os critérios ditados pelos arts. 5^{o2} e 6^{o3} da LJE, cabendo, significativamente, pontuar que, quanto à sentença, não estará ele adstrito ao princípio da legalidade, pois que, a bem da verdade, autorizado estará a proferir julgamento por equidade, conforme disposição legal - art. 25.[4]

Uma vez encerrada a instrução arbitral, o árbitro apresentará o seu laudo (solução para a demanda), este que será devidamente homologado pelo juiz togado através de sentença de caráter irrecorrível, conforme o art. 26, *in verbis*:

"Art. 26. Ao término da instrução, ou nos cinco dias subseqüentes, o árbitro apresentará o laudo ao Juiz togado para homologação por sentença irrecorrível."

Importante ressaltar que o dispositivo não vincula, de forma obrigatória, o magistrado togado à homologação do respectivo laudo. É fato que não se poderá rever o julgamento adotado pelo juízo arbitral, mas razoável a recusa à sua homologação quando o laudo, por exemplo, contemplar matéria não constante do objeto da demanda em tela, desrespeitando o princípio da congruência (correspondência), decorrendo daí as incidências de possíveis figuras ou julgamentos *extra petita* ou *ultra petita*.

1.3 Instrução e Julgamento

Uma vez não obtido êxito na conciliação e mesmo não se concretizando a instauração do juízo arbitral, em regra a audiência seguirá, objetivando-se a instrução e julgamento na mesma sessão, ou nas palavras do legislador, imediatamente

---

[2] *"Art. 5º O Juiz dirigirá o processo com liberdade para determinar as provas a serem produzidas, para apreciá-las e para dar especial valor às regras de experiência comum ou técnica."*

[3] *"Art. 6º O Juiz adotará em cada caso a decisão que reputar mais justa e equânime, atendendo aos fins sociais da lei e às exigências do bem comum."*

[4] Aliás, não restam maiores dúvidas de que tal qual o Estado encontra-se em posição de maior interessado na resilição do conflito de interesse entre os litigantes, com o fulcro no restabelecimento da paz social e segurança das relações jurídicas, fundamento para subsidiar muitas das vezes a exigência de seu monopólio jurisdicional em determinadas searas, *v.g.*, direitos indisponíveis. Certo é que nos casos autorizados para o estabelecimento do juízo arbitral, reconhece o próprio Estado a importância de se ter meios propícios e efetivos à solução de controvérsias, sobretudo aquelas eminentemente técnicas às quais prescinde o próprio juiz togado, muitas das vezes, de conhecimento satisfatório para que, ao invés de se valer de um "intérprete técnico", o que muitas das vezes o é um *expert* no assunto para o juízo, facultar às partes a escolha de um conhecedor técnico do conteúdo em discórdia, para dar com maior exatidão, o juízo certeiro para ao caso concreto.

É fato que a Lei n.9.099/95 optou pela exigência de se escolher juízo leigo no âmbito do próprio juizado e ainda determinar a homologação do laudo (sentença arbitral para a Lei n. 9.307/96), pelo juiz togado, por meio de sentença de caráter irrecorrível; no entanto, longe de se proibir que as próprias partes optem pelo processo arbitral instituído pela Lei n, 9.307/96 e decidam pela desistência do processo no âmbito dos Juizados Especiais.

(*caput* do art. 27). Aliás, por tal presteza, se tornou prática comum em vários juizados acostar no corpo do mandado citatório comunicado ao réu para que esteja presente à audiência de conciliação, podendo esta ser convertida em audiência de instrução e julgamento.[5]

Cabe destacar que em não sendo possível a imediata coleta das provas tidas como necessárias pelo juiz, será marcada uma nova audiência (o que, ordinariamente, tem-se aplicado como regra em vários foros!), esta que deverá se realizar num dos 15 dias subsequentes, já ficando cientes de tal data as partes e testemunhas - desde que presentes - sem necessidade, por isso, de novas intimações, conforme dita o parágrafo único do art. 27.

Em não sendo o caso supra, prevalecerá a concentração dos atos em audiência. Nisto, entendido que será(ão) colhida(s) a(s) prova(s) em audiência de instrução e julgamento, sendo ainda todos os incidentes solucionados de plano também na própria audiência, realmente, tudo vetorizando desnecessárias paralisações e/ou suspensões e, desde já, prolatada a sentença, bem no espírito do que a Lex em tela bem define:

> Art. 28. Na audiência de instrução e julgamento serão ouvidas as partes, colhida a prova e, em seguida, proferida a sentença.
>
> Art. 29. Serão decididos de plano todos os incidentes que possam interferir no regular prosseguimento da audiência. As demais questões serão decididas na sentença.
>
> Parágrafo único. Sobre os documentos apresentados por uma das partes, manifestar-se-á imediatamente a parte contrária, sem interrupção da audiência.

Daí explicita-se aspecto sempre necessário que é o da observância e mesmo da prevalência da celeridade, ponto nodal do presente procedimento e onde, nas palavras de Humberto Theodoro Júnior, não há que se falar em "julgamento posterior em gabinete, nem tampouco adiamento da audiência para elaboração de memoriais pelas partes. Tudo é singelo, informal, célere, imediato. Ao concluir a audiência, a lide deve estar, definitivamente composta. Esse o ideal do Juizado Especial Civil."[6]

É o que, de fato, deveria ser a regra de espírito para os operadores em sede de procedimento sumaríssimo.

---

[5]   No mesmo sentido, ver por todos, CÂMARA, Alexandre Freitas. *Juizados Especiais Cíveis Estaduais e Federais. Uma abordagem crítica.* 5 ed. Rio de Janeiro: Lumen Juris, 2009, p.102.

[6]   Ob. cit., p.471.

1.4 Resposta do Réu

A contestação do réu se dará no correr da própria audiência inaugural do procedimento sumaríssimo. Digo correr, pois que, conforme já fora observado, poderão as partes se conciliar em torno do objeto litigioso ou mesmo optarem pelo juízo arbitral, Daí, não incidindo em tais hipóteses, outra opção não restará senão seguir a audiência, no entanto a defesa, p. ex., pode muito bem ser apresentada e em momento seguinte ocorrer, de fato, a conciliação ainda em audiência. Trata-se de momento temporal pragmático e, no frequente contato forense, observar-se-á o exercício volúvel de tal questão, o que não é de espantar em audiências unas ou concentradas.

Ao réu é facultando apresentar sua defesa na forma escrita ou oralmente, caso em que será tomada por termo nos autos.

A peça contestatória conterá toda a matéria de defesa admitida, salvo arguições de suspeição ou impedimento do juiz, estas processadas em autos apartados, observando-se aí o rito estabelecido no Código de Processo Civil (arts. 144 a 148 do CPC/2015), o que poderá ocasionar a devida suspensão do processo principal no presente procedimento[7], tudo à luz do que preceitua o art. 30 da LJE.

Em se tratando também de defesa, não será admitida a Reconvenção, entretanto é perfeitamente lícito ao réu formular no bojo de sua contestação pedido contraposto, ou seja, fundado nos mesmos fatos que constituem objeto da controvérsia (art.31).

É de ressaltar que, no âmbito dos Juizados em tela, ainda que autorizado o aludido pedido contraposto a ser realizado pelo réu em face do autor, deverá ele respeitar, restritamente, demandas compatíveis com a competência delimitada pela própria LJE, tanto no que diz respeito a valores quanto a matérias pertinentes e, consoante já asseverado, sempre nos mesmos limites fáticos ditados na peça inicial do autor da ação.

Sendo solicitado pedido contraposto por parte do réu, poderá o autor sobre ele se manifestar, respondendo na própria audiência ou requerer ao juízo a designação de nova data para apresentar sua resposta, pois que poderá entender da necessidade de estabelecer melhores condições para a construção de sua defesa. Uma vez deferido dito requerimento, será desde logo fixada data para nova audiência, cientes desde então todos os presentes, conforme regra ditada pelo parágrafo único do art. 31.

---

[7] De acordo como CPC/2015, não se se considera imediata a suspensão do processo em questão, cabendo ao órgão julgador a análise de cada caso.
Nisso, sustenta o §2º do art. 146:
"*§ 2º Distribuído o incidente, o relator deverá declarar os seus efeitos, sendo que, se o incidente for recebido:*
I – sem efeito suspensivo, o processo voltará acorrer;
II – com efeito suspensivo, o processo permanecerá suspenso até o julgamento do incidente."

Cabe neste ínterim ainda destacar a incidência do instituto da revelia em sede de rito sumaríssimo (art.20).

Nisto, o não comparecimento da parte ré à sessão de conciliação ou à audiência de instrução e julgamento, faz insurgir a presença da revelia, gerando seu clássico efeito de reputar verdadeiros os fatos alegados pelo autor em seu pedido inicial, isto salvo se do contrário resultar a convicção do julgador, ou seja, ainda que o réu não venha a comparecer, prejudicando como notório até a sua própria defesa restará ainda o convencimento do juiz acerca das alegações e pretensões do autor, posto que nos autos já se encontre conteúdo probatório acostado (p. ex. contrato, decorrente de pretensões pautadas em matéria de direito), restando ao magistrado a convicção pela sua insuficiência probal ou mesmo de duvidosa validade.

1.5 O CPC/2015 e aplicabilidade do Incidente de Desconsideração da Personalidade Jurídica nos Juizados Especiais Cíveis Estaduais

Como cediço, a edificação para um novo Código de Processo Civil iniciou em 2009, quando o Presidente do Senado Federal instituiu uma Comissão de Juristas para a elaboração de Anteprojeto visando estabelecer um novo Código Processual Civil, sendo o aludido Anteprojeto entregue ao final do 1º semestre de 2010 àquela Casa Legislativa.

No âmbito do Senado Federal, referido Anteprojeto tomou corpo em forma de PLS n. 166/2010 e ainda fora nomeada uma Comissão Especial pelo Relator do PLS, Senador Valter Pereira, com o intuito de não somente revisar o multicitado Anteprojeto, como também para analisar centenas de propostas de aperfeiçoamento enviadas ao Senado pelos próprios senadores bem como pelos mais diversificados segmentos das searas acadêmicas, forense e política, tudo com o fito de se vislumbrar possíveis aperfeiçoamentos ao texto originário daquele Anteprojeto.

Dito isso, com pontuais modificações, o Senado Federal acabou por aprovar ao final do mês de dezembro de 2010 substitutivo ao PLS n.166/2010, este que, em respeito ao art. 65, parágrafo único da Constituição Federal de 1988, fora enviado para a Câmara dos Deputados , recebendo nesta casa legislativa o número 8.046/2010.

Após análise e estudos da Câmara dos Deputados, com acréscimos e modificações ao texto original do PL n. 166/2010, regressou o Projeto para o Senado Federal em 23 de março de 2014, onde a Comissão Temporária do Código de Processo Civil desta casa legislativa teve, por bem, analisar o Substitutivo da Câmara dos Deputados (PL n. 8.046/2010) ao Projeto de Lei do Senado, acatando várias das sugestões ali colacionadas e aprovando o texto-base de relatoria do Senador Vital do Rêgo em votação simbólica pelo plenário em 16.12.2014.

Por fim, veio o Parecer da Comissão Diretora do Senado Federal em 17 de dezembro de 2014, com a respectiva redação final do Substitutivo da Câmara dos Deputados ao Projeto de Lei do Senado n. 166, de 2010 (n. 8.046, de 2010, naquela Casa) – nos termos do texto consolidado pela já citada Comissão Temporária do Código de Processo Civil, com as adequações propostas pelo Relator e os destaques aprovados pelo Plenário, o que fora protocolado na Presidência da República em 24.02.2015, para fins de necessária sanção.

No corpo do CPC, encontra-se disciplinado na Parte Geral, Livro III, Capítulo IV do Título III "Da Intervenção de Terceiros", mais precisamente dos arts. 133 a 137, o intitulado "Incidente de Desconsideração da Personalidade Jurídica".

Pois bem, no que toca a aplicação do presente incidente aos Juizados Especiais, dispõe, expressamente, o art. 1.062 do novel CPC:

"Art. 1.062. O incidente de desconsideração da personalidade jurídica aplica-se ao processo de competência dos juizados especiais."[8]

Vamos então à regulação do aludido incidente em espécie:

CAPÍTULO IV
DO INCIDENTE DE DESCONSIDERAÇÃO
DA PERSONALIDADE JURÍDICA

Art. 133. O incidente de desconsideração da personalidade jurídica será instaurado a pedido da parte ou do Ministério Público, quando lhe couber intervir no processo.

§ 1º O pedido de desconsideração da personalidade jurídica observará os pressupostos previstos em lei.

§ 2º Aplica-se o disposto neste Capítulo à hipótese de desconsideração inversa da personalidade jurídica.

Normatizado nestes termos, segue-se adiante breve análise, a nosso ver, de seus pontos principais.

---

[8] Fundamental ressaltar a clareza do art. 1.062 do CPC/2015 quanto à aplicabilidade do "Incidente de Desconsideração da Personalidade Jurídica" ao Sistema dos Juizados Especiais Cíveis (Estaduais, Federais e da Fazenda Pública, dos Estados, Distrito Federal, Territórios e Municípios), já que o digitado artigo aponta, expressamente, para a *"competência dos juizados especiais"*.
Nestes termos é que chamamos a atenção do leitor para o presente tópico, este que, por questões óbvias, não será reprisado quando enfrentarmos os conteúdos do Juizado Especial Federal Cível e aquele da Fazenda Pública, dos Estados, Distrito Federal, Territórios e Municípios, cabendo ao leitor realizar a remissão ao presente texto como se lá, igualmente, estivesse.

1.5.1 Natureza de "incidente"

Conforme já anunciado no título de seu Capítulo, a desconsideração da personalidade jurídica possui característica de um incidente processual, querendo daí depreender que prescinde de ação própria para provocar sua cognição. Neste sentido é que será nos próprios autos do processo, após provocação para tal, que o magistrado, estabelecerá o contraditório e a ampla defesa para o pleno conhecimento e análise meritória do pedido de desconsideração da personalidade jurídica em questão.

É bem verdade que a configuração em natureza incidental para o conhecimento de dito instituto representa o prestígio da economia processual e se bem levada a cabo, igualmente, pelo Princípio da Cooperação dos partícipes da demanda, surtirá efetivos efeitos na tão desejosa, mas ainda desprestigiada celeridade processual, notabilizada por sua garantia formal no art. 5ª, LXXVIII da CF/88.

Ainda que pese constar do penúltimo artigo relativo ao tema (art.136), insta ressaltar aqui, porque se faz em sede interlocutória, portanto, incidental, é a referência ao instrumento recursal apto a enfrentar quaisquer das decisões proferidas acerca de tal incidente de desconsideração da personalidade jurídica. In verbis:

"Art.136. Concluída a instrução, se necessária, o incidente será resolvido por decisão interlocutória."

Nota-se que, havendo ou não necessidade de instrução probatória para o deslinde acerca do reconhecimento ou não do incidente, portanto, dependendo de cada caso em concreto, o decisum será atacável pela via recursal do Agravo de Instrumento (art.1.015, IV), já em sede de 2º grau, caso a decisão acerca do incidente venha a ser proferida pelo relator, cabível será o Agravo Interno (parágrafo único do art. 136).

1.5.2 Cabimento

Os permissivos legais para o respectivo cabimento do incidente de desconsideração da personalidade jurídica são elencados tanto sob o ponto de vista material quanto formal, ou seja, leva-se em conta tanto o conteúdo de direito material, objeto do caso concreto imputado a outrem e qualificado como casuística relativa ao cabimento de possível desconsideração da personalidade jurídica, como a forma processual e procedimental adequada.

Quanto ao conteúdo de direito material, nos casos de abuso da personalidade jurídica, caracterizado na forma da lei, o juiz poderá decidir que os efeitos de certas e determinadas obrigações sejam estendidos aos bens particulares dos administradores ou dos sócios da pessoa jurídica ou aos bens de empresa do mesmo grupo econômico.

Observa-se pelo dito que a regulação do abuso da personalidade jurídica advém do próprio conteúdo legal que o regula e, conforme já especificamente analisado no item 3 supra, são notórias as hipóteses decorrentes do próprio direito material, ex vi dos arts. 50 do C. Civil, 28 do CDC, dentre outros, inclusive levando-se em consideração as racionalidades pertinentes as já referidas teorias maior e menor da desconsideração e, portanto, serão em tais searas a que o magistrado se debruçará para admitir ou não a incidência da desconsideração da personalidade jurídica, evidentemente, demonstrada pela parte que a imputa como legitimamente necessária.

Chama atenção ainda o §2º do art. 133, ao dispor que o incidente da desconsideração da personalidade jurídica é aplicável à hipótese de desconsideração da personalidade jurídica inversa.

Trata-se, neste interim, do que já fora por nós enfrentado no item 3, i. e., a denominada "desconsideração inversa" ou "às avessas", centrada na possibilidade de desconsiderar a autonomia patrimonial da pessoa jurídica a fim de responsabilizá-la pelos atos ou mesmo dívidas praticadas por seus sócios, in casu do dispositivo em análise, pelo comprovado "abuso de direito por parte do sócio."

Seguindo os dispositivos referentes ao presente "incidente", expressa o art. 134, caput, a extensão processual e procedimental para o cabimento do incidente de desconsideração da personalidade jurídica, *in verbis*:

"*Art. 134. O incidente de desconsideração é cabível em todas as fases do processo de conhecimento, no cumprimento de sentença e na execução fundada em título executivo extrajudicial.*"

De todo modo, importante é que o incidente de desconsideração da personalidade jurídica encontrará lugar quer antes ou após a constituição do título executivo e mesmo naqueles casos onde já se encontra obtido o título executivo pela via extrajudicial.

1.5.3 Legitimidade e Participação

Autoriza o caput do art.133 que o requerimento para que os efeitos de certas e determinadas obrigações sejam estendidos aos bens particulares dos administradores ou dos sócios da pessoa jurídica ou aos bens de empresa do mesmo grupo econômico, isto em caso de abuso da personalidade da pessoa jurídica, seja realizado pela parte ou pelo Ministério Público quando, notadamente, lhe competir intervir no processo.

Nota-se que, no caso da parte requerente, vislumbra-se ser, por exemplo, um possível credor no âmbito da relação jurídica material e que agora, já em sede processual, portanto, inserido na relação jurídica processual, requer a desconsideração da personalidade jurídica de seu devedor - a pessoa jurídica em abuso de sua personalidade - ou mesmo o sócio devedor que, em abuso de direito deste, tem-se a necessidade de obter a desconsideração da personalidade jurídica na forma "inversa" ou "às avessas".

Na mesma toada, conforme supracitado, autorizado também estará o Ministério Público "quando lhe couber intervir no processo". Insta ressaltar que o Parquet estará apto a requerer a instauração do incidente tanto como parte quanto na hipótese de *custus legis*, pois que a "intervir no processo" compreende o exercício de ambas as atribuições, seja na qualidade de parte ou como e importante fiscal da lei.

Por outro lado, sustenta o art.135 que, uma vez requerida a desconsideração da personalidade jurídica e então instaurado o incidente, o sócio ou a pessoa jurídica será citado para, no prazo de quinze dias, se manifestar e requerer as provas cabíveis.

Aponta-se aí a participação de ditas pessoas - o sócio ou a pessoa jurídica - que não compondo qualquer dos polos da demanda quando, p. ex., de seu nascedouro e mediante o requerimento da desconsideração da personalidade jurídica, terão seus interesses jurídicos (neste caso, patrimoniais) possivelmente atingidos, caso venha o magistrado, convencido pela força probante acostada pelo requerente, julgar procedente o já digitado requerimento.

Traga-se aqui à luz as garantias do devido processo constitucional , com a correta citação daqueles, por ventura, apontados na peça requerente, não somente porque estando pela primeira vez a participar do feito, farão jus à aludida comunicação processual, inclusive, na forma pessoal - já que figurarão agora no processo, inegavelmente, como parte, pois que algo se pede em face deles - , como também, e aí na forma constitucionalmente "sagrada", exercerem o pleno e efetivo contraditório acerca das afirmações a qualquer daqueles dirigidas, tendo como natural garantia, notadamente, o direito de requererem as provas que julgarem cabíveis, tudo no lapso temporal de 15 dias, *ex vi* do aludido dispositivo legal já explicado e agora infra:

"*Art. 135. Instaurado o incidente, o sócio ou a pessoa jurídica será citado para manifestar-se e requerer as provas cabíveis no prazo de quinze dias.*"

1.5.4 Regras Processuais e Procedimentais

De conteúdo variável são os parágrafos que se seguem ao *caput* do art. 134, e que os reportamos abaixo:

> § 1º A instauração do incidente será imediatamente comunicada ao distribuidor para as anotações devidas.
>
> § 2º Dispensa-se a instauração do incidente se a desconsideração da personalidade jurídica for requerida na petição inicial, hipótese em que será citado o sócio ou a pessoa jurídica.
>
> § 3º A instauração do incidente suspenderá o processo, salvo na hipótese do § 2º.
>
> § 4º O requerimento deve demonstrar o preenchimento dos pressupostos legais específicos para desconsideração da personalidade jurídica.

Do § 1º pouco há de se ressaltar senão a comunicação imediata ao distribuidor da existência do incidente, sobretudo, para fins de organização processual, com o fito de requerer as anotações respectivas, evitando-se o próprio tumulto em distribuição de documentos nos autos, partindo inclusive, da própria existência do incidente em tela.

Por outro lado, chama atenção o §2º, ao dispensar a instauração do incidente quando de seu requerimento já na própria exordial, caso então que o próprio sócio ou a pessoa jurídica já será devidamente citada, conforme já por nós enfrentado em item anterior.

A princípio, parte-se da ideia de que o legislador optou por inserir o pedido de desconsideração como em um pedido principal ou mesmo um único pedido.

No entanto, é de se indagar: estaríamos diante de uma ação em que se requer a desconsideração de uma personalidade jurídica, para fins de agressão ao patrimônio? Não necessariamente. É possível, inclusive, requerer em sede de pedidos subsidiários, ou seja, em não sendo possível este, que seja aquele, por exemplo, levando a um próprio indeferimento e mesmo a uma decisão interlocutória do pedido de desconsideração, já que não se teria o condão de extinguir a própria demanda e então, em sede de agravo de instrumento, se requerer a própria desconsideração quando tal pedido for negado, daí que como incidente voltaria... Mas isso requer de nós outras letras... Em outros momentos...

Quanto ao §3º, prudentemente, a suspensão do processo é efeito necessário para evitar-se o tumulto nas relações jurídicas que se desenvolvem durante a cognição do "incidente"; deveras a mesma prudência toma conta do § 4º, ao se exigir, como não poderia diferente ser, a demonstração do preenchimento dos pressupostos legais específicos para a comprovação de existência da desconsideração da personalidade jurídica.

Em sequencia procedimental, atesta o art. 136 que, uma vez concluída a instrução, se necessária, o incidente será resolvido por decisão interlocutória, o que contra a qual, caberá agravo de instrumento.

Ainda que não se admita, como veremos mais adiante, a aplicabilidade do Agravo de Instrumento em sede de Juizados Especiais Cíveis Estaduais, - o que, notoriamente discordamos ! – vale a pena acostar aqui a sua incidência em sede do presente incidente.

Conforme já observamos alhures, é de se notar que havendo ou não necessidade de instrução probatória para o deslinde acerca do reconhecimento ou não do incidente, e nisso, dependendo de cada caso em concreto, o decisum será atacável pela via recursal do Agravo de Instrumento.

Vale aqui uma referência ao art.1.015 do NCPC, tudo no intuito de referendar a hipótese consolidada no dispositivo *in comento*.

> Art. 1.015. Cabe agravo de instrumento contra as decisões interlocutórias que versarem sobre:
>
> I – tutelas provisórias;
>
> II – mérito do processo;
>
> III – rejeição da alegação de convenção de arbitragem;
>
> IV – incidente de desconsideração da personalidade jurídica;
>
> V – rejeição do pedido de gratuidade da justiça ou acolhimento do pedido de sua revogação;
>
> VI - exibição ou posse de documento ou coisa;
>
> VII – exclusão de litisconsorte;
>
> VIII – rejeição do pedido de limitação do litisconsórcio;
>
> IX – admissão ou inadmissão de intervenção de terceiros;
>
> X – concessão, modificação ou revogação do efeito suspensivo aos embargos à execução;
>
> XI – redistribuição do ônus da prova nos termos do art. 373, § 1º;
>
> XII – (Vetado)
>
> XIII – outros casos expressamente referidos em lei.
>
> Parágrafo único. Também caberá agravo de instrumento contra decisões interlocutórias proferidas na fase de liquidação de sentença ou de cumprimento de sentença, no processo de execução e no processo de inventário. (Grifo nosso).

Já parágrafo único do próprio art. 136 é que acaba avançando em nível de segundo grau, ao acrescentar que:

> *"Parágrafo único. Se a decisão for proferida pelo relator, cabe agravo interno. "*

Por fim, de importância relevante está o art. 137 do NCPC comento. Assim expressa:

"Art. 137. Acolhido o pedido de desconsideração, a alienação ou oneração de bens, havida em fraude de execução, após a instauração do incidente, será ineficaz em relação ao requerente. "

Trata-se, como se pode notar, de regulação com objetivo de garantir a liquidez patrimonial daquele requerente da desconsideração da personalidade jurídica de seu devedor, a fim de desqualificar qualquer alienação, oneração, ou seja, venda, garantia etc que poderia ensejar prejuízo e por isso, perda do próprio objeto, representativo do direito subjetivo inadimplido, justificador e ensejador da tutela jurisdicional requerida.

No entanto, não custa lembrar aqui a Súmula n. 375/STJ, o que, desde já, mereceria reflexões em bons contornos e harmonização com o dispositivo em questão.

1.6 Instrução da causa

O autor, ao ajuizar uma ação, comunica uma série de fatos que, de acordo com sua avaliação, têm condições de justificar o seu direito e necessidade da intervenção judicial. O réu, da mesma maneira, o faz quando apresenta a sua defesa, ressaltando fatos que, de algum modo, justificam, no seu entender, a sua resistência à pretensão do autor. Assim, na fase de instrução do processo, estabelecida a controvérsia, é de competência das partes a produção das provas que vão demonstrar a veracidade de suas alegações, possibilitando o livre convencimento do magistrado, logicamente contribuindo para sua persuasão racional. Pode-se, então, concluir que provar é demonstrar ao Estado, personificado na figura do juiz, circunstanciado nas necessidades probatórias que o processo em si necessita, a verdade de um fato ou de uma alegação nele deduzida.

Expressa o art. 5º da Lei n. 9.099/95:

"Art. 5º O Juiz dirigirá o processo com liberdade para determinar as provas a serem produzidas, para apreciá-las e para dar especial valor às regras de experiência comum ou técnica."

Muito embora caiba às partes a produção das provas (princípio dispositivo), o art.5º supracitado, tal qual já o fizera também o próprio art. 370 do CPC/2015 pontua a importância participativa do juiz na persecução da pacificação social e segurança jurídica – principais escopos do Estado no monopólio da atividade jurisdicional – esclarecendo dito dispositivo legal ser de competência do juiz dirigir o processo com liberdade na determinação de provas a serem produzidas, notadamente, fundamentando sempre a motivação de sua decisão, portanto, poderá de ofício ou mesmo a requerimento da parte determinar as provas necessárias à instrução do processo, apreciá-las com liberdade e de maneira singular ditada pela Lei retro referida, conceder especial valor às regras de experiência comum ou mesmo de cunho técnico, não se esquivando neste enlaço do indeferimento, mas sempre fundamentando necessariamente a sua motivação quanto às diligências inúteis, excessivas, impertinentes ou meramente protelatórias (*ex vi* do art.33), tudo em busca do ideário da verdade real,sempre que possível.

Como já por assinalado em outra passagem, mais precisamente quando de comentários referentes aos procedimentos ordinário e sumário, aqui cabe, mais uma vez, observar que, a despeito do objetivo de o processo ser a busca da verdade real, como ideal de justiça, hão de ter vozes que, reacionariamente, procuram ainda hoje declarar que o direito processual satisfaz-se somente com a chamada verdade formal, ou processual, *quod non est in actis non est in mundo* (o que não está no processo não está no mundo).

Em se tratando das provas em espécie, no que toca ao Juizado Especial Cível Estadual, de imediato já se esclarece no art. 32 que todos os meios de provas admitidos como moralmente legítimos, ainda que não especificamente apontados em lei, são autorizados para o uso na provação quanto à veracidade dos fatos alegados pelos litigantes.

Importante ainda notar que, em regra, todas as provas deverão ser produzidas na audiência de instrução e julgamento, mesmo que não requeridas previamente, vista a necessária concentração dos atos processuais, em sintonia com os próprios princípios informadores do rito sumaríssimo, estes por nós já assinalados em linhas anteriores.

1.6.1 Provas Testemunhais

Relativamente às provas testemunhais, de início, as testemunhas (no máximo de 3 para cada um dos litigantes) deverão ser levadas à audiência pela própria parte, independentemente de intimação, no entanto é possível a requisição ao juízo para intimação de qualquer delas, isto caso convier à própria parte solicitante e desde previamente requerido, conforme aponta o art. 34. Dito requerimento deverá ser apresentado com, no mínimo, cinco dias de antecedência à audiência de instrução e julgamento (§1º do art. 34).

Vale lembrar que neste caso o não comparecimento da testemunha intimada é motivo suficiente para determinar, quando necessário for, a sua imediata condução, valendo-se, inclusive, de concurso de força pública, para efetivar a presença física da mesma (§2º do art. 34).

A prova oral, (tanto os depoimentos das partes quanto os das testemunhas), não serão reduzidas por escrito, conforme determina o art. 36, todavia, é perfeitamente possível - e de fato, necessário, pois registrado deve ser ! - serem gravados em fita magnética de acordo com a inteligência do art. 13 em seu § 3º. Neste caso, caberá ao juiz togado, no momento de sentenciar, *"referir-se, no essencial, aos informes traduzidos nos depoimentos"* na dicção do art.36.

1.6.2 Provas periciais

Expressa o art. 35 da LJE:

"Art. 35. Quando a prova do fato exigir, o Juiz poderá inquirir técnicos de sua confiança, permitida às partes a apresentação de parecer técnico. "

De imediato, já se nota a admissibilidade da prova técnica, *in casu*, a pericial quando necessária para o estrito deslinde no caso concreto, a fim de apurar mais detidamente, e em melindres técnicos, o ocorrido.

O legislador autorizou ao juiz inquirir técnicos de sua confiança, na verdade, peritos no assunto em que se quer apurar de forma douta, permitindo às partes apresentação de pareceres técnicos de peritos de confiabilidade das mesmas, tudo com o fito de se dar maior contributo a uma apuração veraz do que se tem como objeto periciar.

Importante ressaltar, consoante já apontado em linhas atrás, que toda a produção de provas será realizada na própria audiência de instrução e julgamento. É na própria audiência, porém, que o magistrado irá decidir sobre a necessidade de produção da prova pericial e daí uma vez nomeando o perito de sua confiança, suspenderá a audiência a fim de que tal *expert* possa realizar a diligência devida, ou seja, realizar no âmbito de sua atividade, vistoria, exame, avaliação e, em data previamente marcada pelo juiz competente, apresentar suas considerações acerca dos fatos que exigiram de seus conhecimentos técnicos e por isso, de sua indicação.

Outra questão que merece apontamento é aquela que toca na dispensabilidade da prova pericial, na forma como prevê o art. 472 do CPC/2015. *In verbis*:

"O juiz poderá dispensar prova pericial quando as partes, na inicial e na contestação, apresentarem sobre as questões de fato pareceres técnicos ou documentos elucidativos que considerar suficientes. "

Daí, temos que o dispositivo supra, em aplicação subsidiária ao sistema processual dos Juizados Especiais Cíveis Estaduais, faz entender que, caso as partes, na crença da presença de elementos técnicos relevantes ao deslinde da *questio* em conflito, apresentem, desde já, pareceres de seus assistentes técnicos na inicial e contestação em sede de audiência de instrução e julgamento, podendo o magistrado, perfeitamente e, em sendo o caso, dispensar a produção da prova pericial através de inquirição de assistente técnico de sua confiança.[9]

Em tema de prova pericial nos sistemas dos Juizados Especiais, vale mantermos aqui o que já fora objeto de comentários quando do início da explanação acerca dos princípios orientadores aplicáveis a esta via procedimental especialíssima.

Em um sentido amplo, a presença da prova pericial mais robusta no âmbito dos Juizados Especiais Cíveis Estaduais é exortada pela doutrina e mesmo pelo foro[10], também em sentido geral.

Tal posição parte de argumentos centralizados na ideia de que a via sumaríssima se faz inviável ou incompetente para o conhecimento de pleitos complexos decorrentes da própria matéria conflituosa, dada a necessidade para o seu deslinde, de prova pericial mais elástica, levando-se não poucas vezes à conclusão pela extinção do processo por motivo de inadmissibilidade do procedimento instituído pela LJE[11] ou seu prosseguimento, após a conciliação (art.51, II), optando outras vezes o juízo sumaríssimo à declinação da competência para a Justiça Comum[12], talvez, no aspecto pragmático, mais razoável do que a extinção total do feito.

---

[9] No mesmo sentido, CÂMARA, Alexandre Freitas. Ob. cit., p.117.

[10] Dentre muitos e somente como paradigmas:
"AÇÃO DE COBRANÇA – PEDIDO DE CONDENAÇÃO DE VALOR CERTO – AUTENTICIDADE DE ASSINATURA EM DOCUMENTO REPRESENTATIVO DE CRÉDITO QUESTIONADA PELO DEVEDOR – NECESSIDADE DE PROVA PERICIAL INTRINCADA – INCOMPETÊNCIA ABSOLUTA DO MICRO SISTEMA DO JUIZADO ESPECIAL CÍVEL – REMESSA DAS PARTES ÀS VIAS ORDINÁRIAS – EXTINÇÃO DO PROCESSO – DECISÃO MANTIDA. (1ª Turma Recursal / Ipatinga – TJMG. Rec. 0313.07.217.742-8 – Rel. Evaldo Elias Penna Gavazza. J. 27/04/2007)."
"Ausente qualquer pactuação acerca de percentual ou montante devido a título de honorários advocatícios, a lide extrapola a competência conferida aos Juizados Especiais - art. 3º da Lei nº 9.099/1995, pois necessária à produção de prova pericial para o arbitramento pretendido. Extinção do feito nos termos do art. 51, inciso II, da referida Lei. Prefacial de complexidade acolhida. Recurso provido. (TJRS - 3ª T. Recursal Cível; Recurso Inominado nº 71000949750-São Luiz Gonzaga-RS; Rel. Juíza Maria José Schmitt Sant' Anna. Julg. EM 6.6.2006; v.u.)".

[11] "REPARAÇÃO DE DANOS MORAIS - IMPOSSIBILIDADE DE JULGAMENTO DE CAUSA COMPLEXA, QUE DEMANDA PRODUÇÃO DE PROVA PERICIAL, EM SEDE DE JUIZADOS ESPECIAIS.Ante a complexidade da presente causa e a necessidade de produção de prova pericial contábil, não há que se falar em solução de litígio em sede de Juizados Especiais.Proc. n. 459/98 Órgão Julgador: Primeira Turma Recursal dos Juizados Especiais Cíveis e Criminais do D.F. Rel. Arnoldo Camanho de Assis. Julg.em 06.10.1998,DJU 17.12.1998, pág. 50.".

[12] "AÇÃO RESCISÓRIA - AÇÃO PROPOSTA NO JUIZADO ESPECIAL - NECESSIDADE DE PRODUÇÃO DE PROVA PERICIAL - REMESSA AO ÓRGÃO JURISDICIONAL COMUM - ALEGADA VIOLAÇÃO AO PRINCÍPIO DO JUÍZO NATURAL - INOCORRÊNCIA. Verificada a necessidade de produção de prova pericial em ação que tem seu curso no Juizado Especial, imperiosa se faz sua remessa ao Órgão Jurisdicional Comum, dada a incompatibili-

Notadamente, em caráter generalista e com a devida vênia, não comungo com as noções supracitadas.

De pronto, penso que dita racionalidade não pode corresponder, de forma certeira, com a inviabilidade ou incompetência para uso da via sumaríssima, quando da mínima observância de complexidade na matéria conflituosa e a premente necessidade de se servir da prova pericial para o esclarecimento da pretensão[13], tratando-se, na verdade e em um primeiro momento, de um problema de ordem principiológica, equivalente à própria escolha pelos rumos a tomar ou dos princípios a incidirem quando se toma tal posição fatal de extinção do feito.

A questão se coloca aí mais especificamente quanto aos princípios que a própria LJE descreve como orientadores da prestação jurisdicional em tal rito, e aos quais não devemos perder de norte nas práticas que os expressam, sempre em forma conjunta, de modo a harmonizá-los coletivamente - na medida do possível! - pois que a atenção difusa na exegese é exercício hercúleo e a escolha de um caminho interpretativo pode sobejar à análise da aplicabilidade principiológica em dada circunstância.

Caso indeferido dito pedido pela prova pericial, decidindo então o magistrado pela extinção do feito pelo motivo de não ser competente o Juizado Especial para análise e julgamento do litígio de "natureza complexa", este a envolver premente necessidade de instrução técnica mais apurada - e também, mais uma vez, complexa! - restará ao peticionário se dirigir à justiça comum para obter tal intento, cabendo-lhe "acreditar" que seu pedido encontrou empecilho na própria *lex,*

Ora, na verdade, os princípios comumente apontados como justificadores para a negativa da prestação jurisdicional como o da "simplicidade do rito", o do "prejuízo à celeridade" etc, não sobrevivem a qualquer análise argumentativa estrita ou apontamento em torno da instrumentalidade das formas ou mesmo da economia processual, respaldadas na determinante análise de pedido probatório não proibido pelo ordenamento à luz do princípio do acesso à justiça como

---

dade da produção de prova complexa com os princípios da oralidade, simplicidade e informalidade, não implicando tal providência em violação ao princípio do Juízo Natural. TJMG. Proc. n.1.0000.07.457079-7/000(1). Rel. Fernando Caldeira Brant, julg. em 20.02.2008 publicado em 02.04.2008."

[13] Justificando a importantíssima produção da Prova Técnica para o deslinde da situação litigiosa posta em sede de Juizados Especiais, veja, p. ex., a seguinte ementa de julgado:
"Processo – Controvérsia relacionada a fatos elucidáveis por prova técnica de engenharia – Autora desprovida de recursos financeiros para custear essa prova – Inadmissibilidade do afastamento imediato dos pedidos, com base na ausência de elementos de convicção – Sentença anulada para que se nomeie o experto, sem ônus para a parte hipossuficiente – Recurso provido. Recurso n. 6.408. Juizado Especial Cível Central I. TJSP. Juiz Relator Botto Muscari, julg. 03.02. 2000."

padrão de procedimento e, em última análise, da prestação de um serviço público de forma eficiente, o que de longe se encontraria óbices a um cotejo do julgador em analisar respectiva modalidade de prova.

Ainda que se poupem aqui alusões a questões metajurídicas, fato é que nem mesmo a "possível" morosidade que se incidirá sobre a demanda - justificativa que muito se aponta quanto aos riscos de um eventual deferimento da prova pericial robusta em sede de rito sumaríssimo - se sucumbe ante ao lapso temporal elástico entre, muitas vezes, a Audiência de Conciliação sem êxitos e a necessária produção de provas para apresentação em Audiência de Instrução e Julgamento marcada, quando o juiz necessitará de inquirição de seu Perito de confiança - questão que, pelos motivos mais diversos, mas igualmente conhecidos da grande maioria militante do foro (crescentes demandas, ausência de pessoal, estrutura administrativa precária, informatização ainda deveras incipiente etc) se faz observada de maneira constante e reiterada nos mais diferentes juizados especiais estaduais do nosso país.

Daí que, inegavelmente, há de se ter tempo suficiente e viabilizador da realização probatória na modalidade pericial, contribuindo para a realização de uma efetiva busca do Estado pela tutela jurisdicional justa, como por exemplo, em acidentes de veículos automotores em via terrestre em que se exija uma análise técnica pericial de relevância, isto devido muitas das vezes à contingência do ocorrido, *v.g.* o local do evento, número de automóveis envolvidos, a sinalização, danos patrimoniais e morais etc.

Neste caso, o que seria complexo? A demanda em si? As provas técnicas? Ambas? Trata-se de conceito jurídico verdadeiramente indeterminado[14], cabendo ao órgão julgador sopesar entre a competência da matéria, inegavelmente, do Juizado Especial Cível Estadual[15] e o entendimento do que seria em senso comum e/ou de experiência prática a dita "complexidade".

---

[14] Nisto, esclarece Karl Engisch (*Introdução ao Pensamento Jurídico*. Trad. J. Baptista Machado. 8 ed. Lisboa: Fundação Caloust Gulbenkian, 2001, p.209), que os conceitos juridicamente indeterminados são formados por um "núcleo conceitual" (certeza do que é ou não é) bem como um "halo conceitual" (dúvida do que pode ser). Em termos, esclarece Engisch: "Sempre que temos a uma noção clara do conteúdo e da extensão dum conceito, estamos no domínio do núcleo conceitual.Onde as dúvidas começam, começa o halo do conceito."

[15] Art. 3º da LJE c/c art.275, II do CPC/73, ambos *in verbis*:
"Art. 3º O Juizado Especial Cível tem competência para conciliação, processo e julgamento das causas cíveis de menor complexidade, assim consideradas:
I - as causas cujo valor não exceda a quarenta vezes o salário mínimo;
II - as enumeradas no art. 275, inciso II, do Código de Processo Civil;
(...)"
"Art. 275. Observar-se-á o procedimento sumário:

Na mesma toada, não parece ser critério de competência adotado pela Lei n. 9.099/95 a complexidade da ação a ser proposta, pois que, conforme bem aponta o art. 3º, ali o legislador já traça os rumos da *Lex* sobre tal predicado:

*"Art. 3º O Juizado Especial Cível tem competência para conciliação, processo e julgamento das **causas cíveis de menor complexidade, assim consideradas** (grifo nosso):*

I - as causas cujo valor não exceda a quarenta vezes o salário mínimo;

II - as enumeradas no art. 275, inciso II, do Código de Processo Civil;

III - a ação de despejo para uso próprio;

IV - as ações possessórias sobre bens imóveis de valor não excedente ao fixado no inciso I deste artigo.

Aliás, na mesma sintonia e em recentíssimo julgado o Superior Tribunal de Justiça, na Medida Cautelar nº 15.465 - SC (2009/0065324-3), em voto da eminente relatora Ministra Nancy Andrighi, de maneira firme, apontada foi a real e necessária admissibilidade da prova pericial em tema de Juizados Especiais, em sintonia com os argumentos supracitados, demonstrando a impossibilidade de obstaculizar o acesso ao Poder Judiciário e a devida tutela jurisdicional por critérios de competência não firmados pela própria LJE. Segue o voto em tal parte, aqui atinente ao tema:

> (...). O requerente pretende a antecipação de tutela em recurso ordinário em mandado de segurança impetrando frente ao TJ/SC, objetivando suspender a execução da sentença no Juizado Especial. Embora a jurisprudência deste Tribunal venha admitindo, em hipóteses excepcionais, o manejo da medida cautelar originária para fins de se obter a antecipação de tutela em recurso ordinário; para tanto é necessária a demonstração do periculum in mora, que se traduz na urgência da prestação jurisdicional, bem como, a caracterização do fumus boni juris,consistente na plausibilidade do direito alegado. Nesse contexto, está o Relator autorizado a proceder a um juízo prévio e perfunctório de viabilidade do processo principal, pois, apresentando-se este manifestamente inadmissível ou contrário à jurisprudência dominante de Tribunal Superior, o seu aparente insucesso prejudica a admissibilidade do pedido cautelar.

II - nas causas, qualquer que seja o valor:

(...)

d) de ressarcimento por danos causados em acidente de veículo de via terrestre;

(...)"

Sobre a aplicação das matérias contidas no art. 275, II do CPC/1973 aos Juizados Especiais após o advento do Novo CPC, ver comentário em nota ao item 5 do Capítulo da presente obra.

I. Do controle da competência do Juizado Especial

Inicialmente, ressalto estar pacificado no STJ o entendimento de que

"a autonomia dos juizados especiais não pode prevalecer para a decisão acerca de sua própria competência para conhecer das causas que lhe são submetidas " (RMS 17.524/BA, Corte Especial, minha relatoria, DJ de 11.09.2006), tendo tal controle sido submetido aos Tribunais de Justiça, via mandado de segurança.

Esse posicionamento subsiste mesmo após a edição da Súmula 376/STJ, fixando a competência da Turma Recursal para julgar mandado de segurança contra ato de Juizado Especial, tendo em vista que, entre os próprios julgados que lhe deram origem, se encontra a ressalva de que "o writ impetrado contra ato das Turmas dos Juizados Especiais somente submete-se à cognição do Tribunal de Justiça local quando a controvérsia é a própria competência desse segmento de Justiça" (CC 39.950/BA, Corte Especial, Rel. Min. Castro Filho, Rel. p/ acórdão Min. Luiz Fux, DJe de 06.03.2008).

(i) Da necessidade de perícia

Não obstante reconheça sua incumbência de exercer o controle da competência dos Juizados Especiais, o TJ/SC afirma que a questão atinente à necessidade ou não de prova técnica nada tem a ver com competência.

No julgamento do CC 83.130/ES, de minha relatoria, DJ de 04.10.2007, a 2ª

Seção decidiu que "a Lei n.º 10.259/2001 [Juizados Especiais Federais] não exclui de sua competência as disputas que envolvam exame pericial ". Naquela ocasião, consignei que "o critério adotado para a fixação da competência dos Juizados Especiais Federais Cíveis foi razoavelmente objetivo, incluindo as causas de competência da Justiça Federal até o valor de sessenta salários mínimo", concluindo que "excluir pura e expressamente os litígios que envolvem perícia contrariaria a mens legis, bem como a interpretação mais adequada à hipótese ".O raciocínio supra se aplica perfeitamente aos Juizados Especiais regidos pela Lei 9.099/95, que, assim como os Juizados Especiais Federais, atendem ao preceito insculpido no art. 98, I, da CF.

Aliás, na edição da Lei 9.099/95, o legislador foi até mais enfático, estabelecendo, em seu art. 3º, dois parâmetros – valor e matéria – para que uma ação possa ser considerada de menor complexidade e, consequentemente, afeita à competência do Juizado Especial Cível. Há, portanto, apenas dois critérios para fixação dessa competência: valor e matéria, inexistindo dispositivo na Lei 9.099/95 que permita inferir que a complexidade da causa – e, por conseguinte, a competência do Juizado Especial Cível – esteja relacionada à necessidade ou não de perícia. Ao contrário, o art. 35 da Lei 9.099/95 regula a hipótese de prova técnica, tudo a corroborar o fato de que no âmbito dos Juizados Especiais Cíveis é possível a realização de perícia, seguindo-se, naturalmente, formalidades simplificadas que sejam compatíveis com o valor reduzido da causa. Nesse aspecto, portanto, correta a decisão do TJ/SC, na medida em que a questão atinente à prova técnica não influi na definição da competência do Juizado Especial. (...)".[16]

Por tudo, insta-se afirmar que a própria interpretação do art. 35[17] não deixa pairar dúvidas sobre a viabilidade de se conjugar os princípios orientadores dos Juizados Especiais com a necessidade da prova para o processo, permitindo ao juiz a compatibilidade do binômio tempo-efetividade, com a real virtude do processo como instrumento democrático de conquista do justo.[18]

1.6.3 Inspeção Judicial

Outra modalidade probatória especificamente indicada na LJE é a Inspeção Judicial.

O parágrafo único do art. 35 autoriza o magistrado a adotar, de ofício ou a requerimento de qualquer das partes, a realização de inspeção em pessoas ou coisas, ou ainda determinar que o faça pessoa de sua confiança (não necessariamente serventuário) relatando-lhe então, informalmente, o que fora verificado, não sendo aí necessária a lavratura de auto circunstanciado, bastando para tanto que o juiz instrutor reduza a termo ou consigne na própria ata de audiência as informações prestadas pelo terceiro, de maneira sucinta e objetiva.[19]

Nota-se, por isso, uma maior liberdade no alcance de tal prova por parte do juízo, tópico a que próprio Ordenamento Processual Civil não confere.

Vale ainda frisar aqui que a instrução do processo não pode ser confiada a um conciliador, sendo tal atividade dirigida por juiz togado, ou em sendo por juiz leigo, desde que supervisionada pelo primeiro, conforme bem aponta o art. 37 da Lei nº 9.099/95.

---

[16] Disponível em: <www.stj.jus.br.>.

[17] *"Art.35. Quando a prova do fato exigir, o juiz poderá inquirir técnicos de sua confiança, permitida às partes a apresentação de parecer técnico".*

[18] Nisto, vale trazer à lume a sempre atual lição de Carnelutti:
"(...) La verdad es como el água: o es pura o no es verdad. Cuando la búsqueda de la verdad material está limitada en el sentido de que ésta no puede ser *conocida em todo caso y mediante cualquer médio*, com independência de si el limite es más o menos riguroso, el resultado es siempre el mismo: *no se trata ya de uma búsqueda de la verdad material sino de un proceso de fijación formal de los hechos".La Prova Civile.* 2 ed. Roma: Edizioni dell'Ateneo, 1947, p. 33-34.

[19] FIGUEIRA JR., Joel Dias. Ob cit., p.200-201.

1.7 Sentença

No que tange ao ato sentencial em sede de Juizado Especial Cível Estadual, determina o art. 38 da LJE:

"Art. 38. A sentença mencionará os elementos de convicção do Juiz, com breve resumo dos fatos relevantes ocorridos em audiência, dispensado o relatório."

Em um primeiro momento, como já dito em outras edições da presente obra, nítida a opção do legislador em conferir à sentença redação simples com a dispensa do relatório,[20] não obstante, imprescindível a necessária fundamentação (sempre em sintonia com preceito constitucional - art. 93, IX da CF/88), com breve resumo dos fatos tidos como relevantes ocorridos em audiência.

Nota-se de pronto, que nada mais a Lei n. 9.099/95 dispôs acerca do ato sentencial, seja em seu todo ou mesmo com relação aos elementos que a compõem - fundamentação e dispositivo- o que, de certo, aplicar-se-ia, até o advento do CPC/2015, o revogado CPC Buzaid.

É fato que o CPC/2015 procurou, diferentemente de seu antecessor, aprofundar na construção racional do ato sentencial, e no intuito de se evitar decisões solepsistas, ou seja, pouco afeitas para com o ideário do respeito à necessária vinculação ao Direito, norteando assim normativamente para um conjunto de atribuições negativas para fins de se ver realizada uma sentença dita "fundamentada", definida como congruente, adequada e analítica, de modo a que pudesse sim, exteriorizar dentro de um Estado Constitucional de Direito a prestação jurisdicional longe das vontades pessoais, voluntaristas e/ou irracionais do órgão julgador.

Para tanto estabeleceu o art. 489, §1º:

> § 1º Não se considera fundamentada qualquer decisão judicial, seja ela interlocutória, sentença ou acórdão, que:
>
> I - se limitar à indicação, à reprodução ou à paráfrase de ato normativo, sem explicar sua relação com a causa ou a questão decidida;
>
> II - empregar conceitos jurídicos indeterminados, sem explicar o motivo concreto de sua incidência no caso;
>
> III - invocar motivos que se prestariam a justificar qualquer outra decisão;
>
> IV - não enfrentar todos os argumentos deduzidos no processo capazes de, em tese, infirmar a conclusão adotada pelo julgador;

---

[20] Insta ressaltar que, em sendo a sentença proferida fora da audiência, como o é com frequência, fundamental seria a existência do relatório, dado que é a na oralidade da Audiência de Instrução e Julgamento que, verdadeiramente, se pautou o legislador para desincumbir o órgão julgador de tal requisito sentencial, inclusive tamanha a imediatidade daquele momento processual. Sobre o assunto, ver também ROCHA, Felippe Borring. *Manual dos Juizados Especiais Cíveis Estaduais*. 6 ed. São Paulo: Atlas, 2012, p.177.

V - se limitar a invocar precedente ou enunciado de súmula, sem identificar seus fundamentos determinantes nem demonstrar que o caso sob julgamento se ajusta àqueles fundamentos;

VI - deixar de seguir enunciado de súmula, jurisprudência ou precedente invocado pela parte, sem demonstrar a existência de distinção no caso em julgamento ou a superação do entendimento.

§ 2º No caso de colisão entre normas, o juiz deve justificar o objeto e os critérios gerais da ponderação efetuada, enunciando as razões que autorizam a interferência na norma afastada e as premissas fáticas que fundamentam a conclusão.

§ 3º A decisão judicial deve ser interpretada a partir da conjugação de todos os seus elementos e em conformidade com o princípio da boa-fé.

Para melhor esclarecer os incisos deste digitado §1º, vamos às explicações.

Conforme determina o inciso I, do §1º em destaque, não basta a sentença se limitar a indicar, reproduzir ou parafrasear o ato normativo, devendo, efetivamente, explicar sua relação com a causa ou a questão decidida, ou seja, com o caso concreto, e não simplesmente transcrever o enunciado da regra em questão para fins de somente indicar em que se fundamenta o julgado.

Fundamental é, por tudo, que o magistrado explique especificamente o motivo da escolha da norma empregada.

Com relação ao entendimento do inciso II supra, deve qualquer decisão judicial empregar conceitos jurídicos determinados, explicando o motivo concreto de sua incidência no caso.

É fato que não somente legislativamente, mas, em igual ocorrência na experiência da vida forense, é prática extremamente comum o uso reiterado de conceitos jurídicos vagos e indeterminados,[21] tudo com o fito de se ter "espaço" para a justificável adequação em específica realidade quando do enfrentamento de uma questão, e por mais incrível que pareça, sendo esta de reconhecida complexidade ou não, levando-se inúmeras vezes a um uso irracional de pan-principiologismo, verdadeira usina de produção de princípios despidos de qualquer normatividade.[22]

---

[21] Em obra clássica enfrentando o tema, bem ensina Karl Engisch ser conceito jurídico indeterminado um conceito cujo conteúdo e extensão são em larga medida incertos, causando insegurança e relativa desvinculação na aplicação da lei. (*Introdução ao Pensamento Jurídico*. 8 ed. Trad. J. Baptista Machado. Lisboa: Calouste Gulbenkian, 2001, p. 208-210.

[22] Em excelente texto sobre o assunto, cf. STRECK Lenio Luiz. *O pan-principiologismo e o sorriso do lagarto*. Disponível em:< http://www.conjur.com.br/2012-mar-22/senso-incomum-pan-

Já o inciso III nos demonstra que a sentença não poderá invocar motivos que se prestariam a justificar qualquer outra decisão, devendo-se ter uma explicação para aquele caso concreto debruçado. Evita-se assim a denominada decisão "padrão", como por exemplo, ao deferir uma liminar onde simples e lacunosamente o julgador se presta apenas a dizer em sua decisão *"estão presentes os pressupostos legais"*, como se faz o padrão em qualquer outra decisão judicial.[23]

O inciso IV mostra a necessidade de o magistrado enfrentar todos os argumentos arguidos pelas partes no processo capazes de infirmar a sua conclusão frente a demanda enfrentada. Decorre daí, inegavelmente, o prestígio quanto à realização do contraditório como direito de influência (arts. 5º, LV, da CF/88; 9º e 10 do CPC). Tem as partes da controvérsia o direito de conhecer da razão adotada pelo órgão julgador quando de qualquer decisão judicial e para isso, inegável o enfrentamento dos argumentos deduzidos por elas. É o mínimo que se espera de uma prestação jurisdicional qualitativa, enquanto serviço público prestado.

No que se refere ao inciso V, este aponta ser é defeso a qualquer decisão judicial se limitar a invocar precedente ou enunciado de súmula, sem identificar seus fundamentos determinantes e nem mesmo demonstrar que a *questio* em julgamento se ajusta àqueles fundamentos.

Assim, deve o julgador demonstrar a semelhança do caso que está a debruçar com o respectivo precedente utilizado ou mesmo com o conteúdo inventariado pelo qual se construiu a súmula em apreço, objetivando justificar adequadamente a utilização do precedente em questão em sua decisão e, igualmente, sua concordância com o caso em julgamento.

Por fim, o inciso VI, último inciso do fundamental dispositivo que é o §1º do art. 489, determina que não poderá a decisão judicial deixar de seguir enunciado de súmula, jurisprudência ou precedente invocado pela parte, sem demonstrar

---

-principiologismo-sorriso-lagarto>. Acesso em: 29.09.2018.

[23] HABEAS CORPUS. SENTENÇA MANTIDA EM SEDE DE APELAÇÃO. ABSOLUTA FALTA DE FUNDAMENTAÇÃO. ACÓRDÃO QUE SE LIMITA A MANTER OS FUNDAMENTOS DO JUIZ E ADOTAR O PARECER MINISTERIAL. NULIDADE. ORDEM CONCEDIDA. 1. O dever de motivar as decisões implica necessariamente cognição efetuada diretamente pelo órgão julgador. Não se pode admitir que a Corte estadual limite-se a manter a sentença por seus próprios fundamentos e a adotar o parecer ministerial, sendo de rigor que acrescente fundamentação que seja própria do órgão judicante. 2. A mera repetição da decisão atacada, além de desrespeitar o regramento do art. 93, IX, da Constituição Federal, causa prejuízo para a garantia do duplo grau de jurisdição, na exata medida em que não conduz a substancial revisão judicial da primitiva decisão, mas a cômoda reiteração. (STJ. 6ª T. HC 232.653/SP. Rel. Min. Maria Thereza de Assis Moura. Julg. 24.04.2012, *DJe* 07.05.2012).

a existência de distinção[24] no caso em julgamento ou a devida superação do entendimento.[25]

Há de se entender neste ínterim pela importância da fundamentação analítica e adequada do comando judicial, justificadora aqui da autorização para que o julgador deixe de aplicar enunciado de súmula, jurisprudência ou precedente manifestado por qualquer das partes.

Por tudo, infere-se sobre ao referido §1º e todos seus incisos, a evidência de que resultará, esperamos, em maior segurança e previsibilidade nas decisões judiciais, não privando o cidadão das fundamentações genéricas que o obstruem de saber as devidas e necessárias razões que levaram o Poder Judiciário a tomar determinada decisão.[26]

Aliás, bem dispondo sobre a racionalidade das decisões, atesta Ronaldo Kochem: [27]

> A racionalidade das decisões judiciais é entendida como a possibilidade de realizar uma recognição analítica da decisão, isto é: a possibilidade de reconhecer da decisão judicial analiticamente, as diferentes operações realizadas (ou melhor: justificadas) pelo intérprete e, tendo em conta o método de cada uma dessas operações, de aferir a correção das operações. É por isso que a exigência constitucional de motivação das decisões judiciais deve ser lida como verdadeira exigência de fundamentação jurídica, i. e., de justificação racional da determinação dos fatos e da interpretação e aplicação da norma jurídica ao caso. Somente dessa forma a imputação das consequências jurídicas por meio do processo pode ser tida como não arbitrária.

---

[24] Com relação ao *distinguishing,* se presta a uma técnica ou método de confronto, sendo através desta que se faz a distinção entre os casos para efeito de se subordinar, ou não, o caso sob julgamento a um precedente. Para isso é necessário que se faça a identificação da *ratio decidendi* do precedente, bem como sua delimitação. Raciocina-se do particular para o geral.
Não basta ao juiz apontar fatos diferentes sob o argumento de realizar a *distinguishing*; cabe-lhe, sim, argumentar para demonstrar que a distinção é material e que, portanto, há justificativa para não se aplicar o precedente.

[25] No que toca ao *overruling,* trata-se da revogação de um precedente. No entanto, para que se possa realizar o *overruling,* deve-se realizar a adequada confrontação entre os requisitos básicos, ou seja, a perda da congruência social e o surgimento de inconsistência sistêmica, além dos critérios que ditam as razões para a estabilidade ou para a preservação do precedente – basicamente, a confiança justificada e a prevenção contra a surpresa injusta.

[26] Enunciado n. 308 do FPPC: "Aplica-se o art. 489, § 1º, a todos os processos pendentes de decisão ao tempo da entrada em vigor do CPC. "

[27] KOCHEM, Ronaldo. Racionalidade e decisão - A fundamentação das decisões judiciais e a interpretação jurídica. *In: Revista de Processo,* v. 244. São Paulo: Revista dos Tribunais, 2015. p. 68.

Chama ainda atenção os §§2º e 3º do art. 489 do CPC

Com relação ao §2º, dispõe este que havendo de colisão entre normas, deverá justificar o objeto e os critérios gerais da ponderação efetuada, enunciando as razões que autorizam a interferência na norma afastada, assim como as premissas fáticas que fundamentam a conclusão.

Por certo, cabe ao magistrado, diante da colisão entre normas, a demonstração de por que um determinado postulado deve ser preterido em face de outro para fins de solução do caso concreto, como, por exemplo, em questões que envolve a alcunhada "relativização da coisa julgada" e aí, a colisão entre segurança do julgado (art. 5º XXXVI da CF/88) e justiça da decisão (art. 5º, XXXV da CF/88).

No que toca ao §3º, indica seu texto que a decisão judicial deve ser interpretada a partir da conjugação de todos os seus elementos e em conformidade com o princípio da boa-fé, regra que se relaciona com o art.322, §2º, este relativo aos pedidos endereçados pelas partes ao órgão judicial.

É de importância sublinhar que o aludido §3º deverá ter sua interpretação alcançada verdadeiramente junto aos próprios elementos da sentença, a dizer: relatório, fundamentação e dispositivo em seu conjunto e não de forma isolada.

Posto isso, notadamente, ante a ausência de maior regulação ou mesmo de especialidade acerca dos pontos pelos quais aprofunda o §1º do art. 489 do CPC/2015, não restam dúvidas da aplicação subsidiária à Lei n.9.099/95 e mesmo ao microssistema dos Juizados Especiais,[28] não sendo encarado como qualquer óbice aos princípios estampados no art. 2º da Lei Especial. Pelo ao contrário! A motivação e fundamentação das decisões, corolário da Carta Constitucional de 1988 é de aplicação explicita a qualquer processo e procedimento, não valendo se furtar de dita aplicabilidade sob o manto da celeridade da prestação jurisdicional ou mesmo camuflando-se na economia das formas e/ou sua simplicidade.

O ato sentencial é a tradução do respeito do Estado para com qualidade da prestação do Serviço Público por ele prometido e concedido, de modo a que não possa o jurisdicionado, destinatário final junto com a solidária e conjunta sociedade, se abster de merecer, por pressuposto ético e deontológico, a razão adequada e analítica de seu pleito.

---

[28] No mesmo sentido está o Enunciado n.309 do FPPC: "O disposto no § 1º do art. 489 do CPC é aplicável no âmbito dos Juizados Especiais".
Em posição contrária se encontra o Fonaje, ao sustentar em seu Enunciado de n. 162: "Não se aplica ao Sistema dos Juizados Especiais a regra do art. 489 do CPC/2015 diante da expressa previsão contida no art. 38, caput, da Lei 9.099/95 (XXXVIII Encontro – Belo Horizonte-MG)."

Por oportuno, vale trazer a luz aqui a genialidade de Calamandrei,[29] onde, já de muito, esclarecia que em um Estado de Direito acende a exigência que o órgão julgador julgue em conformidade com a lei e não, a pretexto de aplicar a Constituição, conduza a sua interpretação de maneira inteiramente incompatível com os preceitos atinentes àquela Carta Maior.

Avançando nas questões de índole normativa voltada ao pedido mediato, tratando-se de sentença condenatória, deverá ela se firmar em quantia líquida, ainda que se tratar demanda pautada em pedido genérico (parágrafo único do art. 38), sendo ainda ineficaz (art. 39) na parte em que exceder a 40 salários mínimos, ou seja, avançar quantitativamente o valor de alçada estipulado pelo art. 3º da Lei 9.099/95.[30]

Cabe por outro lado ressaltar que, em se tratando de composição amigável, ainda que esta exceda a 40 salários mínimos, a sentença homologatória será eficaz, tudo por força do que preceitua o §3º do art. 3º da LJE:

"Art. 3º (...)

§ 3º A opção pelo procedimento previsto nesta Lei importará em renúncia ao crédito excedente ao limite estabelecido neste artigo, excetuada a hipótese de conciliação."

Há de se observar ainda, por conseguinte, que o art. 39, ao se referir à ineficácia da sentença, tratou apenas das hipóteses em que a competência dos Juizados Especiais Cíveis se define pelo valor, de acordo com o capitulado no inciso I do art. 3º da Lei 9.099/95, valendo lembrar, conforme já apresentado em tópico específico ("competência"), os critérios determinativos de competência nas hipóteses dos incs. II e III do art. 3º foram firmados em razão da matéria, independentemente do valor da causa.[31]

---

[29] CALAMANDREI, Piero. *Opere Giuridiche*. Vol. I. Napoli: Morano Editore, 1965, p. 643-644.

[30] *"Art. 3º O Juizado Especial Cível tem competência para conciliação, processo e julgamento das causas cíveis de menor complexidade, assim consideradas:*
I - as causas cujo valor não exceda a quarenta vezes o salário mínimo;
(...)"

[31] No mesmo sentido, ver ALVIM, Eduardo Arruda. *Direito Processual Civil*. 2 ed. São Paulo: RT, 2008, p.591; SILVA, Jorge Alberto Quadros de Carvalho. *Lei dos Juizados Especiais Cíveis Anotada*. 3 ed. São Paulo:Saraiva, 2003, p. 148.

1.8 Extinção do Processo

No decorrer da Lei 9.099/95, pontuais situações afirmam a possibilidade de extinção do Processo tanto com julgamento de mérito como sem julgá-lo, sendo exemplos de extinção do processo com julgamento de mérito:

- Homologação da conciliação (parágrafo único do art. 22)

- Homologação do laudo arbitral (art.26).

- Sentença de acolhimento ou rejeição do pedido, prolatada por juiz togado ou redigida por juiz leigo e homologada pelo juiz togado (arts. 38 e 40).

Em ocorrendo qualquer das duas primeiras hipóteses acima citadas, tratar-se-á irrecorribilidade da sentença proferida. Já na terceira hipótese, ensejará a possibilidade de manejo de recurso inominado, dentro do próprio Juizado Especial, mais precisamente endereçado à Turma Recursal daquele órgão judicial (art. 41).

Por outro lado, regula o art. 51 os casuísmos que levarão à extinção do processo sem resolução do mérito no âmbito dos Juizados Especiais Cíveis Estaduais e que, de uma maneira geral já fora objeto de comentários em várias laudas anteriores:

- Quando o autor deixar de comparecer a qualquer das audiências do processo.

- Quando inadmissível o procedimento instituído por esta Lei ou seu prosseguimento após a conciliação.

- Quando for reconhecida a incompetência territorial.

- Quando sobrevier qualquer dos impedimentos previstos no art. 8º da LJE, valendo então acostar abaixo:

> Art. 8º Não poderão ser partes, no processo instituído por esta Lei, o incapaz, o preso, as pessoas jurídicas de direito público, as empresas públicas da União, a massa falida e o insolvente civil.
>
> § 1º Somente as pessoas físicas capazes serão admitidas a propor ação perante o Juizado Especial, excluídos os cessionários de direito de pessoas jurídicas.
>
> § 2º O maior de dezoito anos poderá ser autor, independentemente de assistência, inclusive para fins de conciliação.

- Quando, falecido o autor, a habilitação depender de sentença ou não se der no prazo de trinta dias.

- Quando, falecido o réu, o autor não promover a citação dos sucessores no prazo de trinta dias da ciência do fato.

Em qualquer das hipóteses supra referidas, o juiz extinguirá o processo independentemente de prévia intimação pessoal de qualquer das partes da demanda

(§1º do art. 51); no entanto vale considerar que, na hipótese do inciso I do art. 51 , quando o autor comprovar que a sua ausência decorreu por força maior, poderá o juiz isentá-lo do respectivo pagamento das custas processuais, de acordo com o preceito alocado no §2º do digitado art. 51.

1.9 Recursos

Conforme já referendado, na alínea retro, da sentença que põe o fim ao processo, seja julgando ou não o mérito da demanda, caberão em regra, alguns recursos, estes que serão analisados nas linhas a seguir. Convém assinalar desde já que o juízo *ad quem,* em sede de Juizado Especial é representado por um órgão recursal do próprio Juizado denominado Turma Recursal[32], composto por três juízes togados, em exercício no primeiro grau de jurisdição (art. 41, § 1º).

Temos na Lei n.9.099/95, de modo expresso, a presença de dois recursos contemplados pelo legislador ordinário: I) Recurso (Inominado), art. 41, caput, este manejado das decisões extingue o processo julgando ou não o mérito da ação, na verdade, equivalente à Apelação do Código de Processo Civil; II) Embargos de Declaração, interposto em face da sentença ou o acórdão (art. 48), sempre a que decisão constar de obscuridade, contradição, omissão ou dúvida.

1.9.1 Recurso Inominado

1.9.1.1 Delimitação

O recurso cabível em sentença proferida no Juizado Especial Cível que não seja homologatória de conciliação ou laudo arbitral é denominado pela doutrina, de um modo geral e na falta de uma qualificação específica, de "recurso inominado" (art. 41, Lei n. 9.099/95).

Convém esclarecer que, a despeito da inexistência de unanimidade na doutrina e na jurisprudência, entende-se que o procedimento célere do juizado especial não seria compatível com o recurso do Agravo de Instrumento (art. 1.015 do CPC/2015), fazendo com que o âmbito de impugnação do Recurso Inominado seja ampliado, ou seja, que todas as questões incidentais no processo possam ser

---

[32] A Constituição Federal de 1988, especificamente na parte final do inciso I do art.98, assinala no tocante aos Juizados Especiais que, "o julgamento de recursos por *turmas* de juízes de primeiro grau" (grifo nosso), bem como a Lei n. 9.099/95 em seu art. 41, §1º, ratifica tal entendimento, estabelecendo a composição do órgão, o número de juízes togados (três), estando reunidos na sede do juizado.
Em vista de tais disposições designarem a terminologia de Turmas ou Turma, "ficou por conta dos Estados a denominação completa desses órgãos, optando alguns por designá-los de "Turma Recursal" ou "Turmas Recursais" e outros por "Colégio Recursal", mas sempre os identificando como órgãos colegiados de segundo grau". LETTERIELLO, Rêmolo. Ob. cit., p.441.

impugnadas pelo recorrente, no âmbito do Recurso Inominado, *v. g.,* eventuais decisões tidas como interlocutórias.[33]

Mais adiante, em tópico específico, trataremos com maior acuidade da temática "agravo".

1.9.1.2 Interposição

A interposição do recurso inominado deve ser feita através de petição escrita, subscrita por advogado habilitado, dirigida ao juiz da causa, sendo seus requisitos formais: I – os fundamentos de fato e de direito; II – o pedido de nova decisão.

De modo contrário ao que acontece na apelação, quando o recorrente está obrigado a juntar comprovante do recolhimento do preparo na petição de interposição (art. 1.007 do CPC/2015), é outorgado prazo de 48 (quarenta e oito) horas ao recorrente no juizado especial, não dependendo de intimação para fazer o preparo, sob pena de o recurso ser declarado deserto (art. 42, § 1º, Lei n. 9.099/95). Deve-se salientar que o preparo no juizado especial compreende, além da taxa sobre o valor da causa, todas as despesas do processo, que são dispensadas no primeiro grau de jurisdição, ressalvada a hipótese de assistência judiciária gratuita (art. 54, parágrafo único, Lei n. 9.099/95).

1.9.1.3 Prazo

Tanto para interpor, quanto para contra-arrazoar o recurso inominado, tem-se o prazo de 10 (dez) dias (art. 42, Lei n. 9.099/95) contados, conforme o art. 1.003, *caput* e §1º do CPC/2015, da data: I – da leitura da sentença em audiência; II – da intimação às partes quando a sentença não for em audiência.

O prazo que o terceiro prejudicado dispõe é o mesmo que as partes têm para recorrer, todavia o Defensor Público, ou quem lhe faça as vezes, dispõe de prazo em dobro para recorrer, segundo o § 5º da Lei n. 1.060/50 (LAJ).

Será suspenso o prazo para interposição do recurso quando "sobrevier o falecimento da parte ou de seu advogado, ou ocorrer motivo de força maior, que suspenda o curso do processo" (art. 1.004 do CPC/2015). Nesta hipótese, o prazo citado deve ser restituído de forma integral. Além disso, ocorre interrupção do

---

[33] "Nas causas que, sob procedimento sumaríssimo, tramitam perante os Juizados Especiais, previstos no art. 98, I, da Constituição Federal, são cabíveis somente embargos de declaração e, da sentença, recurso inominado 'para o próprio juizado' (...). As decisões interlocutórias, que pela própria estrutura do rito sumaríssimo muito poucas hão de ser, são irrecorríveis. Em consequência, a matéria versada em decisão interlocutória 'não restará coberta pela preclusão, podendo ser reiterada na impugnação da sentença, com o escopo de sua reapreciação pelo órgão colegiado ad quem".TUCCI, Rogério Lauria. *Manual do Juizado Especial de Pequenas Causas*. São Paulo: Saraiva, 1985, p. 247.

prazo pela interposição de embargos de declaração. Nesta hipótese, o prazo integral voltará a correr somente após a intimação da decisão sobre os embargos (art.1.003, *caput* do CPC/2015).

1.9.1.4 Efeitos

O recurso inominado impede o trânsito em julgado da sentença, tendo tão somente o efeito devolutivo, no entanto a LJE, a fim de evitar dano irreparável para a parte, concede ao juiz o poder de dar-lhe efeito suspensivo, nos seguintes termos:

"Art. 43. O recurso terá somente efeito devolutivo, podendo o Juiz dar-lhe efeito suspensivo, para evitar dano irreparável para a parte".

Uma vez necessária concessão de dito efeito suspensivo para a proteção e/ou conservação do direito a ser impugnado em Recurso Inominado do direito, tudo sob o manto de evitar a incidência de dano de difícil reparação e, ainda assim, não concedendo o juiz *a quo* o desejado efeito, possível se faz a impetração do Mandado de Segurança para a Turma Recursal.

Nestes termos, bem assinalam Negrão e Gouvêa:

"Se o juiz não conceder efeito suspensivo ao recurso, no caso de dano irreparável, cabe mandado de segurança para a Turma Recursal. Em atenção ao princípio da informalidade (art. 2º), não é fora de propósito entender que, nessas circunstâncias, o recorrente possa dirigir simples requerimento ao colegiado para a obtenção do efeito suspensivo. Ainda, outra possível saída para o recorrente é a interposição de agravo de instrumento: 'É admissível, no caso de lesão grave e de difícil reparação, o recurso de agravo de instrumento no Juizado Especial Cível' **(Enunciado n. 2 do I Encontro JECSP, bol. AASP 2.554)**. Em razão do princípio da instrumentalidade das formas, qualquer das alternativas escolhidas pelo recorrente deve ser aceita pela Turma Recursal e ser apta à tutela do seu direito."[34]

1.9.1.5 Procedimento

Após a formalização da interposição do recurso quando se concede ao recorrente requerer a transcrição das fitas magnéticas contendo os depoimentos das partes e testemunhas, a secretaria aguardará a comprovação do recolhimento do preparo. Se o recorrente já o tiver efetuado, ou depois da juntada do comprovante de recolhimento, o juiz determinará a intimação do recorrido a fim de que apresente as contra-razões.

---

[34] NEGRÃO, Theotônio; GOUVEA, José Roberto F. *Código de Processo Civil e Legislação Processual em vigor*. São Paulo: Saraiva, 2008, p.1638.

Quanto ao Recurso Adesivo, não há previsão legal no que toca à sua possibilidade. Ainda assim, o FONAJE em Enunciado n. 88 atestou o seguinte:

"Não cabe recurso adesivo em sede de Juizado Especial, por falta de previsão legal", aliás, na mesma linha de entendimento do Enunciado n. 5 do I Encontro JECSP.[35]

A despeito disso, entendemos do cabimento da adesividade em sede de Recurso Inominado, sobretudo, pela própria instrumentalidade das formas, inerente ao rito sumaríssimo.

Notadamente, não há que se falar em prejudicialidade à celeridade procedimental, haja vista que o Recurso Inominado adesivo será apresentado no prazo para as contrarrazões do recorrido, o que em nada interfere no lapso temporal concedido a qualquer das partes para sua interposição.

Ademais, a aplicabilidade subsidiária do CPC é sempre bem vinda quando em prestígio a um contraditório integro e substancial, ou seja, que em nada incentive a procrastinação processual por meio de atos processuais protelatórios, o que, de certo, não é este o caso.[36]

Voltando à interposição do Recurso Inominado, sendo apresentadas ou não as contrarrazões, depois de sorteio, os autos serão encaminhados para o relator da Turma Recursal, constituída por três juízes togados em exercício no primeiro grau de jurisdição. Os requisitos de admissibilidade serão analisados pelo relator, incluindo o processo na pauta para julgamentos pela turma, determinando a intimação das partes.

1.9.1.6 *Observações quanto aos Recursos Especial e Extraordinário*

A jurisprudência do STJ é firme, sumulando o não cabimento de Recurso Especial em decisão que julgar o recurso inominado, já que a decisão da "turma" não pode ser comparada com decisão do tribunal.

"STJ. Súmula 203 - Não cabe recurso especial contra decisão proferida por órgão de segundo grau dos Juizados Especiais."

No mesmo sentido anda o Fórum Nacional dos Juizados Especiais – FONAJE, ao sustentar no Enunciado n.63 que: *"Contra decisões das Turmas Recursais são cabíveis somente os embargos declaratórios e o Recurso Extraordinário"*

---

[35] Bol. AASP 2.554.
[36] Especificamente sobre o assunto, ver GAIO JÚNIOR, Antônio Pereira; CIPRIANI, Igor Arêas Reis; ANTONIO, Livia Guida. Considerações acerca da possibilidade de interposição de Recurso Adesivo no âmbito dos Juizados Especiais Cíveis Estaduais. In: *Revista Científica Cesumar*. Vol. 16, n. 1, 2014.

Aliás, ratifica-se neste mesmo Enunciado supracitado que o próprio STF já consolidou taxativamente em sua Súmula de n. 640:

"STF. Súmula 640 - É cabível recurso extraordinário contra decisão proferida por juiz de primeiro grau nas causas de alçada, ou por turma recursal de juizado especial cível e criminal."

É cabível, portanto, interposição de Recurso Extraordinário para o STF uma vez que a decisão da Turma Recursal é final (*ex vi* do art. 102, III, da CF).

Mais adiante enfrentaremos a questão em tópico específico acerca do Recurso Extraordinário

1.9.2 Embargos de Declaração

Os Embargos de Declaração, cabíveis em face de sentença de 1º grau ou de acórdão da Turma Julgadora dos Juizados Especiais, conforme sustenta o art. 48, sendo que o regramento ditado pela LJE, em sentido geral, guarda similitude com aquele incluso no sistema do Código de Processo Civil,[37] exceto quanto às multas para o caso de manejo dos embargos ditos procrastinatórios, estas que não foras expressamente recebida pela Lei n. 9.099/95, mas que entendemos de igual aplicação, ou seja, sem motivos para relevá-la.

Insta destacar que as matérias contidas no art. 1.022 do CPC, são as seguintes:

> Art. 1.022. Cabem embargos de declaração contra qualquer decisão judicial para:
>
> I - esclarecer obscuridade ou eliminar contradição;
>
> II - suprir omissão de ponto ou questão sobre o qual devia se pronunciar o juiz de ofício ou a requerimento;
>
> III - corrigir erro material.
>
> Parágrafo único. Considera-se omissa a decisão que:
>
> I - deixe de se manifestar sobre tese firmada em julgamento de casos repetitivos ou em incidente de assunção de competência aplicável ao caso sob julgamento;
>
> II - incorra em qualquer das condutas descritas no art. 489, § 1º.

---

[37] O art. 48 recebeu modificações em seu conteúdo, de acordo com o que preceitua o art. 1.064 do CPC/2015.
Ainda que a alteração esteja em sintonia com os comentários por nós acostados, vale assinalar o novo texto:
"Art. 1.064. O caput do art. 48 da Lei nº 9.099, de 26 de setembro de 1995, passa a vigorar com a seguinte redação:
'Art. 48. Caberão embargos de declaração contra sentença ou acórdão nos casos previstos no Código de Processo Civil.'"(Grifo nosso).

Chamamos atenção aqui para o parágrafo único, II do art. supra e a sua não recepção por parte do FONAJE no Enunciado n.162. *In verbis*:

"Não se aplica ao Sistema dos Juizados Especiais a regra do art. 489 do CPC/2015 diante da expressa previsão contida no art. 38, caput, da Lei 9.099/95 (XXXVIII Encontro – Belo Horizonte-MG). "

De fato, conforme já pudemos salientar em comentários mais extensos na presente obra, mais precisamente no item relativo à "Sentença", tal enunciado fere o entendimento do próprio art. 1.064 do CPC, este internalizado na Lei n.9.099/95, figurando como art.48, já retro referido.

Não somente criticamos a impropriedade do Enunciado n.162, como, de fato, atenta ele contra a necessária e democrática construção de uma decisão fundamentada, analítica e adequada, que responda integral e racionalmente às partes as razões e os motivos da prestação jurisdicional ora ofertada, possibilitando o verdadeiro diálogo em um processo justo.

Por outro lado, fora autorizada pela LJE a interposição dos embargos de declaração por meio de petição escrita ou na forma oral, sempre no prazo de 5 dias (art. 49), valendo então até a sua interposição na própria audiência de instrução e julgamento[38]quando se tratar de decisão final prolatada no bojo da mesma.

Vale ressaltar que os Embargos de Declaração interrompem o prazo para interposição de qualquer recurso, conforme sustenta o art.50:

"*Art. 50. Os embargos de declaração interrompem o prazo para a interposição de recurso.*"[39]

Há de se atentar para a possibilidade de os erros materiais decorrentes da própria sentença serem corrigidos de ofício, *ex vi* do parágrafo único do art. 48, dada a circunstância de erro meramente formal, em que pese a possibilidade de também ser requerido em sede de Embargos de Declaração, como regra o art.1.022, III do CPC/2015.

1.9.2.1 *Observações pertinentes aos "Agravos" em tema de Recursos nos Juizados Especiais Cíveis Estaduais*

Insta apregoar aqui da possibilidade ou não de impetração do Agravo em sede de Juizados Especiais Cíveis Estaduais, portanto, em via sumaríssima.

---

[38] No mesmo sentido, THEODORO JR., Humberto.Vol. III..., p.476.
[39] Redação da peio art. 1.065 do CPC/2015.

Em linhas anteriores, já fora dito não haver unanimidade em sedes doutriná-ria[40] e jurisprudencial[41] acerca do cabimento de agravo no âmbito dos Juizados Especiais Estaduais, visto pensamento em torno da criação de óbices à celeridade procedimental desejada diante de uma possível autorização para a prática de dito recurso e trafegando, inclusive na contramão da idéia criativa do rito sumaríssimo pelo qual debruçam as demandas ajuizadas em tal órgão judicial. A opção seria aquela de alargar o âmbito de impugnação do Recurso Inominado, isto é, as questões incidentais de ocorrência no deslinde do procedimento encontrariam abrigo quando das razões e contra-razões do Recurso Inominado, incluídas aí as próprias decisões exaradas interlocutoriamente.[42]

Ratificando a impossibilidade supracitada, expressa o Enunciado n.15 do FONAJE:

---

[40] É de se ressaltar que a questão acerca da inadmissibilidade do agravo no âmbito do Juizado não é de todo nova. No sistema dos Juizados de Pequenas Causas, autores como DINAMARCO (*Manual das Pequenas Causas...*, nº 90) já sinalizavam nesse sentido. Comentando a ofensa ao princípio da celeridade, adverte que "não há porque admiti-lo [o agravo], mormente em face da inexistência de tempo para o seu processamento e da possibilidade da parte apresentar seu reclamo, interpondo recurso contra a sentença (...)".
Cf também, dentre muitos, NERY JR, Nelson; ANDRADE NERY, Rosa Maria. *Código de Processo Civil Comentado.* 10 ed. São Paulo: RT, 2007, p.1487-1488.

[41] Vale trazer à colação e a título exemplificativo, os seguintes posicionamentos:
"INADMISSÍVEL AGRAVO DE INSTRUMENTO EM JUIZADOS ESPECIAIS RECURSO ÚNICO E ESPECIFICO APELAÇÃO E EMBARGOS DECLARATÓRIOS. CONSEQÜENTE . INTELIGÊNCIA DO ART. 41 (CAPUT) LEI 9.099/95. LOGO IRRECORRIBILIDADE DE DECISÃO INTERLOCUTÓRIA. RECURSO NÃO CONHECIDO. TJBA.4ª Turma Recursal dos Juizados Especiais Cíveis e Criminais. Proc. nº 10443-4/2003-1-1 turno noite.Agravo de Instrumento.Rel. Juiz Baltazar Miranda Saraiva, julg. em 29.05.2003."
"AGRAVO REGIMENTAL. AGRAVO DE INSTRUMENTO CONTRA DECISÃO INTERLO-CUTÓRIA DE JUIZADO ESPECIAL. INAPLICABILIDADE DO PRINCÍPIO DA FUNGI-BILIDADE.I - A interposição de agravo de instrumento contra decisão interlocutória proferida por Juizado Especial configura erro grosseiro nos termos da Lei nº 9.099/95, não sendo possível a aplicação do princípio da fungibilidade.II - Agravo improvido. TJMA - AGRAVO REGIMENTAL: AGR 14882009 MA . Rel. Jorge Rachid Mubárack Maluf. julg. em 05.02.2009."
"Enunciado dos Juizados Especiais Cíveis de São Paulo. Súmulas do I Encontro do Primeiro Colégio Recursal dos Juizados Especiais Cíveis em 04.05.06: "N.2. 'É ADMISSÍVEL, NO CASO DE LESÃO GRAVE E DIFÍCIL REPARAÇÃO, O RECURSO DE AGRAVO DE INSTRUMENTO NO JUIZADO ESPECIAL CÍVEL.' (aprovada por votação unânime)."Disponível em: <http://www.conjur.com.> Acesso em 26 de novembro de 2007." . Cf. também Bol. AASP 2.554.

[42] Vale registrar posicionamento de Humberto Theodoro Júnior (ob. cit., p.475) no tocante a possibilidade de se agravar retidamente, isto quando da necessidade de impugnação, ficando esta registrada nos autos como agravo retido, evitando-se inclusive possível preclusão da matéria, sendo plenamente possível tal hipótese, visto que não traria maiores delongas ao andamento do feito e, mesmo em respeito aos princípios da celeridade e simplicidade consignados no art.2º da LJE, sua impetração dar-se-ia na forma oral.

"Nos Juizados Especiais não é cabível recurso de agravo."

É fato que nem sempre dita *questio* se demonstra de fácil análise, haja vista a possibilidade de questões incidentes ocorrerem, por exemplo, entre as audiências de conciliação e de instrução e julgamento. Por outro lado, é possível vislumbrar ainda a hipótese de decisões interlocutórias agredirem direitos materiais de necessidade urgente, em situações como aquelas decorrentes do indeferimento de eventual Tutela Provisória de Urgência Antecipada ou Cautelar requerida e aí, estaria a opção pela escolha entre não desmobilizar a celeridade que, de certo, o procedimento requer ou agredir o contraditório momentâneo e a possibilidade de construção de um posterior injusto irreparável, ou seja, dano irreversível?

É verdade que os caminhos são tormentosos ao julgador, sobretudo quando do norte ao qual o ordenamento se faz por exigir, somado ao fato de que próprio legislador do texto legal fez sua opção, não pairando dúvidas acerca de qualquer dicotomia da lei neste caso.

Entendemos não haver óbices à aplicabilidade do Agravo de Instrumento quando diante de decisões interlocutórias decorrentes da admissibilidade ou não das medidas urgentes retro referidas, não somente pelo entendimento da aplicabilidade subsidiária do sistema do CPC[43], mas, sobretudo, pela própria natureza e essência do processo como instrumento democrático e de resultados, de modo que postergar para fase posterior (quando das razões em sede de Recurso Inominado), conteúdos desde já possivelmente agredidos e de real possibilidade da perda do objeto ou de difícil reparação[44] decorrente de medida autorizada ou

---

[43] Tal como se dá com toda legislação específica, ou seja, de cunho não generalista, seja sob o ponto de vista das matérias ali reguladas, quer de natureza substantiva e/ou adjetiva, seu conteúdo dificilmente se exaure na própria lei que o institui. Notadamente, não seria razoável e mesmo possível em caráter absoluto, que uma legislação, mesmo especial, pudesse prever todo o mecanismo processual a ser observado ao longo de todo o caminho procedimental a ser percorrido. Nestes termos, será na própria lei geral que se predeterminará a aplicabilidade subsidiária aos procedimentos especiais. Nisto, àqueles ritos que, por não estarem inclusos no texto geral regulador (*in casu*, o Código de Processo Civil), a rigor, aplicar-se-ão as disposições gerais do procedimento comum (art. 318 do CPC). Quer dizer isto que, a sistemática comum do CPC tem o fito de alcançar procedimentos pelos quais, uma vez lacunosos, são de preenchimentos inevitáveis, a fim de harmonizá-los com o sistema geral em torno do qual se acha plasmado o direito positivo pátrio.
É lição de Humberto Theodoro Júnior: " (...) não é necessário que a lei especial declare a incidência subsidiária do Código de Processo Civil dentro da área de sua regulamentação. Isso decorrerá por força do próprio sistema".*O Mandado de Segurança segundo a Lei n. 12.016, de 07 de agosto de 2009*. Rio de Janeiro: Forense, 2009, p.63. No mesmo sentido, FIGUEIRA JÚNIOR, Joel Dias. Ob. cit., p.32-33.

[44] MARINONI, Luiz Guilherme; RENHART, Sérgio Cruz. *Manual de Processo de Conhecimento*. 2 ed. São Paulo: RT,2003, p.728. No mesmo sentido, ver CUNHA, J.S. Fagundes. *Recursos e Impugnações nos Juizados Especiais Cíveis*. Curitiba: Juruá, 1996, 141; MAGANO, José Paulo

não pelo juízo, tudo em nome da rápida e qualquer prestação jurisdicional. É contradizer o objetivo inquestionável e, aliás, exata razão de ser da Jurisdição: pacificação social com justiça nas decisões, somando-se aí que, ao instrumento o qual é dada a prerrogativa para o exercício e alcance da racionalidade jurisdicional – O Processo – deposita-se o ideário de que deve ele dar a quem tem um direito, exatamente aquilo que se teria direito, caso a moléstia jurídica não houvesse ocorrido.[45]

Ponto de importante realce aqui é notar existência da possibilidade de interposição do recurso diante da concessão ou não de medidas de urgência no âmbito dos Juizados Especiais Federais (Lei n. 10.259/2001, arts. 4º e 5º), mais precisamente no texto legal referindo-se á medida cautelar (Tutela Provisória de Urgência Cautelar), o que pode ser perfeitamente aplicado para demais medidas de natureza urgente – *v.g.* a Tutela Provisória de Urgência Antecipada.

Assim, há quem defenda o manejo do agravo de instrumento no rito sumaríssimo dos Juizados Especiais Estaduais, por conta da formação de um sistema próprio entre as Leis n. 9.099/95 e a 10.259/01.[46]

Sobre assunto aliás, bem fundamenta Dias Figueira:[47]

> (...) não é incomum a ocorrência de situações emergenciais antes da instalação ou durante a audiência de conciliação, instrução e julgamento, exigindo do juiz instrutor uma decisão imediata sobre a questão, que não pode ser postergada ao decisum final, sob pena de causar prejuízo às partes (*v.g.*, concessão ou denegação de tutela antecipada ou cautelar – cf. arts. 4º e 5º da Lei 10.259/2001), ou, ainda, hipóteses em que a audiência necessite ser adiada, inclusive a prolação da sentença.

Em caráter excepcional, o recurso de agravo de instrumento há de ser acolhido se e quando a interlocutória versar sobre o mérito, em casos de tutela de urgência (concessiva ou denegatória), e a decisão puder causar gravame ao interessado em decorrência da impiedosa incidência do "tempo" no processo, ou se a hipótese versar a respeito de óbice a processamento de recurso ou meio de impugnação.

Por outro lado, conforme já comentado, poderá o Recurso Inominado ser recebido em duplo efeito (devolutivo e suspensivo), isto em situações às quais, a fim de se evitar a ocorrência de dano de difícil reparação, caberia ao magistrado a concessão do duplo efeito ao aludido recurso.

Camargo. Cabimento de Agravo de Instrumento em sede de Juizado Especial. *Tribuna da Magistratura*, maio/junho de 1998, p.29.

[45] Sempre Chiovenda, ob. cit., p. 110.

[46] Como nomina em bom grado CÂMARA, Alexandre Freitas (Ob. cit.,p.152):"Estatuto dos Juizados Especiais Cíveis".

[47] Ob. cit., p.277-278.

Uma vez negado o efeito suspensivo, entendemos da possibilidade de manejo do Mandado de Segurança,[48] o que agora sugiro ao leitor uma investida no item referente aos *efeitos* do Recurso Inominado, devidamente estudado em tópicos anteriores.[49]

No que toca à possibilidade de imposição de Agravo Interno em sede de Juizados Especiais Estaduais, vale acostar aqui algumas linhas.

Define o CPC (art. 1.021 do CPC/2015) que, contra a decisão proferida monocraticamente pelo relator da Turma Recursal, caberá Agravo Interno, a fim de se dar conhecimento da matéria aos demais membros integrantes do respectivo colegiado.

Observa-se, de certo, a mesma orientação para os Juizados Especiais, esta regida pelo Supremo Tribunal Federal como expressa o voto da relatoria do Ministro Marco Aurélio Mello no AgRg em RE 422238/RJ em seguintes termos:

> A regência do processo nos juizados especiais dar-se no sentido de, tanto quanto possível, simplificar-se a tramitação, afastadas normas que têm conteúdo formal maior. Daí entender-se viável, na Turma Recursal, a evocação do disposto no art. 557 do Código de Processo Civil, atuando o próprio relator nos casos contemplados. Ora, assentada essa premissa, forçoso é concluir que o ato do relator não pode ficar imune ao crivo do Colegiado. Na hipótese de recurso inominado para a Turma Recursal e a ele sendo negada sequência pelo relator, ou julgado a partir do mencionado artigo do Código de Processo Civil, abre-se a via do agravo e este, no caso, não foi apresentado. Então, a decisão não se mostrou em última instância. Não houve o esgotamento da jurisdição na origem e, se pertinente o exame do Supremo Tribunal Federal, dar-se-á a quebra do próprio sistema, vindo a corte a fazer as vezes da Turma Recursal, apreciando o acerto, ou desacerto, não de sentença por esta proferida, mas do ato monocrático.

---

[48] "Se o juiz não conceder efeito suspensivo ao recurso, no caso de dano irreparável, cabe mandado de segurança para a Turma Recursal. Em atenção ao princípio da informalidade (art. 2º), não é fora de propósito entender que, nessas circunstâncias, o recorrente possa dirigir simples requerimento ao colegiado para a obtenção do efeito suspensivo. Ainda, outra possível saída para o recorrente é a interposição de agravo de instrumento: 'É admissível, no caso de lesão grave e de difícil reparação, o recurso de agravo de instrumento no Juizado Especial Cível' (**Enunciado n. 2 do I Encontro JECSP, bol. AASP 2.554**). Em razão do princípio da instrumentalidade das formas, qualquer das alternativas escolhidas pelo recorrente deve ser aceita pela Turma Recursal e ser apta à tutela do seu direito." NEGRÃO, Theotônio; GOUVEA, José Roberto F. Ob. cit., p.1638.

[49] Sobre o estudo dos possíveis efeitos aplicáveis aos recursos no sistema processual civil brasileiro, ver o nosso *Instituições de Direito Processual Civil. 3 ed. Salvador: Jus Podivm, 2017, p.* mais precisamente o Capítulo 12.

De outra banda, aí já conforme súmula n.727, caberá agravo de instrumento para o Supremo Tribunal Federal, da decisão proferida pelo Presidente da Turma Recursal que obstar o seguimento a recurso extraordinário. *In verbis*:

"Não pode o magistrado deixar de encaminhar ao Supremo Tribunal Federal o agravo de instrumento interposto da decisão que não admite recurso extraordinário, ainda que referente a causa instaurada no âmbito dos juizados especial. "

1.9.3 Recurso Extraordinário

1.9.3.1 Delimitação

De acordo com a Constituição Federal, em seu art. 102, III, é competência do STF julgar, por meio de recurso extraordinário, as causas decididas em única ou última instância, caso a decisão recorrida: I – contrariar dispositivo da Constituição Federal; II – declarar a inconstitucionalidade de tratado ou lei federal; III – julgar válida lei ou ato de governo local contestado em face da Constituição Federal; IV – julgar válida lei local contestada em face de lei federal. Resta evidente, em todas as hipóteses aludidas pela Constituição, que o principal pressuposto do recurso extraordinário é a existência da questão constitucional (*quaestio juris*), ou seja, divergência com relação à correta interpretação ou aplicação da Constituição Federal. Deste modo, não é cabível, através do recurso extraordinário, a impugnação de questões de fato.

A Emenda Constitucional n. 45/2004, procurando reduzir as hipóteses de incidência do recurso extraordinário, incluiu o § 3º ao art. 102 da Constituição Federal que afirma que no recurso extraordinário o recorrente deverá demonstrar a repercussão geral das questões constitucionais discutidas no caso, nos termos da lei a fim de que o Tribunal examine a admissão do recurso, somente podendo recusá-lo pela manifestação de dois terços de seus membros.

A redação do parágrafo deixa claro que o recorrente deverá demonstrar, anteriormente, que a questão constitucional aventada no recurso não é particular, mas geral, ou seja, significativo para uma parcela da população, no mesmo espírito motivador da ideia de súmula vinculante, esta inclusa no art. 103-A da Constituição Federal de 1988, por meio da Emenda Constitucional supracitada, regulamentada pela Lei n. 11.417, de 19.12.2006.

Neste sentido, operou o acréscimo do art. 543-A, com o advento da Lei n. 11.418/2006, detalhando o aspecto procedimental do conhecimento do recurso extraordinário, quando não versada nele questão considerada de repercussão geral.

No mesmo sentido, o CPC/2015 mantem regramentos acerca da repercussão geral, valendo pelo menos de início, atestar os seguintes termos do art. 1.035. *In verbis*:

> O Supremo Tribunal Federal, em decisão irrecorrível, não conhecerá do recurso extraordinário quando a questão constitucional nele versada não tiver repercussão geral, nos termos deste artigo.
>
> §1º Para efeito de repercussão geral, será considerada a existência ou não de questões relevantes do ponto de vista econômico, político, social ou jurídico que ultrapassem os interesses subjetivos do processo.
>
> (...)
>
> § 3º Haverá repercussão geral sempre que o recurso impugnar acórdão que:
>
> I - contrarie súmula ou jurisprudência dominante do Supremo Tribunal Federal;
>
> II - tenha sido proferido em julgamento de casos repetitivos;
>
> III - tenha reconhecido a inconstitucionalidade de tratado ou de lei federal, nos termos do art. 97 da Constituição Federal.

O recurso extraordinário, de maneira contrária ao recurso especial, pode ser manejado contra decisões de órgãos de primeiro grau não impugnáveis por outra via (*v.g.*, a decisão da turma sobre recurso contra sentença do Juizado Especial Cível, art. 41, § 1º, Lei n. 9.099/95).

1.9.3.2 *Interposição*

A interposição do recurso extraordinário deve ocorrer mediante petição endereçada ao presidente, ou vice-presidente do Tribunal que proferiu a decisão, tendo, de acordo com o art. 1.029 do CPC, os seguintes requisitos formais: I – a exposição do fato e do direito; II – a demonstração do cabimento do recurso interposto; III – as razões do pedido de reforma da decisão recorrida.

Além disso, a repercussão geral das questões constitucionais discutidas no caso deve ser demonstrada (art. 102, § 3º, da CF).

Quando a decisão impugnada for de primeiro grau (art. 41, § 1º, Lei n. 9.099/95), a petição deve ser endereçada ao juiz da causa, com explícita solicitação de que encaminhe para o presidente, ou vice-presidente do órgão de segundo grau, *in casu*, a Turma Recursal a fim de que este, por sua vez, encaminhe para o STF.

Como já outrora observado em outros recursos, como estímulo ao conhecimento do mérito do recurso, será possível também em sede de Recurso Extraordinário, o STF desconsiderar vício formal de recurso extraordinário tempestivo, ou mesmo determinar sua exata correção, isso desde que não se considere aludido vício como de natureza grave (§3º do art. 1.029 do CPC).

Assim, por exemplo, diante da inexistência de demonstração articulada de prequestionamento em sede de RE, mas desde que possível fosse vislumbrar tão conteúdo claramente estampado na decisão recorrida, seria um caso de vício formal reputado como não grave.

No caso de exigência da legislação pertinente, o apelante deverá provar, no ato de interposição do recurso, o recolhimento do respectivo preparo, este que compreende custas e despesas, até mesmo porte de remessa e de retorno, sob pena de ter seu recurso declarado deserto, segundo o art. 1.007 do CPC.

1.9.3.3 Prazo

Tanto o prazo para interpor quanto para contra-arrazoar no recurso extraordinário será de 15 (quinze) dias (arts. 1.003, §5º e 1.030 do CPC).

A União, dos Estados, do Distrito Federal, dos Municípios bem como as suas autarquias e fundações de direito público, em vista do interesse público que cerca as demandas que os envolvem e para fins de se evitar que o tempo seja corroído pelas dificuldades administrativas de auto-organização, os prazos serão contados em dobro para todas as suas manifestações processuais, cuja contagem terá início a partir da intimação pessoal (art. 183, caput). O mesmo se estende para o Ministério Público (art.180, caput) e Defensoria Pública (art. 186, caput).

Coube ao legislador, por conseguinte, conceder tal benefício do prazo em dobro aos escritórios de prática jurídica das faculdades de Direito reconhecidas na forma da lei e às entidades que prestam assistência jurídica gratuita em razão de convênios firmados com a Defensoria Pública, conforme assegura o §3º do art. 186 do CPC.

Há de se atentar que, para todos os beneficiários do lapso temporal em dobro supracitados, não será aplicado a benesse da contagem dobrada quando a lei estabelecer, de forma expressa, prazo próprio para qualquer deles.

Ressalta-se que as sociedades de economia mista e empresas públicas não se aplica o presente benefício, já que possuem regime jurídico de direito privado e como cediço, integram apenas a administração indireta, de acordo com o Decreto-lei 200, de 25.02.1967.

No caso de litisconsórcios com diferentes procuradores, de escritórios de advocacia distintos, terão eles os prazos contados em dobro para todas as suas manifestações, em qualquer juízo ou tribunal, independentemente de requerimento, de acordo com o *caput* do art. 229. No entanto, cessará a contagem do prazo em dobro quando, havendo apenas 2 (dois) réus, é oferecida defesa por apenas um deles (§1º do art. 229). Nesta hipótese, tornando-se revel um dos litisconsortes, não haverá de se falar mais em prazos em dobro para se ambos se manifestarem nos autos do processo.

Tal benefício concedido aos litisconsortes na forma supracitada, não se aplica aos processos que tramitam em autos eletrônicos (§2º do art. 229).

O prazo para interposição do recurso é suspenso quando "sobrevier o falecimento da parte ou de seu advogado, ou ocorrer motivo de força maior, que suspenda o curso do processo" (art. 1.004 do CPC), sendo que este prazo deve ser restituído integralmente. Ocorre, além disso, interrupção do prazo pela interposição de embargos de declaração (art. 1.026 do CPC). Neste caso, o prazo integral voltará a correr somente após a intimação da decisão sobre os referidos embargos (art. 1.003, caput do CPC).

1.9.3.4 Efeitos

Além do efeito devolutivo, em regra, característico de todo ato recursal, o §5º do art. 1.029 do CPC expressa ser possível a concessão de efeito suspensivo para o recurso extraordinário nos seguintes termos:

> *§5º O pedido de concessão de efeito suspensivo a recurso extraordinário ou a recurso especial poderá ser formulado por requerimento dirigido:*
>
> *I - ao tribunal superior respectivo, no período compreendido entre a interposição do recurso e sua distribuição, ficando o relator designado para seu exame prevento para julgá-lo;*
>
> *II - ao relator, se já distribuído o recurso;*
>
> *III - ao presidente ou vice-presidente do tribunal local, no caso de o recurso ter sido sobrestado, nos termos do art. 1.037.*

Diante do acima referido, conclui-se, portanto, que o recurso extraordinário, pelo menos incialmente, não é dotado de efeito suspensivo *ope legis*.

De outra banda, cabe aqui consignar também a possibilidade de concessão de efeito suspensivo ao recurso extraordinário em questões relacionadas ao incidente de resolução de demandas repetitivas.

Expressa o §4º do art. 1.029 que quando, por ocasião do processamento do incidente de resolução de demandas repetitivas (o enfrentaremos em itens mais adiante), for recebido pelo presidente do Supremo Tribunal Federal ou do Superior Tribunal de Justiça, requerimento de suspensão de processos onde se discuta questão federal constitucional ou infraconstitucional, poderá, levando-se em consideração razões de segurança jurídica ou de excepcional interesse social, estender a suspensão a todo o território nacional, até ulterior decisão do recurso extraordinário ou do recurso especial a ser interposto.

Interessante notar neste caso que, o legislador optou, pelo menos em princípio, por dar preferência à solução do incidente de resolução de demandas repetitivas em face do próprio julgamento dos recursos extraordinário e especial em matérias que naquele incidente estiverem presentes.

É fato que a possibilidade de enfrentamento na formação de precedentes em sede de qualquer dos recursos superiores sobre a matéria objeto do incidente de resolução de demandas repetitivas, de per si, já poderia até mesmo configurar em perda do próprio objeto do digitado incidente. Mas não foi esta a vontade do legislador do CPC/2015.

1.9.3.5 Procedimento

Após a formalização da interposição do recurso, deverá ser determinada a intimação do recorrido com objetivo de que apresente as contrarrazões no prazo de 15 (quinze) dias, findo o qual, de acordo com o art. 1.030, os autos serão conclusos ao presidente ou ao vice-presidente do tribunal recorrido, que deverá:

> *I – negar seguimento:*
>
> *a) a recurso extraordinário que discuta questão constitucional à qual o Supremo Tribunal Federal não tenha reconhecido a existência de repercussão geral ou a recurso extraordinário interposto contra acórdão que esteja em conformidade com entendimento do Supremo Tribunal Federal exarado no regime de repercussão geral;*
>
> *b) a recurso extraordinário ou a recurso especial interposto contra acórdão que esteja em conformidade com entendimento do Supremo Tribunal Federal ou do Superior Tribunal de Justiça, respectivamente, exarado no regime de julgamento de recursos repetitivos;*
>
> *II – encaminhar o processo ao órgão julgador para realização do juízo de retratação, se o acórdão recorrido divergir do entendimento do Supremo Tribunal Federal ou do Superior Tribunal de Justiça exarado, conforme o caso, nos regimes de repercussão geral ou de recursos repetitivos;*
>
> *III – sobrestar o recurso que versar sobre controvérsia de caráter repetitivo ainda não decidida pelo Supremo Tribunal Federal ou pelo Superior Tribunal de Justiça, conforme se trate de matéria constitucional ou infraconstitucional;*
>
> *IV – selecionar o recurso como representativo de controvérsia constitucional ou infraconstitucional, nos termos do § 6º do art. 1.036;*
>
> *V – realizar o juízo de admissibilidade e, se positivo, remeter o feito ao Supremo Tribunal Federal ou ao Superior Tribunal de Justiça, desde que:*
>
> *a) o recurso ainda não tenha sido submetido ao regime de repercussão geral ou de julgamento de recursos repetitivos;*
>
> *b) o recurso tenha sido selecionado como representativo da controvérsia; ou*
>
> *c) o tribunal recorrido tenha refutado o juízo de retratação.*

§ *1º Da decisão de inadmissibilidade proferida com fundamento no inciso V caberá agravo ao tribunal superior, nos termos do art. 1.042.*

§ *2º Da decisão proferida com fundamento nos incisos I e III caberá agravo interno, nos termos do art. 1.021.*

Admitido o recurso extraordinário, o STF o julgará, aplicando o direito a ele pertinente, conforme prescreve o art. 1.034, caput do CPC.

1.9.3.6 Do Prequestionamento

Para operar a viabilidade da interposição de um Recurso Extraordinário, necessário será que a decisão recorrida tenha, respectivamente, enfrentado uma questão constitucional suscitada.

Dita afirmativa advém do próprio texto constitucional, mais especificamente, das disposições contidas nos art. 102.

Corroborando com dito entendimento, está a Súmula 282 do Supremo Tribunal Federal: "É inadmissível o recurso extraordinário, quando não ventilada, na decisão recorrida, a questão federal suscitada".

Nisto temos que, um recurso excepcional como o é o Recurso Extraordinário, terá razão de ser manejado na medida em que a decisão recorrida enfrente conteúdo de índole constitucional.

Assim, é dever das partes questionar antes, ou seja, prequestionar todas as matérias determinantes e necessárias para a lide em questão, sendo certo o dever do juiz de, igualmente, enfrentá-las de forma indubitável e adequadamente.

No entanto, cabe destacar que, na esteira do que já entendia o STF, em que a simples presença de prequestionamento de forma implícita, ou seja, a própria interposição dos Embargos de Declaração já seria suficiente para se dar como pre-questionada a matéria para fins de RE, optou o legislador no novel Código a regrar desta forma a seguinte situação:

> Art. 1.025. *Consideram-se incluídos no acórdão os elementos que o embargante suscitou, para fins de pré-questionamento, ainda que os embargos de declaração sejam inadmitidos ou rejeitados, caso o tribunal superior considere existentes erro, omissão, contradição ou obscuridade.*

Nota-se, conforme o dispositivo supra, que caberá à parte interpor embargos de declaração antes da interposição de RE, quando, evidentemente, entender acerca da presença de omissão no acórdão proferido, a fim de que se possa perfazer o requisito do prequestionamento da matéria que se quer como objeto nas razões para o manejo dos recursos supracitados.

Assim, apresentado os Embargos sobre o ponto omisso, reputar-se-á preenchido o requisito do pré-questionamento, mesmo que o órgão julgador dos embargos de declaração entenda que a decisão ora embargada não possua qualquer omissão.

Compreende-se, nestes termos, que é como se o acórdão ora embargado passasse então a conter o julgamento da questão tida pelo embargante como omissa, não havendo necessidade de um recurso para compelir o órgão julgador a decidir sobre o ponto que entendeu não omisso, após a interposição dos referidos embargos.

De tudo, exige-se o enfrentamento do ponto omisso por meio dos próprios Embargos de Declaração, ainda que perdure a omissão, na mesma linha do que define a Súmula 356 do próprio STF, "O ponto omisso da decisão, sobre o qual não foram opostos embargos declaratórios, não pode ser objeto de recurso extraordinário, por faltar o requisito do prequestionamento."

Vale destacar, como óbvio, que os Embargos de Declaração não possuem cabimento quando se prestarem a solicitar pela primeira vez, matéria sobre a qual o magistrado ou tribunal não tinha o dever de pronunciar-se, ou seja, que sequer tenha havido qualquer omissão sobre a mesma.

1.9.4 Repercussão Geral

1.9.4.1 Introdução

A atualização das bases estruturantes do modelo processual civil brasileiro é ponto comum entre as últimas reformas legislativas voltadas a esta esfera da Ciência Jurídica, onde se deve ter como um dos vetores (e virtudes), a constante preocupação com a proteção real e efetiva do direito denegado ou em vias de sê-lo, cujo tratamento acurado e intenso merece atenção de todos, sobretudo dos responsáveis em dotar a normatividade de um sentido prosperador e apto ao desenvolvimento com melhor qualidade de vida por parte de jurisdicionados, usuários do serviço público ofertado pelo Estado, por meio da função judicante.

Já por nós anotado, também Marinoni e Mitidiero assinalam com propriedade que o direito a um processo justo "tem de levar em conta, necessariamente, o perfil judiciário brasileiro".

Nesse sentido, observa-se como ponto comum no corpo das últimas reformas legislativas operadas no campo do processo civil pátrio, a presença constante, até porque igualmente necessária em nosso sistema, do binômio "celeridade-efetividade", traduzindo-se aí na preocupação do legislador em enfrentar patologias em constante crescimento, não somente pelo volume de cidadãos que todos os dias batem na porta do Poder Judiciário em busca da tão prometida chiovendiana "vontade da lei" acerca das mais diversas demandas. Sobretudo, pela incipiência pragmática de institutos construídos sobre outras realidades, quer sociais e mesmo científicas, onde, no terreno das construções dogmáticas, enfrentam a quebra de paradigmas operadas por constantes evoluções do próprio sistema de proteção de direitos fundamentais, como o é o direito a um processo justo, tradução exata do encontro entre devido processo legal processual com a efetiva satisfação dos direitos.

Dentro da presente perspectiva, interessa-nos neste momento, a análise do instituto da Repercussão Geral, cuja finalidade ainda que aqui, preambularmente, pode-se acostar por meio do entendimento da própria Corte Suprema pátria, em documento por ela mesmo disponibilizado:

- Firmar o papel do STF como Corte Constitucional e não como instância recursal.
- Ensejar que o STF só analise questões relevantes para a ordem constitucional, cuja solução extrapole o interesse subjetivo das partes.
- Fazer com que o STF decida uma única vez cada questão constitucional, não se pronunciando em outros processos com idêntica matéria.

1.9.4.2 Breves Noções de Ordem Normativa

Por força da Emenda Constitucional n. 45, de 8 de dezembro de 2004, o Recurso Extraordinário, esse, como sabido, de índole constitucional, veio sofrer relevantes modificações, dentre elas a que figurou no novo § 3º acrescido ao art. 102 da Constituição Federal de 1988, *in verbis*:

> *Art. 102.*
>
> *(...)*
>
> *§ 3º No recurso extraordinário o recorrente deverá demonstrar a repercussão geral das questões constitucionais discutidas no caso, nos termos da lei, a fim de que o Tribunal examine a admissão do recurso, somente podendo recusá-lo pela manifestação de dois terços de seus membros.*

De princípio, cabe destacar que aludido parágrafo sinaliza que ao recorrente caberá, logicamente, no corpo de seu recurso extraordinário, realizar específica demonstração da "repercussão geral das questões constitucionais discutidas no caso".

Da inteligência de tal dispositivo, é de se notar que ao Supremo Tribunal Federal caberá recusar, diante da manifestação de dois terços de seus membros, o respectivo recurso extraordinário se, preliminarmente, entender que não restou demonstrada a "repercussão geral" das questões sobre as quais versa respectivo apelo.

Notadamente, o texto constitucional não teve o condão de conceituar o que deveria se entender por "repercussão geral", no entanto a necessária regulamentação do aludido dispositivo constitucional inovador se fez, primeiro, por meio da Lei n. 11.418, de 19 de dezembro de 2006, esta que acrescentou ao Código de Processo Civil de 1973 dois novos artigos, no que toca ao recurso extraordinário, quais sejam: o art. 543-A e o art. 543-B.

De pronto, já no art. 543-A, ditadas foram as regras definidoras da extensão do que se deva entender por repercussão geral das "questões constitucionais debatidas no caso" além de questões afins, estas relativas à aprovação ou negação da incidência do instituto; quanto ao art. 543-B, este se pautou por dispor das regras relativas ao trâmite de uma multiplicidade de recursos extraordinários pendentes, cuja controvérsia se pautam em fundamentos idênticos.

Com o novel CPC/2015, as regras relativas ao instituto da repercussão geral não somente foram mantidas, mas tiveram acréscimos em seu conteúdo, notadamente, na própria extensão do reconhecimento e incidência do presente instituto, *ex vi* dos incisos II e III do §3º do art.1.035. É o que veremos a seguir.

1.9.4.3 Repercussão Geral e sua Conceituação Legal

De reconhecimento da própria Corte Suprema Pátria, tem o instituto da repercussão geral finalidades pontuais:

Expressa o art. 1.035, caput do CPC/2015:

"Art.1.035. O Supremo Tribunal Federal, em decisão irrecorrível, não conhecerá do recurso extraordinário quando a questão constitucional nele versada não tiver repercussão geral, nos termos deste artigo."

Observa-se que tal dispositivo, ao dispor que o Supremo Tribunal Federal, em decisão irrecorrível, deixará de conhecer o recurso extraordinário, quando a questão constitucional nele versada não oferecer repercussão geral, aponta, já de início, a sua função de requisito intrínseco de admissibilidade recursal para o RE, para só então em momento subsequente – § 1º do mesmo dispositivo – conceituar o que seja a repercussão geral, considerando, assim, a sua existência quando a questão discutida apresentar relevância do ponto de vista econômico, político, social ou jurídico, que ultrapasse os interesses subjetivos do processo, como se comprova em letra fria:

"*§ 1º Para efeito de repercussão geral, será considerada a existência ou não de questões relevantes do ponto de vista econômico, político, social ou jurídico que ultrapassem os interesses subjetivos do processo.*"

A despeito de tamanha subjetividade, tornando-se aí, verdadeiramente, um conceito juridicamente indeterminado, percebe-se como nota de referência a incidência do binômio relevância e transcendência como fundamental para, em termos corretos, exercitar a aplicabilidade com efeitos práticos para os quais se destinam os resultados esperados do presente instituto, traduzindo-se, portanto, em limitar a incidência de recursos extraordinários por meio de um específico "filtro", este que, voltado à observância da questão relevante debatida em sede recursal extraordinária, somado à transcendência que esta mesma questão atinge (ultrapassar os interesses subjetivos da própria causa), possa-se alcançar a diminuição da massa recursal, prestigiando a tão desejosa e esperada razoável duração do processo, reforçando-se o caráter humanizador deste instrumento da jurisdição, racionalizando-se, por conseguinte, a própria atividade judicante.

Ainda que pese a subjetividade acima referida, observa-se que no próprio art. 1.035 é encontrada assentada a previsão de alguns casos em que a repercussão geral se faz imperativamente reconhecida, sendo tal afirmativa regrada nos seguintes termos:

> *§3º Haverá repercussão geral sempre que o recurso impugnar acórdão que:*
>
> *I - contrarie súmula ou jurisprudência dominante do Supremo Tribunal Federal;*
>
> *II - revogado pela Lei n.13.256/2016*
>
> *III - tenha reconhecido a inconstitucionalidade de tratado ou de lei federal, nos termos do art. 97 da Constituição Federal.*

O inciso I já outrora presente no revogado CPC/1973, foi mantido pelo CPC/2015.

Nele é de se esclarecer que a referência à súmula, não toca, necessariamente, que seja vinculante, mas tão-somente retrate a jurisprudência consolidada como dominante, visto que, a despeito de inexistir qualquer súmula, a incidência da repercussão geral restará configurada em qualquer julgamento que afronte a denominada jurisprudência dominante do Supremo Tribunal Federal, valendo ainda notar que por "jurisprudência dominante", deve-se ter a que resulta de posição pacífica, seja porque não há acórdãos divergentes, seja porque as eventuais divergências já tenham se pacificado no seio do STF.

Ao inciso foram acrescidos pelo novel Codex, os incisos II e III.

No inciso II, revogado pela Lei n. 13.256/2016, tínhamos também como reconhecimento da presença de repercussão geral no RE, quando o mesmo viesse impugnar acórdão que tivesse sido proferido em sede de julgamento de casos repetitivos (IRDR ou julgamento de recurso especial e recurso extraordinário, no regime de recursos repetitivos).

Já no inciso III, a presença de repercussão geral da matéria discutida no RE se dá quando este impugnar acórdão que tenha reconhecido a inconstitucionalidade de tratado ou lei federal, nos exatos termos do art. 97 da Carta Política.

Por outro lado, conforme anteriormente destacado, cumpre ressaltar que, para que o recurso extraordinário alcance o seu destino fim – o STF – ao recorrente caberá a demonstração, em preliminar do recurso, da presença de repercussão geral (art. 1.035, § 2º) em seu apelo. Nisso, deve ficar desde já aqui devidamente consignado que a presente apreciação da matéria em tela será exclusiva da Corte Constitucional, ou seja, a avaliação da repercussão geral não enfrenta análise ou crivo do tribunal de origem (a quo), sendo ainda importante ratificar o preceito disposto no art. 1.035, caput, esse que sublinha a irrecorribilidade da decisão acerca do pronunciamento pelo STF sobre tal assunto.

Vale a pena aqui ainda destacar que, a bem verdade, um modelo de filtragem sobre demandas recursais extraordinárias aptas ou não a desembocarem na Corte Maior não é novidade entre nós, dada a própria existência da denominada "Arguição de Relevância" quando sob os auspícios da Constituição anterior (art. 119, III, a e d c/c § 1º da CF de 1967, alterada pela Emenda Constitucional 1, de 1969 c/c arts. 325, I a XI, e 327, § 1º, do RISTF, com redação dada pela Emenda Regimental n. 2 de 1985) expediente esse repelido pela Constituição de 1988.

É de se notar, no entanto, que, a despeito da denominada "filtragem recursal", Arguição de Relevância e Repercussão Geral, realmente, não se confundem, dado que enquanto a Arguição de Relevância funcionava como um instituto que visava possibilitar o conhecimento deste ou daquele recurso extraordinário a priori incabível, funcionando como um instituto com característica central inclusiva, a repercussão geral visa excluir do conhecimento do Supremo Tribunal Federal controvérsias que assim não se caracterizem.

A dita diferença, além daquela formal, soma-se ainda a questão do binômio relevância e transcendência, pois que, enquanto na arguição de Relevância nítido é o aspecto da própria relevância como a tônica a ser objetivada para a devida viabilidade recursal, no que se refere à repercussão geral, esta exige dimensão em maior escala, isto é, além do aspecto da relevância da matéria constitucional conflituosa avençada, a transcendência da questão debatida é ponto obrigatório de viabilidade recursal extraordinária.

1.9.4.4 *Procedimento no Supremo Tribunal Federal*

No que toca ao desenvolvimento do procedimento relativo ao reconhecimento ou não da incidência dos efeitos da repercussão geral, conforme já atestado em linhas anteriores, dispõe o § 2º do art. 1.035 que o recorrente "deverá demonstrar a existência de repercussão geral para apreciação exclusiva pelo Supremo Tribunal Federal."

Diante de tal dispositivo, cabem aqui, de início, duas importantes observações: 1ª) diferentemente do que ocorre com todos os requisitos de admissibilidade do recurso extraordinário, a repercussão geral é matéria a ser exclusivamente analisada pelo STF, sendo, pois, defeso ao juízo a quo avançar no campo apreciativo do presente requisito; 2ª) ainda que não acostado de forma expressa (diferentemente do que melhor fazia o art. 543-A, §2º do CPC/1973), é a repercussão geral, requisito antecedente e prejudicial a qualquer outro , cabendo, por isso, ao recorrente, antes mesmo de se enveredar para o apontamento de qualquer matéria, demonstrar o binômio relevância e transcendência, pois que, do contrário, não se conhecerá do RE impetrado.

De acordo com o art. 323, caput do Regimento Interno do Supremo Tribunal Federal (RISTF), quando não for caso de inadmissibilidade do recurso extraordinário por outra razão, o(a) Relator(a) ou o Presidente submeterá aos demais Ministros, por meio eletrônico, cópia de sua manifestação sobre a existência, ou não, de repercussão geral.

Insta destacar a possibilidade conferida ao Relator de, durante a análise da repercussão geral, permitir intervenção de terceiros interessados, por meio de procurador habilitado, tudo de acordo com o Regimento Interno do STF (§4º do art. 1.035 do CPC).

Na verdade, tal prática já era admitida nas ações que objetivam o controle de constitucionalidade, em que a presença do amicus curiae ("amigo da corte") tem todo sentido, na medida em que, além de aprimorar as decisões judiciais, amplia o canal participativo da sociedade no âmbito do próprio processo, firmando ainda mais seu caráter democrático e, mesmo se justificando em face da importância da repercussão que o julgamento pode ter sobre eventuais outros recursos, além daquele sob análise no momento.

Uma vez recebida a manifestação do(a) relator(a), "os demais Ministros encaminhar-lhe-ão, também por meio eletrônico, no prazo comum de vinte dias, manifestação sobre a questão da repercussão geral"(art. 324 do RISTF).Daí, eventual ministro que ficar vencido quanto à discussão preliminar acerca da repercussão geral da matéria objeto do RE, sendo ele o relator, perderá a relatoria do processo, havendo nova distribuição, excluindo-se desta redistribuição os demais ministros que acompanharam o voto vencido.

Por outro lado, não havendo no prazo de 20 (vinte) dias, manifestações suficientes para a recusa do RE (dois terços do Plenário, de acordo com o §3º do art. 102 da CF/1988), reputar-se-á como presente a repercussão geral.

Nota-se a que, a decisão sobre a presença de repercussão geral no RE realiza-se em plenário virtual (ou eletrônico), o que poderá ser acompanhado por meio do site do STF.

Notadamente, como bem salienta Medina , não se descarta a "possibilidade de a repercussão geral da questão não ser objeto de discussão em plenário virtual, mas em plenário presencial", visto já decidido pelo STF que o reconhecimento da repercussão geral de matéria pelo Plenário Virtual não obstaculiza o superveniente julgamento pelo Pleno desta Corte no sentido do não conhecimento do Recurso Extraordinário com fundamento na exigência de interpretação da legislação infraconstitucional e do direito local.

Uma vez reconhecida a repercussão geral, o relator no Supremo Tribunal Federal determinará a suspensão do processamento de todos os processos pendentes, individuais ou coletivos, que versem sobre a questão e tramitem no território nacional (§5º do art. 1.035 do CPC).

Poderá ainda o interessado pleitear junto ao presidente ou ao vice-presidente do tribunal de origem, que exclua da decisão de sobrestamento e inadmita o recurso extraordinário que tenha sido interposto intempestivamente, tendo o recorrente o prazo de 5 (cinco) dias para manifestar-se sobre esse requerimento. Do indeferimento do aludido pleito bem como da situação em que aplicar precedente de repercussão geral ou de recurso especial repetitivo caberá apenas agravo interno, nos termos do art. 1.021 do CPC. (§§6º e 7º do art. 1.035).

O CPC/2015 atento à regularidade temporal para os julgamentos do Poder Judiciário, estabeleceu em sede de RE com reconhecimento de repercussão geral, prazo para seu julgamento nos seguintes termos:

> *Art. 1.035.*
>
> *(...)*
>
> *§9º O recurso que tiver a repercussão geral reconhecida deverá ser julgado no prazo de 1 (um) ano e terá preferência sobre os demais feitos, ressalvados os que envolvam réu preso e os pedidos de habeas corpus.*

De outro modo, uma vez negada a repercussão geral no recurso extraordinário, a decisão do Pleno valerá para todos os recursos sobre matéria idêntica, portanto, caberá ao presidente ou o vice-presidente do tribunal de origem negar seguimento aos recursos extraordinários sobrestados na origem que versem sobre a matéria idêntica referida (§8º do art. 1.035), esses ainda pendentes de apreciação.

Por fim, sustenta § 11 do art. 1.035 que a súmula da decisão sobre a repercussão geral deverá constar de ata, essa que será publicada no Diário Oficial, valendo, então, como acórdão.

1.9.5 Julgamento dos Recursos Extraordinários Repetitivos

A aferição da repercussão geral, bem como os efeitos de sua existência ou não, sofre específicas adaptações quando, diante de uma multiplicidade de recursos aos quais se fundamentam em idêntica controvérsia, tal qual se observa com frequência, por exemplo, em conflitos de massa, ensejando-se daí múltiplos recursos que se pautam em uma mesma controvérsia jurídica.

Ao mesmo tempo, aludida situação também acontece em sede de recursos extraordinários e especiais, não tendo qualquer sentido exigir que tanto o Supremo Tribunal Federal como o Superior Tribunal de Justiça julgue inúmeras vezes dando a mesma solução a respeito de uma mesma questão de direito. Daí a necessidade de se julgar em bloco, sendo nominada pelo CPC/2015 dita ocorrência de "Julgamento dos Recursos Extraordinário e Especial Repetitivos".

Aqui, por tudo já explicado, enfrentaremos a temática tão somente acerca dos Recursos Extraordinários, o que nos toca em sede de Juizados Especiais.

Diante disso, expressa o *caput* do art. 1.036 do CPC:

> *Sempre que houver multiplicidade de recursos extraordinários ou especiais com fundamento em idêntica questão de direito, haverá afetação para julgamento de acordo com as disposições desta Subseção, observado o disposto no Regimento Interno do Supremo Tribunal Federal e no do Superior Tribunal de Justiça.*

Dentro dessa perspectiva, continua em avanço o § 1º do supracitado artigo:

> *O presidente ou o vice-presidente de tribunal de justiça ou de tribunal regional federal selecionará 2 (dois) ou mais recursos representativos da controvérsia, que serão encaminhados ao Supremo Tribunal Federal ou ao Superior Tribunal de Justiça para fins de afetação, determinando a suspensão do trâmite de todos os processos pendentes, individuais ou coletivos, que tramitem no Estado ou na região, conforme o caso.*

Assim, existindo uma diversidade de recursos extraordinários que tratem de uma mesma controvérsia, por amostragem, em analogia ao dispositivo em tela, deverá a Turma Recursal, por meio de seu Presidente selecionar 2 (dois) ou mais recursos que a representem, para, então, enviá-los ao Supremo Tribunal Federal para fins de afetação, determinando o sobrestamento de todos os processos individuais e/ou coletivos pendentes, logicamente, sobre a mesma matéria e que tramitem no Estado ou região, até o pronunciamento definitivo sobre a questão por parte STF.

Neste ínterim, há de se ponderar por uma escolha dialogada no tocante à remessa de específicos recursos para as Cortes Superiores, afigurando apropriado para o caso e quando viável ouvir "entidades de classe para proceder à escolha (por exemplo, OAB, MP etc.), quiçá organizando sessão pública para tanto", podendo, inclusive, e de acordo com o art. 24, XI, da CF/88, tal expediente ser devidamente contemplado nos regimentos internos dos Tribunais de origem.

Interessante notar que a escolha dos recursos selecionados pela Turma Recursal em questão, não vinculará o relator no STF, este que poderá selecionar outros recursos representativos da controvérsia, como também poderá selecionar para julgamento da questão, 2 (dois) ou mais recursos representativos da controvérsia, independentemente da escolha do presidente ou do vice-presidente do tribunal de origem (§§4º e 5º do art. 1.036).

De certo, somente poderão ser selecionados recursos extraordinários que, efetivamente, contenham argumentação e discussão relativas ao enfrentamento da questão a ser decidida, como bem sustenta o §6º do art. 1.036 do CPC.

Poderá o interessado pleitear junto ao presidente ou ao vice-presidente do tribunal de origem (Turma Recursal), que exclua da decisão de sobrestamento e inadmita o recurso extraordinário que tenha sido interposto intempestivamente, tendo o recorrente o prazo de 5 (cinco) dias para manifestar-se sobre esse requerimento. Da decisão que indeferir o aludido requerimento caberá apenas agravo interno, nos termos do art. 1.021(§§2º e 3º do art. 1.036).

1.9.5.1 Ocorrência da afetação

Uma vez selecionados os recursos representativos da controvérsia, o relator no STF, confirmando a presença da multiplicidade de recursos com idêntica questão de direito, proferirá decisão de afetação , esta que, de acordo com o art.1.037 e seus incisos:

a) identificará com precisão a questão a ser submetida a julgamento;

b) determinará a suspensão do processamento de todos os processos pendentes, individuais ou coletivos, que versem sobre a questão e tramitem no território nacional.

Neste caso, as partes deverão ser intimadas da decisão de suspensão de seu processo, esta a ser proferida pelo juiz ao relator de seu processo (§8º do art. 1.037).

Poderão ainda as aludidas partes, desde que demonstrando a distinção entre a questão a ser decidida em seus processos e aquela a ser julgada em sede de RE afetado, requerer o prosseguimento de seus processos, pedido este que será dirigido ao juiz (caso o processo esteja sobrestado em primeiro grau); ao relator (estando o processo sobrestado no tribunal de origem); ao relator do acórdão recorrido (caso seja sobrestado RE no tribunal de origem), ou ao relator, no tribunal superior (STF) tudo conforme regrado pelo §§10, I, II, III, IV do art. 1.037 do CPC.

Deverá a outra parte ser ouvida acerca do presente requerimento, isso no prazo de 5 (cinco) dias (§11 do art. 1.037).

Uma vez reconhecida a distinção, objeto do digitado requerimento, o próprio juiz ou relator dará prosseguimento ao processo, exceto quanto ao relator do acórdão recorrido, caso seja sobrestado RE na Turma Recursal. Em tal caso, deverá aludido relator comunicar a decisão ao presidente ou ao vice-presidente que houver determinado o sobrestamento, para que o RE seja encaminhado ao respectivo tribunal superior, na forma do art. 1.030, parágrafo único.

Da decisão que decidir o presente requerimento, de acordo com o que determina o §13 do art. 1.037, I e II, caberá:

- agravo de instrumento, se o processo estiver em primeiro grau;[50]

- agravo interno, se a decisão for de relator.

c) poderá requisitar ao presidente ao Presidente da Turma Recursal a remessa de um recurso representativo da controvérsia.

Em tal hipótese, quando os recursos representativos da controvérsia possuir outras questões além daquela, objeto da afetação, caberá ao Tribunal Superior decidir sobre dita afetação em primeiro lugar, para então após, julgar as demais, aí em acórdão específico para cada processo, *ex vi* do §7º do art. 1.037 do CPC.

Havendo mais de uma afetação relativa à mesma controvérsia, encaminhada a relatores distintos, prevento será o relator que primeiro tiver proferido a decisão relativa à afetação inicial. (§3º do art. 1.037).

Insta ressaltar que, para fins de efetivar a própria duração razoável do processo, não respeitado o prazo para decisão acerca dos recursos afetados, prazo este de 1 (um) ano, cessam, automaticamente, em todo território nacional, a afetação e a suspensão dos processos, que voltarão ao seu curso normal.

Aludida questão é bem sublinhada pelo §4º do art. 1.037, nos seguintes termos:

"§4º Os recursos afetados deverão ser julgados no prazo de 1 (um) ano e terão preferência sobre os demais feitos, ressalvados os que envolvam réu preso e os pedidos de habeas corpus."

1.9.5.2 Não ocorrência da afetação

Caso, após o recebimento dos recursos selecionados pelo presidente da Turma Recursal não se proceder à afetação, deverá o relator, no STF, comunicar o fato

---

[50] Cf. no presente Capítulo, nossas considerações acerca do cabimento de Agravo de Instrumento em sede de Juizados Especiais.

ao presidente daquela Turma Recursal que os houver enviado, para que seja revogada a decisão de suspensão de todos os processos pendentes, individuais ou coletivos, que tramitem no Estado ou região, conforme o caso, em analogia ao §1º do art. 1.037.

1.9.5.3 Julgamento dos recursos repetitivos

Para que o relator possa elaborar seu relatório e voto, após a afetação dos recursos remetidos pelos tribunais de origem (Turmas Recursais), poderá admitir as seguintes possibilidades participativas:

- solicitar ou admitir manifestação de pessoas, órgãos ou entidades com interesse na controvérsia, considerando a relevância da matéria e consoante dispuser o regimento interno;

- fixar data para, em audiência pública, ouvir depoimentos de pessoas com experiência e conhecimento na matéria, com a finalidade de instruir o procedimento;

- requisitar informações aos tribunais inferiores a respeito da controvérsia e, cumprida a diligência, intimará o Ministério Público para manifestar-se, sempre no prazo de 15 (quinze) dias (art. 1.038, caput e incisos I, II e III e §1º).

Daí

> Art.1.038
>
> (...)
>
> §2º Transcorrido o prazo para o Ministério Público e remetida cópia do relatório aos demais ministros, haverá inclusão em pauta, devendo ocorrer o julgamento com preferência sobre os demais feitos, ressalvados os que envolvam réu preso e os pedidos de habeas corpus.
>
> §3º O conteúdo do acórdão abrangerá a análise dos fundamentos relevantes da tese jurídica discutida.

Uma vez decididos os recursos afetados, o tribunal superior competente declarará prejudicados os demais recursos versando sobre a idêntica controvérsia ou, do contrário, decidirão aplicando a tese firmada (art. 1.039, caput).

No caso de recurso extraordinário afetado, negada a existência de repercussão geral, serão considerados automaticamente inadmitidos os recursos extraordinários sobrestados na origem, de acordo com o que disciplina do parágrafo único do art. 1.039 do CPC.

Uma vez publicado o acórdão paradigma:

> Art. 1.040 (...)
>
> I - o presidente ou o vice-presidente do tribunal de origem negará seguimento aos recursos especiais ou extraordinários sobrestados na origem, se o acórdão recorrido coincidir com a orientação do tribunal superior;

II - o órgão que proferiu o acórdão recorrido, na origem, reexaminará o processo de competência originária, a remessa necessária ou o recurso anteriormente julgado, se o acórdão recorrido contrariar a orientação do tribunal superior;

III - os processos suspensos em primeiro e segundo graus de jurisdição retomarão o curso para julgamento e aplicação da tese firmada pelo tribunal superior;

IV - se os recursos versarem sobre questão relativa a prestação de serviço público objeto de concessão, permissão ou autorização, o resultado do julgamento será comunicado ao órgão, ao ente ou à agência reguladora competente para fiscalização da efetiva aplicação, por parte dos entes sujeitos a regulação, da tese adotada.

Em se tratando de ação em curso no primeiro grau de jurisdição, a parte que a propôs poderá dela desistir, isso caso não haja sentença ainda proferida e desde que a questão nela discutida seja idêntica àquela resolvida pelo recurso representativo da controvérsia. Frise-se: tal desistência independe do consentimento do réu, ainda que já apresentada a contestação (§§1º e 3º do art. 1.040 do CPC).

Notadamente, ocorrendo a aludida desistência da demanda antes de oferecida a contestação, ficará a parte desistente isenta do pagamento de custas e de honorários sucumbenciais, conforme autorização do §2º do art. 1.040, isto já justiça comum, pois que em sede de juizados não há a ocorrência de custas e honorários quando se trata de demandas tramitando em 1ºgrau.

Por fim, consta previsão da possibilidade de o Tribunal de origem manter o acórdão por ele proferido, mesmo diante do julgamento em sede de recursos repetitivos, correspondendo em tal hipótese, na própria violação do precedente. Neste caso, deverá o recurso especial ou extraordinário ser remetido ao respectivo tribunal superior (art. 1.041, caput do CPC).

De outra banda, uma vez realizado o juízo de retratação pelo tribunal de origem, alterando assim o acórdão proferido, portanto, até então divergente do precedente firmado pelo tribunal superior em julgamento de recursos repetitivos, se for o caso, decidirá as demais questões ainda não decididas, cujo enfrentamento se tornou necessário em virtude da alteração supracitada (§1º do art. 1.041).

Havendo necessário reexame do recurso pelo tribunal de origem, objetivando com isso dar alinhamento à tese reconhecida no precedente firmado pelo tribunal superior em julgamento de recursos repetitivos, caberá ao presidente da turma recursal recorrida, após dito reexame e independentemente de ratificação do recurso, sendo positivo o juízo de admissibilidade, determinar a remessa do recurso ao tribunal superior para julgamento das demais questões, tudo em sintonia com o que determina o §2º do art. 1.041.

2. Aplicabilidade aos Juizados Especiais do Incidente de Resolução de Demandas Repetitivas - IRDR

É fato que o volume da litigância judicial, seja individual ou coletiva é fator que assola o serviço público da justiça no Brasil.

Em dados do Conselho Nacional de Justiça – CNJ encontram-se espalhados pelos foros brasileiros mais de 100 milhões de processos em andamento,[51] o que, de certo, desafia qualquer racionalidade para fins de melhora em um curto espaço de tempo, da prestação jurisdicional pátria em uma duração razoável e satisfatória.

Não obstante a isso, o CPC/2015, objetivando racionalizar o processamento de julgamento de demandas tidas como repetitivas que se apresentam no âmbito do Judiciário pátrio, regulou o denominado Incidente de Resolução de Demandas Repetitivas - IRDR (arts.976-987), estendendo o resultado e respeito no que se refere ao seu julgamento também aos Juizados Especiais, senão vejamos:

> Art. 985. *Julgado o incidente, a tese jurídica será aplicada:*
>
> I - *a todos os processos individuais ou coletivos que versem sobre idêntica questão de direito e que tramitem na área de jurisdição do respectivo tribunal, inclusive àqueles que tramitem nos juizados especiais do respectivo Estado ou região;*
>
> (...).

Como enfrentaremos mais adiante, a instauração do IRDR se dará nas esferas dos Tribunais de Justiça Estaduais e nos Tribunais Regionais Federais, e isso é fator de relevância na análise de seu cabimento em sede dos Juizados Especiais, pois que cediço é que os juízes que o compõem não se submetem em hierarquia jurisdicional aos TJ's e/ou TRF's, mas à sua própria Turma Recursal. Aliás, tal entendimento se faz lastro na Súmula n.376 do Superior Tribunal de Justiça:

"Compete a turma recursal processar e julgar o mandado de segurança contra ato de juizado especial."

Não obstante a isso, o mesmo STJ possui entendimento de que cabe ao Tribunal Estadual ou ao Tribunal Regional Federal processar e julgar Mandado de Segurança contra ato praticado pelo Juizado Especial com vistas a controlar sua competência.[52]

---

[51] Disponível em: <http://www.cnj.jus.br/programas-e-acoes/politica-nacional-de-priorizacao--do-1-grau-dejurisdicao/dad os-estatisticos-priorizacao>. Acesso em 28.08.2018.

[52] RECURSO ORDINÁRIO EM MANDADO DE SEGURANÇA. CONTROLE DE COMPE-TÊNCIA PELO TRIBUNAL DE JUSTIÇA. JUIZADOS ESPECIAIS CÍVEIS. MANDADO DE

Em verdade, ainda que haja conteúdos vacilantes quanto à submissão hierárquica dos juízes dos Juizados ao Tribunal de Justiça Estadual ou Regional Federal respectivo, dúvidas não há quanto ao necessário respeito à racionalidade de decisões tidas em âmbito de matéria de direito repetitivas. Soam a própria lógica de um sistema que busca a segurança jurídica e previsibilidade das decisões, o que, de certo, estabiliza o próprio ordenamento jurídico vinculado à sua interpretação normativa.

Nestes termos, entendemos a vinculação do Microssistema dos Juizados Especiais às decisões em sede de IRDR julgadas pelos Tribunais de Justiça Estaduais (Juizados Especiais Estaduais e da Fazenda Pública) e Regionais Federais (Juizados Especiais Federais).

As grandes questões surgem quando encontramos (i) decisões díspares entre os próprios órgãos dos Juizados bem como (ii) entre estes e as decisões dos Tribunais Estaduais e/ou Regionais Federais e aí, em sede de IRDR.

Quanto à primeira problemática, cediço é que no âmbito dos Juizados Especiais Federais, o conflito de decisões neste ambiente se dá por meio do pedido de uniformização de jurisprudência, *ex vi* da Lei n.10.259/2001:

> *Art. 14. Caberá pedido de uniformização de interpretação de lei federal quando houver divergência entre decisões sobre questões de direito material proferidas por Turmas Recursais na interpretação da lei.*
>
> *§ 1º O pedido fundado em divergência entre Turmas da mesma Região será julgado em reunião conjunta das Turmas em conflito, sob a presidência do Juiz Coordenador.*
>
> *§ 2º O pedido fundado em divergência entre decisões de turmas de diferentes regiões ou da proferida em contrariedade a súmula ou jurisprudência dominante do STJ será julgado por Turma de Uniformização, integrada por juízes de Turmas Recursais, sob a presidência do Coordenador da Justiça Federal.*

Ainda assim, o Enunciado n. 181 admite a própria instauração do Incidente de Resolução de Demandas Repetitivas - IRDR[53] em sede de Juizados Especiais Federais, sendo este julgado por órgão colegiado de uniformização, *ex vi*:

SEGURANÇA. CABIMENTO. COMPETÊNCIA DOS JUIZADOS PARA EXECUTAR SEUS PRÓPRIOS JULGADOS. 1. É possível a impetração de mandado de segurança com a finalidade de promover o controle de competência nos processos em trâmite nos juizados especiais. 2. Compete ao próprio juizado especial cível a execução de suas sentenças independentemente do valor acrescido à condenação. 3. Recurso ordinário desprovido.
(STJ. 3ª T. RMS: 41964 GO 2013/0104769-0, Rel. Min. João Otávio De Noronha, Data de Julgamento: 06.02.2014, T3 - TERCEIRA TURMA, Data de Publicação: DJe 13.02.2014).
[53] Sobre toda a sistemática processual e procedimental do Incidente de Resolução de Demandas Repetitivas, ver, dentre outros, o nosso *Instituições de Direito Processual Civil*. 3 ed. Salvador:

"Admite-se o IRDR nos juizados especiais federais, que deverá ser julgado por órgão colegiado de uniformização do próprio sistema (Aprovado no XIV FONAJEF)".

Já, com relação aos Juizados Especiais da Fazenda Pública no âmbito dos Estados, do Distrito Federal, dos Territórios e dos Municípios, a questão do conflito entre seus julgados foi prevista pela Lei n.12.153/2009 nos seguintes termos:

> *Art. 18. Caberá pedido de uniformização de interpretação de lei quando houver divergência entre decisões proferidas por Turmas Recursais sobre questões de direito material.*
>
> *§ 1º O pedido fundado em divergência entre Turmas do mesmo Estado será julgado em reunião conjunta das Turmas em conflito, sob a presidência de desembargador indicado pelo Tribunal de Justiça.*
>
> *§ 2º No caso do § 1º, a reunião de juízes domiciliados em cidades diversas poderá ser feita por meio eletrônico.*
>
> *§ 3º Quando as Turmas de diferentes Estados derem a lei federal interpretações divergentes, ou quando a decisão proferida estiver em contrariedade com súmula do Superior Tribunal de Justiça, o pedido será por este julgado.*
>
> *Art. 19. Quando a orientação acolhida pelas Turmas de Uniformização de que trata o § 1º do art. 18 contrariar súmula do Superior Tribunal de Justiça, a parte interessada poderá provocar a manifestação deste, que dirimirá a divergência.*

Nota-se que quanto aos Juizados Especiais Estaduais, a Lei n.9.099/95 não disciplinou qualquer previsão acerca do pedido de uniformização de jurisprudência decorrente desta justiça especial, o que se faria entender a aplicação por analogia do modelo previsto na Lei n.12.153/2009 retro referido, tudo em nome do reconhecimento de um microssistema dos Juizados Especiais, conforme dita o art. 1º, parágrafo único desta Lei.[54]

No entanto, não é isso que se observa, em geral, na vida forense, seja pelo não reconhecimento pragmático estimulador de dito procedimento ou mesmo pela ausência de regramento legal.

JusPodivm, 2017, p. 649-659 ; MARINONI, Luiz Guilherme. *Incidente de Resolução de Demandas Repetitivas. Decisão de questão idêntica x Precedente*. São Paulo: RT, 2016; TEMER, Sofia. *Incidente de Resolução de Demandas Repetitivas*. 2 ed. Salvador: JusPodivm, 2017.

[54] *"Art. 1º Os Juizados Especiais da Fazenda Pública, órgãos da justiça comum e integrantes do Sistema dos Juizados Especiais, serão criados pela União, no Distrito Federal e nos Territórios, e pelos Estados, para conciliação, processo, julgamento e execução, nas causas de sua competência. Parágrafo único. O sistema dos Juizados Especiais dos Estados e do Distrito Federal é formado pelos Juizados Especiais Cíveis, Juizados Especiais Criminais e Juizados Especiais da Fazenda Pública."*

Alguns tribunais têm levado em seus regimentos internos – e o que pensamos, acertadamente - a disciplina quanto à composição de uniformização de jurisprudência em sede de Juizados Especiais Estaduais, como por exemplo, o Tribunal de Justiça de Minas Gerais, ao prever em seu RI, o seguinte:

> *Art. 11. Os órgãos do Tribunal de Justiça funcionam com o seguinte quórum mínimo e periodicidade:*
>
> *(...)*
>
> *VII - **a Turma de Uniformização de Jurisprudência dos Juizados Especiais**, sempre que convocada por seu presidente, com quatro quintos de sua composição;*
>
> *Parágrafo único. Salvo disposição em contrário, de lei ou deste regimento, as decisões serão tomadas:*
>
> *I - por maioria absoluta:*
>
> *(...)*
>
> *c) **o pedido de uniformização de jurisprudência dos juizados especiais**; (Redação dada pela Emenda Regimental n° 6, de 2016).* (Grifo nosso)

Com relação à outra questão tida como relevante é aquela da eventual discrepância entre as decisões dos Juizados Especiais, quer Estaduais, Federais ou da Fazenda Pública com decisões dos Tribunais Estaduais e/ou Regionais Federais em sede de acórdão proferido em IRDR. Neste caso, a solução seria outra.

Nisso, não sendo seguido pelos Juizados o acórdão proferido em IRDR pelo TJ ou TRF, caberá certeiramente a Ação de Reclamação para o respectivo tribunal, conforme bem disciplina o art. 988, II do CPC/2015, favorecendo assim o respeito e a uniformidade das decisões, fortalecendo a previsibilidade racional e integridade do próprio sistema normativo.

3. Ação Rescisória e sua inadmissibilidade

A fim de se evitar que a parte prejudicada fique sem um meio jurídico para sanar o vício, o CPC prevê a Ação Rescisória (art. 996 e ss. do CPC/2015), esta que representa o meio que tem a parte de valer-se para intentar a declaração de invalidade de uma decisão judicial com resolução de mérito (art. 487 do CPC/2015).

Na sistemática dos Juizados Especiais Cíveis Estaduais, a Lei n. 9.099/95 se ocupa do art.59 para inadmitir tal ação nos seguintes termos:

"Art. 59. Não se admitirá ação rescisória nas causas sujeitas ao procedimento instituído por esta Lei."

Nota-se, portanto, que de maneira direta a lei supra nega a alteração do *decisum* por meio da conhecida *actio*.

Nada obsta a que a parte possa por meio da ação ordinária de nulidade - *Querella Nulitatis* - requerer a nulidade da sentença, a fim de restaurar a decisão final transitada em julgada, recompondo a exigência do devido processo legal em sede procedimental, de modo a auferir o exigido grau de validade e regularidade na demanda que evidenciar quebra na igualdade de "armas", ou seja, práticas processuais sem o respeito ao contraditório regular, atos praticados por juiz absolutamente incompetente, ausência de citação de acordo com a forma legalmente prevista etc..[55]

---

[55] Sobre o assunto, mais precisamente acerca da *Querela Nullitatis* e suas incidências, ver o nosso *Instituições de Direito Processual Civil*.3 ed. Salvador: JusPodivm, 2017, p.323 e ss.

III

EXECUÇÃO NOS JUIZADOS ESPECIAIS CÍVEIS ESTADUAIS

1. Introdução

No sistema dos Juizados Especiais Cíveis Estaduais, a execução da sentença de seus julgados será processada em seu próprio âmbito, sendo regulada pelos art. 52 e ss. da própria Lei n. 9.099/95, aplicando-se subsidiariamente o CPC. [1]

Vale lembrar que as vias satisfativas de direito foram por demais modificadas no plano do CPC, tudo por conta do advento, sobretudo, das Leis n. 11.232 e 11.382/06. [2]

Por conta disso, pontos particulares da Execução em tal seara dos Juizados merecem atenção e contornos especiais, pois que permanecem no exato esquema de ideias traçadas pela *lex* normatizadora do aludido Juizado, cabendo, portanto, aplicação subsidiária ao Código de Processo Civil naquilo que for compatível com a LJE.

---

[1] Sobre a subsidiariedade ao CPC, ver: ASSIS, Araken de. *Execução Civil nos Juizados Especiais.* 4 ed. São Paulo: RT, 2006, p.47-50; THEODORO JÚNIOR, Humberto. *O Mandado de Segurança segundo a Lei n. 12.016, de 07 de agosto de 2009...*, p.63.; FIGUEIRA JÚNIOR, Joel Dias. *Manual dos Juizados Especiais Cíveis Estaduais e Federais...*, p.32-33.

[2] Confira toda a exposição acerca do assunto na Parte I de nosso *Direito Processual Civil*. Vol. II. Belo Horizonte: Del Rey, 2008, mais precisamente no que se refere às Vias Satisfativas de Direito no Sistema Processual Civil pátrio - Tutela Específica, Cumprimento da Sentença e Processo de Execução - conteúdos diretamente relacionados à Execução nos Juizados Especiais Cíveis Estaduais, quando da respectiva subsidiariedade desta ao CPC.
Sobre o assunto, ver também por todos, ASSIS, Araken de.Ob.cit, p.26-46.

2. Execução de Títulos Judiciais

De início, o art. 52 da Lei nº 9.099 elenca conteúdos aos quais a execução de sentença deva particular alteração em face do sistema processual civil comum. Nisto, inicialmente, destaca-se:

"I - as sentenças serão necessariamente líquidas, contendo a conversão em Bônus do Tesouro Nacional - BTN ou índice equivalente;".

Nota-se que não haverá liquidação de sentença, ou seja, em sede juizados Especiais a sentença será sempre líquida, conforme já observado quando da análise do conteúdo da sentença (art. 38, parágrafo único), não ensejando nem mesmo a figura do contador para tal

No que toca à atualização do débito, com a incidência, portanto, da correção monetária, o próprio art. 52, inc. I dá conta disso ao prever o indexador oficial para tanto. Por outro lado, no que se refere aos honorários bem como à conversão eventual de índices e a outras parcelas tais como multas e juros, a realização de todo o cálculo aritmético será praticada por servidor da secretaria do Juizado Especial, dispensando-se daí a respectiva liquidação por cálculo do contador. Tudo isto devidamente assegurado pelo inciso II do art. 52, prescrevendo este que *"os cálculos de conversão de índices, de honorários, de juros e de outras parcelas serão efetuados por servidor judicial. "*

Com relação ao processamento dos atos em audiência e a devida intimação, desde já, ao vencido, para dar cabo ao cumprimento da obrigação reconhecida pela sentença, de bom alvitre se faz tal imediatidade, dando luz à celeridade bem como à devida economia processual a que se dirige o presente rito procedimental. É o que se nota do art. 52, III:

> *"III - a intimação da sentença será feita, sempre que possível, na própria audiência em que for proferida. Nessa intimação, o vencido será instado a cumprir a sentença tão logo ocorra seu trânsito em julgado, e advertido dos efeitos do seu descumprimento (inciso V); (....)."*

Somando-se à possibilidade de imputação das *astreintes* (multa cominatória) neste momento (*ex vi* do inciso V do art. 52), presta-se compromisso o Juizado com a perseguida efetividade processual de que urge o processo civil de resultados, de modo a que a provocação ao órgão estatal que presta serviço público essencial não seja apenas reconhecida como uma mera etapa na perpetuação indiscriminada de descumprimento do direito material devido, valendo lembrar que o próprio condenado a cumprir a obrigação, seja esta de que natureza for, será instado a obedecer ao julgado tão logo seja intimado da sentença, comunicação esta realizada, preferencialmente, já na própria audiência de instrução e julgamento.

Por outro lado, em não sendo cumprida voluntariamente a sentença e daí, operado o trânsito em julgado da mesma, uma vez solicitado (expressa ou verbalmente) pelo vencedor interessado, proceder-se-á desde logo à execução, dispensada nova citação, como assegura o inciso IV do digitado art. 52.

2.1 Obrigações de Fazer, Não Fazer e Entregar

No que se refere às obrigações de fazer, não fazer e entregar, o juiz, na própria sentença ou mesmo na fase executiva, cominará multa diária (*astreinte*), esta a ser arbitrada conforme as condições econômicas do devedor, logicamente, tudo por conta de seu inadimplemento, *ex vi* do art.52, V, 1ª parte.

Ainda assim não cumprida a obrigação, facultado será ao credor solicitar a majoração no valor da multa a fim de conferir maior impacto, sobretudo de ordem psicológica e pecuniária, sobre a vontade recalcitrante do devedor, de modo a compeli-lo ao cumprimento efetivo da obrigação devida.

Poderá o autor requerer a reversão da obrigação originariamente devida em perdas e danos, esta que será arbitrada desde já pelo magistrado, prosseguindo então a execução por quantia certa, incluída aí a multa vencida decorrente da imposição para o cumprimento voluntário da obrigação não cumprida, quando evidenciada a malícia do devedor na execução do julgado.

Acresce-se ainda, em sede de obrigações de fazer, não fazer e entregar, casos de obrigações consideradas "fungíveis"[3], tendo então possibilidade de o juiz determinar o cumprimento da obrigação por outrem, fixando o valor que o devedor deverá depositar para as despesas da execução, sob pena de determinação de multa cominatória diária. É o que se confere abaixo:

> "VI - na obrigação de fazer, o Juiz pode determinar o cumprimento por outrem, fixado o valor que o devedor deve depositar para as despesas, sob pena de multa diária;"

2.2 Obrigação de Pagar Quantia Certa

Uma vez condenado ao pagamento de quantia certa, dado que já visto por nós não se admitir em nível de Juizados Especiais Cíveis Estaduais as sentenças líquidas, o devedor, não cumprindo a sua obrigação, tendo aí operado o trânsito em julgado da sentença judicial condenatória, ter-se-á início o procedimento para a satisfação do direito do exequente, mirando-se na expropriação dos bens do devedor que bastem para o pagamento do débito reconhecido por sentença, valendo lembrar que não será necessário após o aludido trânsito em julgado, realizar nova

---

[3]   Sobre o assunto, cf. o nosso *Tutela Específica das Obrigações de Fazer...*, 2017, p.41-43.

citação do devedor condenado, pois que o mesmo já fora intimado da decisão tão logo prolatada pelo juiz,, tudo conforme o já citado inciso III do art. 52 da LJE.[4]

Importantíssimo notar que o inciso IV do art. 52, atesta a ideia da dispensa de nova citação do devedor visto que, de acordo com o outrora citado inciso III do art. 52, o devedor, intimado da decisão, deve cumpri-la, sendo advertido das consequências do seu descumprimento, aplicando-se efetiva e subsidiariamente aí o art. 523, §1º do CPC/2015, de modo que, tratando-se de execução por quantia certa, incide a multa de 10% sobre o valor reconhecido, i.e, devido em sentença, multa esta prevista no mencionado dispositivo, isto quando, uma vez transitado em julgado a sentença condenatória, o condenado não venha a cumprir o julgado no prazo de 15 dias de seu trânsito.

Ainda que o valor (condenação somada aos 10% da multa) supere o valor de alçada de 40 salários mínimos estabelecido pela LJE, óbice não haverá para a satisfação da obrigação no âmbito do presente Juizado. É o que referenda o Enunciado n. 97 do FONAJE:

> *A multa prevista no art. 523, § 1º, do CPC/2015 aplica-se aos Juizados Especiais Cíveis, ainda que o valor desta, somado ao da execução, ultrapasse o limite de alçada; a segunda parte do referido dispositivo não é aplicável, sendo, portanto, indevidos honorários advocatícios de dez por cento.*

De tudo, nota-se a aplicabilidade ao procedimento dos Juizados Especiais, no que não forem conflitantes com as regras específicas nele estabelecidas.

Por derradeiro nesta razão, tem-se o Enunciado 106 do mesmo FONAJE, ratificando a subsidiariedade do CPC, mais precisamente no procedimento do microssistema processual dos Juizados Especiais Cíveis Estaduais em tal seara:

> *"Havendo dificuldade de pagamento direto ao credor, ou resistência deste, o devedor, a fim de evitar a multa de 10%, deverá efetuar depósito perante o juízo singular de origem, ainda que os autos estejam na instância recursal".*

Não havendo a realização de quitação da obrigação devida e uma vez realizada a avaliação e penhora dos bens necessários à quitação do débito contido no respectivo título executivo judicial, inclusive pressuposto necessário para o processamento dos Embargos do Devedor, que, igualmente rejeitado, do produto da penhora, poderá o juiz autorizar a alienação dos bens por parte do

---

[4] Insista-se em reproduzir:
"III - a intimação da sentença será feita, sempre que possível, na própria audiência em que for proferida. Nessa intimação, o vencido será instado a cumprir a sentença tão logo ocorra seu trânsito em julgado, e advertido dos efeitos do seu descumprimento (inciso V);".

próprio devedor, do credor ou ainda de terceira a pessoa idônea – *v.g.*, corretor de imóveis ou de veículos automotores – sendo tal alienação aperfeiçoada até a data fixada para a praça ou leilão. Caso o valor a ser ofertado pela aquisição do bem seja inferior àquele da avaliação, as partes serão ouvidas para o devido aceite ou não.

Nesta mesma toada, bem pontua Hélio Martins Costa: "A alienação se dará por qualquer oferta e em quaisquer condições, mas, se oferecido valor inferior ao da avaliação, as partes serão ouvidas antes da sua aceitação. O juiz decidirá a questão de forma justa e equânime, atendendo aos fins sociais da lei e às exigências do bem comum (art. 6.º)."[5]

Objetivando o não encarecimento da alienação de bens, o art. 52, VIII, autoriza a dispensa de publicação de editais em jornais quando se tratar de alienação de bens de pequeno valor.

Neste caso, a alienação deverá ser publicitada em editais no próprio átrio do fórum, devendo constar todos os elementos identificadores do bem exposto à alienação, notadamente, não se atendo a todos os formalismos exigidos pelo CPC.[6]

Uma vez aperfeiçoada a alienação em juízo, será elaborado o auto e expedida a respectiva carta de arrematação.[7]

2.3 Embargos do Devedor

Poderá o devedor, no âmbito dos Juizados Especiais, opor-se à execução por meio dos Embargos, regra especial que continua vigendo mesmo depois do advento da Lei 11.232/2005 (art. 52, IX, da Lei 9.099/95). Falamos isto dada a existência da denominada "Impugnação" (art. 525 do CPC/2015), peça de defesa do executado no procedimento do Cumprimento da Sentença, o que aqui então não se operou sua incidência por completo, por conta da própria compatibilidade dos Embargos com o rito sumaríssimo.[8]

---

[5] COSTA, Hélio Martins. *Lei dos Juizados Especiais Cíveis*. 3 ed. Belo Horizonte: Del Rey, 2002, p. 247.

[6] No mesmo sentido, ALVIM, J.E. Carreira. *Juizados Especiais Cíveis Estaduais*. Revista e Atualizada por Luciana Gontijo Carreira Alvim.4 ed. Curitiba: Juruá,2009, p.148.

[7] COSTA, Hélio Martins. Ob. cit., p. 247.

[8] Muito bem aponta Araken de Assis (Ob. cit. p.225), acerca da manutenção do sistema dos Embargos em sede de execução no s Juizados Especiais, dada a regulação hoje da denominada "Impugnação", advinda da Lei n. 11232/05, e inclusa no sistema do CPC, quando diante de execução de título executivo judicial para pagamento de quantia certa. Leciona o autor: "Manteve o art. 52, IX, da Lei 9.009/95 o tradicional meio de oposição do executado à pretensão executiva: os embargos. Idêntica possibilidade existe, a demais, na execução fundada em título extrajudicial, segundo o art. 53, §1º, da Lei 9.099/95. Logo, a defesa do executado não se realiza através da 'impugnação' prevista no art. 475-L do CPC, no caso aplicável subsidiariamente. Advirta-se, porém, que sob o rótulo da 'impugnação' sobrevive, na verdade, a oposição do executado, conhecida como 'embargos'."

Assim, após a segurança do juízo[9] com a penhora e a devida intimação do executado[10], fluirá o prazo para o oferecimento dos Embargos que é de 15 (quinze) dias[11], sendo eles opostos nos próprios autos da execução, não havendo, portanto, autuação em apartado.

A matéria arguível em sede de Embargos será restrita aos casuísmos do art. 52, IX, nas seguintes ocorrências:

I - falta ou nulidade da citação no processo, se ele correu à revelia;

A falta ou nulidade da citação no processo, que é aquele de conhecimento, não poderia mesmo receber tratamento diferente do comezinho, pois que crava de nulidade os atos sem a participação efetiva do réu em contraditório, o que por si só, não mereceria maiores explicações.

Fato é que, uma vez demonstrada a presente ocorrência, será declarada como consequência a nulidade de todo o processo a fim de seja refeita a marcha processual, partindo-se da prática do direito de defesa do réu com suas devidas respectivas razões, tudo em respeito ao devido processo legal.

II - manifesto excesso de execução;

Já com relação a este inciso II, ao contrário da regra insculpida no inciso I, não gerará a anulação de todo o processo, mas a correção do conteúdo alegado como excessivo. Assim, uma vez comprovado alegado excesso da execução, será esta posta em seus respectivos termos, extirpando-se o excesso e avançando procedimentalmente em sua satisfação e/ou expropriação se necessário.

III - erro de cálculo;

Quanto ao presente erro de cálculo, uma vez julgado procedente, permitirá a realização de novos cálculos, a fim de que se prossiga a execução pelos novos valores efetivamente devidos.

---

[9] Enunciado 117 do FONAJE: *"É obrigatória a segurança do Juízo pela penhora para apresentação de embargos à execução de título judicial ou extrajudicial perante o Juizado Especial."*

[10] Enunciado 112 do FONAJE: *"A intimação da penhora e avaliação realizada na pessoa do executado dispensa a intimação do advogado. Sempre que possível o oficial de Justiça deve proceder a intimação do executado no mesmo momento da constrição judicial (art. 475,§1º do CPC)".*

[11] Enunciado 142 do FONAJE: *"Na execução por título judicial o prazo para oferecimento de embargos será de quinze dias e fluirá da intimação da penhora".*

IV - causa impeditiva, modificativa ou extintiva da obrigação, superveniente à sentença.

As possíveis causas impeditiva, modificativa ou extintiva da obrigação, desde que superveniente à sentença, é motivo autorizador da interposição de Embargos. Nisto, p. ex., uma vez ocorrendo a prescrição como causa extintiva da obrigação ora devida, desde que superveniente à sentença, será causa de extinção da obrigação e, por conseguinte, da própria execução. Entende-se por isso que, não alegada tal causa motivadora da extinção da obrigação antes da sentença, estar-se-ia renunciando ao fato gerador, no exemplo em tela, à prescrição.

Bem oportunas são as observações no tocante à denominada "inexigibilidade do título", matéria ausente nas hipóteses constantes do at. 52, IX, mas contemplada nas disposições que regem a Impugnação (art. 525 do CPC/2015) no âmbito do Cumprimento da Sentença e plenamente adequada aos objetivos que regem a LJE. Ao contrário disso, aponta o Enunciado 121 do FONAJE: *"Os fundamentos admitidos para embargar a execução da sentença estão disciplinados no art. 52, inciso IX, da Lei 9.099/95 e não no art. 475-L do CPC, introduzido pela Lei 11.232/05."*

Neste sentido, expressa o §12 do art.525, do CPC/2015:

> *§ 12. Para efeito do disposto no inciso III do § 1º deste artigo, considera-se também inexigível a obrigação reconhecida em título executivo judicial fundado em lei ou ato normativo considerado inconstitucional pelo Supremo Tribunal Federal, ou fundado em aplicação ou interpretação da lei ou do ato normativo tido pelo Supremo Tribunal Federal como incompatível com a Constituição Federal, em controle de constitucionalidade concentrado ou difuso.*

Verdade é que então, em se tratando de título judicial plasmado por tais circunstâncias, não há que se prosperar qualquer exigibilidade sobre o mesmo, seja no procedimento do Cumprimento da Sentença ou na execução em sede de Juizados Especiais, tudo pelos próprios motivos que maculam a exigência para o seu cumprimento, não havendo qualquer incompatibilidade para sua receptividade pela Lei n. 9.099/95.

Ainda neste itinerário, outra disposição do Código de Processo Civil decorrente do advento da Lei n. 11.232/2005 e dotada de aplicabilidade no sistema dos Juizados Especiais Cíveis Estaduais é aquela contida no art. 525, §§4º e 5º do CPC/2015 onde, uma vez alegado pelo devedor que o exequente, em excesso de execução, fundamenta seu pedido em valores superiores àquele decorrente da sentença condenatória, cumprir-lhe-á de imediato a declaração do valor que entende ser o correto sob pena de rejeição liminar da impugnação.[12]

---

[12] Cf. nosso *Direito Processual Civil*. Vol. II. Belo Horizonte: Del Rey, 2008, p.118-120.

Como se nota, há de se respaldar a execução em valores reais, correspondentes ao exato limite imposto pela sentença, em razão da própria exigência de liquidez da mesma nos Juizados Especiais. Some-se a isto o fato de que o excesso de execução no que toca a tais juizados deve ser "manifesto", de modo que "com muita maior razão se há de exigir do executado que fizer essa alegação, declarar o valor que entende ser correto".[13]

3. Execução de Títulos Extrajudiciais

É admissível a execução de título executivo extrajudicial no âmbito dos Juizados Especiais Cíveis Estaduais.

De pronto, a Lei n. 9.099/95 estabelece a aplicação subsidiária do sistema do CPC a tal modalidade executória nos seguintes termos:

"Art. 53. A execução de título executivo extrajudicial, no valor de até quarenta salários mínimos, obedecerá ao disposto no Código de Processo Civil, com as modificações introduzidas por esta Lei."

Convém aqui, oportunamente, pontuar que os títulos executivos extrajudiciais estão acostados, em sua boa maioria, no art. 784 do CPC/2015[14] no entanto, em sede de Juizados Especiais Estaduais o valor de alçada para a efetiva execução é de 40 salários mínimos, segundo o artigo supracitado.

---

[13] ALVIM, J.E. Carreira. Ob. cit., p. 150.

[14] *Art. 784. São títulos executivos extrajudiciais:*
I – a letra de câmbio, a nota promissória, a duplicata, a debênture e o cheque;
II – a escritura pública ou outro documento público assinado pelo devedor;
III – o documento particular assinado pelo devedor e por 2 (duas) testemunhas;
IV – o instrumento de transação referendado pelo Ministério Público, pela Defensoria Pública, pela Advocacia Pública, pelos advogados dos transatores ou por conciliador ou mediador credenciado por tribunal;
V – o contrato garantido por hipoteca, penhor, anticrese ou outro direito real de garantia e aquele garantido por caução;
VI – o contrato de seguro de vida em caso de morte;
VII – o crédito decorrente de foro e laudêmio;
VIII – o crédito, documentalmente comprovado, decorrente de aluguel de imóvel, bem como de encargos acessórios, tais como taxas e despesas de condomínio;
IX – a certidão de dívida ativa da Fazenda Pública da União, dos Estados, do Distrito Federal e dos Municípios, correspondente aos créditos inscritos na forma da lei;
X – o crédito referente às contribuições ordinárias ou extraordinárias de condomínio edilício, previstas na respectiva convenção ou aprovadas em assembleia geral, desde que documentalmente comprovadas;
XI – a certidão expedida por serventia notarial ou de registro relativa a valores de emolumentos e demais despesas devidas pelos atos por ela praticados, fixados nas tabelas estabelecidas em lei;
XII – todos os demais títulos aos quais, por disposição expressa, a lei atribuir força executiva.

De acordo com nosso esclarecimento em outro momento, mais precisamente quando das explicações acerca dos embargos opostos diante de título executivo judicial, vale reproduzir o que se estabelece no Enunciado 117 do FONAJE: *"É obrigatória a segurança do Juízo pela penhora para apresentação de embargos à execução de título judicial ou extrajudicial perante o Juizado Especial."*

Sendo assim, uma vez efetuada a penhora, será o devedor intimado a comparecer à audiência de conciliação quando poderá ofertar os embargos à execução, seja na forma oral ou escrita, *ex vi* do art. 52, IX.[15]

Na aludida audiência, conforme regra o disposto no § 1.º do art. 53, será buscado o meio mais rápido e eficaz para a solução do litígio, inclusive a própria dispensa da alienação judicial, se possível.

Ao juiz togado, leigo ou o conciliador, caberá propor, dentre outras medidas cabíveis, o pagamento do débito a prazo ou em prestações, a dação em pagamento ou a imediata adjudicação do bem penhorado (§ 2.º do art. 53).

Não apresentados os embargos em audiência, ou mesmo julgados improcedentes, qualquer das partes poderá requerer ao juiz a adoção de uma das alternativas do parágrafo 2º acima citado, tais como a concessão de prazo para o pagamento, dação em pagamento ou adjudicação imediata do bem penhorado, conforme estabelece o art.53, §3º.

Aliás, neste ínterim, vale ressaltar que, caso o devedor não tenha comparecido à audiência, e ainda assim se interessar em empreender uma das medidas previstas no art.53, §2º, deverá fazê-lo por petição ou mesmo verbalmente na Secretaria, ensejando um incidente processual que poderá ser conduzido sob duas formas:

1ª) O juiz ouvirá o autor a respeito da solicitação e então, decidirá em seguida;

2ª) Designará audiência específica para tal questão, colocando-se a termo o acordo, evidentemente, caso haja.[16]

---

[15] Sobre o tratamento dado aos Embargos do Executado no sistema do CPC, isto após reforma legislativa operada pela Lei n. 11.382/06, ver GAIO JÚNIOR, Antônio Pereira. Embargos do Executado na Reforma da Execução por Título Extrajudicial – Lei n. 11.382/2006. In: DIAS, Ronaldo Brêtas de Carvalho; NEPOMUCENO, Luciana Diniz. (Coords.). *Processo Civil Reformado*. 2 ed. Belo Horizonte: Del Rey, 2009, p.25-63.

[16] ALVIM, J.E. Carreira. Ob. cit., p. 152.

Uma vez não encontrado o devedor ou mesmo inexistindo bens penhoráveis, o processo será imediatamente extinto, devolvendo-se os documentos ao exequente. (§ 4.º do art. 53), não há portanto, a existência da suspensão da execução em tal caso, como prevê o art. 921, III do CPC/2015, esta, aplicável somente nos casos onde a execução se der por título executivo judicial.[17]

4. Acordos Extrajudiciais

Prevê o art. 57 da LJE a possibilidade de que um acordo extrajudicial, de qualquer natureza ou valor, possa ser objeto de homologação no juízo competente, independentemente de termo, valendo, então, a sentença como título executivo judicial.

Temos que os acordos extrajudiciais devem ser estimulados, sobretudo como meio viabilizador de promoções à composição amigável de conflitos, podendo aí contribuir não somente os órgãos desprovidos de função jurisdicional (*v.g.* Procons), mas também o Poder Judiciário, como no caso em tela.

Ada Pellegrini Grinover, em relatório apresentado no *VIII International Congresso on Procedural Law*, referindo-se às "Alternativas informais para (e em) procedimentos formais: deformalização do processo e deformalização das controvérsias" aponta, em bom sentido, os objetivos essenciais da modalidade de conciliação:

"a) recuperar certas controvérsias que não chegam à justiça, sobretudo no que se refere aos 'pequenos conflitos' que permaneceriam relegados não fossem as vias conciliativas, assim como questões de vizinhança, de consumidor, de acidentes de veículos, dentre outras;

b) reativar a participação do corpo social na administração da justiça;

c) proporcionar maior informação ao cidadão, conscientizando-o sobre seus direitos e orientando-o, juridicamente, na sua defesa e garantia;

---

[17] PROCESSUAL CIVIL. LEI Nº 9.099/95. EXTINÇÃO DA EXECUÇÃO DE TITULO JUDICIAL POR AUSÊNCIA DE BENS PENHORÁVEIS. IMPOSSIBILIDADE. 1) Apenas a execução de título extrajudicial, na dicção do art. 53, § 4º, da Lei nº 9.099/95, pode ser extinta por ausência de bens do devedor passível de constrição. 2) Na execução de título judicial, aplica-se subsidiariamente o Código de Processo Civil, para suspender o processo executivo, na forma do disposto no seu art. 791, inciso III, até que se localizem bens suscetíveis de penhora. TJDF - APELAÇÃO CÍVEL NO JUIZADO ESPECIAL: ACJ20030160002076DF.Rel. Gilberto de Oliveira. *DJU* 19.03.2004, pág. 202.

d) racionalizar a distribuição da justiça pela atribuição da solução de certos conflitos a métodos informais, com a consequente desobstrução dos serviços dos magistrados."[18]

Ressalta-se que tal direito à homologação de acordos é meio possível de realização pelas partes interessadas junto a qualquer outro juízo e não somente em sede dos Juizados Especiais Cíveis Estaduais, tendo, inclusive, o próprio CPC incorporado esta sistemática, conforme se atesta do disposto em seu art. art. 515, III do CPC/2015.

No mesmo sentido, tem-se como força de título executivo extrajudicial o acordo celebrado pelas partes por instrumento escrito referendado pelo órgão competente do Ministério Público (Lei n. 9.099, art. 57, parágrafo único), também incluso no sistema do CPC, mais precisamente em seu art. 784, III e IV do CPC/2015.

Por fim, importante observar ainda aqui que o art. 58 da Lei n. 9.099/95, prevê a possibilidade de a lei local ampliar a conciliação do Juizado Especial, alcançando, com isso, causas que não estejam incluídas em sua competência originária ou específica.

---

[18] GRINOVER, Ada Pellegrini. *Novas tendências do direito processual*. 2 ed.. Rio de Janeiro: Forense Universitária, 1990, p.179.

IV

DISPOSIÇÕES FINAIS E RELEVANTES EM SEDE DE JUIZADOS ESPECIAIS CÍVEIS ESTADUAIS

1. As Despesas Processuais no Rito Sumaríssimo

A LJE prevê a gratuidade dos atos processuais em primeiro grau de jurisdição, ou seja, a ausência de pagamento de custas, taxas ou despesas, normalmente dotadas de cobrança na Justiça Comum.

Assim, em primeiro grau, a ação sumaríssima será acessível às partes sem nenhum ônus pecuniário (art. 54 da Lei n. 9.099/95).

Uma vez havendo recurso, a questão receberá tratamento diferenciado. É o que determina o parágrafo único do art. 54, *in verbis*:

"*Parágrafo único. O preparo do recurso, na forma do § 1º do art. 42 desta Lei, compreenderá todas as despesas processuais, inclusive aquelas dispensadas em primeiro grau de jurisdição, ressalvada a hipótese de assistência judiciária gratuita.*"

Nisto então caberá ao recorrente suportar as respectivas despesas, não só as do recurso propriamente dito, mas também as do processo, pelo seu andamento em primeiro grau, que não foram até então exigidas, salvo, como se espera, se a parte estiver sob o manto da assistência judiciária, todavia, há de se observar aqui a possibilidade do próprio magistrado, de ofício, exigir da parte a comprovação de insuficiência de recursos, como bem aponta o Enunciado 116 do FONAJE:

> *O juiz poderá, de ofício, exigir que a parte comprove a insuficiência de recursos para obter a concessão do benefício da gratuidade da justiça (art. 5º, LXXIV, da CF), uma vez que a afirmação da pobreza goza apenas de presunção relativa de veracidade.*

Ainda na mesma toada, adverte o Enunciado 115 do próprio FONAJE:

"Indeferida a concessão do benefício da gratuidade da justiça requerido em sede de recurso, conceder-se-á o prazo de 48 horas para o preparo."

Por outro lado, ainda que, como regra geral, não haja sucumbência no âmbito dos Juizados Especiais Cíveis Estaduais, a sentença somente condenará o vencido em custas e honorários de advogado quando se observar a presença de litigância de má-fé[1], havendo, por isso a legitima necessidade de reprimi-la caso houver, conforme respaldo do art.55 da LJE.

No que se refere às custas e honorários advocatícios em sede recursal, a Turma Recursal encarregada do 2º grau de jurisdição imporá, em seu acórdão, os encargos da sucumbência, condenando o recorrente, quando seu apelo for improvido, isto é, condenar-se-á o recorrente ao pagamento das custas e honorários de advogado, fixados entre dez e vinte por cento do valor da condenação, ou, não havendo condenação, do valor da causa corrigido (*caput* do art. 55).

De outra forma, inexistirá dita condenação na hipótese de ser o recurso acolhido, pois que a LJE usou o mecanismo da sucumbência somente como política de desestímulo ao já frequente manejo de recursos procrastinatórios ou infundados, conforme se depreende da leitura do artigo em tela.[2]

Já no que se refere à Execução, quer decorrente de título judicial ou extrajudicial, não haverá incidência das custas e honorários advocatícios, exceto quando nos dizeres do parágrafo único do art. 55:

a)for reconhecida a existência de litigância de má-fé;

b)forem julgados improcedentes os embargos opostos pelo executado;

c)tratar-se de execução de sentença que tenha sido objeto de recurso improvido do devedor.

---

[1] *"Art. 80. Considera-se litigante de má-fé aquele que:*
I - deduzir pretensão ou defesa contra texto expresso de lei ou fato incontroverso;
II - alterar a verdade dos fatos;
III - usar do processo para conseguir objetivo ilegal;
IV - opuser resistência injustificada ao andamento do processo;
V - proceder de modo temerário em qualquer incidente ou ato do processo;
VI - provocar incidente manifestamente infundado;
VII - interpuser recurso com intuito manifestamente protelatório."

[2] No mesmo sentido, THEODORO JÚNIOR, Humberto. Vol.III..., p.480.

2. Curadorias e Serviço de Assistência Judiciária

Estabelece o art. 56 da Lei n. 9.099/95 a implantação de curadorias necessárias bem como de assistência judiciária tão logo haja instituído o Juizado Especial. Certamente, objetivou o legislador ordinário a específica paridade processual daqueles que, de qualquer forma, se postam em razoável carência, seja a econômica ou mesmo a protetiva de interesses diante da real necessidade, como no caso de menores, ausentes etc.

Notadamente, o êxito de um programa de acesso à justiça em dimensões objetivadas por esta via especial, porque delimitada em matéria, valor, pessoa ou mesmo competência do juízo, tudo sob o manto dos qualitativos da oralidade, simplicidade, informalidade, economia processual e celeridade, deve ter como mira o próprio jurisdicionado por ela destinado, i.e., o cidadão comum das mais variadas regiões e grotões deste país de dimensões continentais. Nisto, a hipossuficiência realça na necessária capitulação legal ora em comento (art. 56).

Por outro lado, é fato que o apelo social e de circunscrição regional e local que denota da própria investida pragmática dos Juizados Especiais Cíveis Estaduais leva em conta, fundamentalmente, a dependência e sensibilidade das leis locais e estaduais que o colocarão em sintonia com a região por ele abrangida.

Não há que se falar em uniformidade procedimental e mesmo processual em áreas que, por tão díspares que são neste país, viabilizam a concretização de soluções legais sob o ponto de vista formal, mas débeis, ineficazes e de grau mínimo de efetividade realizável em ambientes pouco propensos à própria presença do Poder Judiciário, ou ainda que presente, muitas vezes, estéril ao ambiente social que a ele se submete, pesando ainda o fato de que, em verdade, os Juizados Especiais dependem, praticamente em tudo, da lei local e da vontade política da Administração dos Estados de equipá-los adequadamente [3] e nisto nos faz realçar a importância do modelo já adotado em nossa pátria noutros tempos, que é aquele dos saudosos Códigos de Processo Civil Estaduais.

Vale aqui breve comentário acerca de importante assunto.

A despeito de toda uma edificação legislativa que culminou no modelo legal hodierno[4], insta aqui realçar que a Constituição Republicana de 1891 outorgou aos estados da federação a prerrogativa de legislar sobre processo e organização judiciária. Nisto, alguns deles mantiveram a aplicação do Regulamento 737 bem

---

[3] Ibidem.

[4] Confira, especificamente sobre o assunto, o nosso *Direito Processual Civil*. Vol. I...., p. 8-18.

como das Ordenações Filipinas, outros tantos levaram a cabo a elaboração de um ordenamento, adequando-o às demandas e realidades regionais.

Assim, foram os códigos de processo civil estaduais aparecendo a partir de 1915, quando se promulgou o Código de Processo da Bahia, seguindo-lhe o de Minas Gerais, em 1916. São Paulo foi um dos últimos estados a apresentar código próprio, posto em vigor pela Lei estadual n. 2.421, de 14 de janeiro de 1930.

Calcavam-se os códigos estaduais no direito tradicional, tomando por modelo o Regulamento 737, de 1850, mais as linhas mestras do direito filipino, ambos de substância romano-canônica.[5]

Com advento da Revolução de 1930, veio o propósito de uma revisão geral das leis do país, para a qual foi nomeada uma grande comissão, sendo que a décima segunda subcomissão, tendo como membros Cunha Lobo, Filadelfo Azevedo e Antônio Pereira Braga, foi a encarregada da elaboração do projeto de Código de Processo para o Distrito Federal e para a União, tendo tal subcomissão os trabalhos bem adiantados quando da instalação da Assembléia Constituinte de 1934, esta que iria elaborar uma nova Constituição para a República.

Na verdade e com a devida vênia, dado que não estamos aqui com o propósito de, especificamente, aprofundarmos em reconhecido e motivante assunto e bem, por isso, inoportuno estendermos a variadas complexidades, os códigos estaduais, acreditamos, têm, num país de dimensões continentais e diversidades culturais, portanto, de práticas sociais díspares, sua razão de ser. Não foi sob pretexto eminentemente técnico ou mesmo científico a sua total extinção, sabemos disso. Aliás, muito mais por contaminações políticas e supostas declarações de "quebra de pacto federativo" levaram a cabo o seu esvaziamento.

A pretexto da importância de se adequar as normas, mesmo que de direito objetivo, ao tecido social por ela absorvido, é que a própria Constituição Federal de 1988, em seu art. 24, delegou competência à União, aos Estados e ao Distrito Federal para legislar concorrentemente sobre várias matérias, dentre elas se destacando duas, *in verbis*:

> *Art. 24. Compete à União, aos Estados e ao Distrito Federal legislar concorrentemente sobre:*
> *(...)*
> *X – criação, funcionamento e processo do juizado de pequenas causas;*
> XI – procedimentos em matéria processual;

---

[5] SANTOS, Moacyr Amaral dos. *Primeiras Linhas de Direito Processual Civil*. Vol.1.16. ed. Saraiva: São Paulo, 1993, p. 53.

(...)

§ 1º No âmbito da legislação concorrente, a competência da União limitar- se-á a estabelecer normas gerais.

§ 2º A competência da União para legislar sobre normas gerais não exclui a competência suplementar dos Estados.

§ 3º Inexistindo lei federal sobre normas gerais, os Estados exercerão a competência legislativa plena, para atender a suas peculiaridades.

§ 4º A superveniência de lei federal sobre normas gerais suspende a eficácia da lei estadual, no que lhe for contrário.

Nesta toada, portanto, observa-se, indubitavelmente, a premente necessidade de os órgãos julgadores estarem em manifesta sintonia com os ambientes ou recortes sociais a eles delimitados, tudo com o fito de ofertar um serviço público de justiça eficiente e apto às demandas em busca do justo.

3. Disposições finais sobre a Organização dos Juizados Especiais

Destacam-se do Capítulo IV da LJE, as seguintes nas disposições finais comuns:

> *Art. 93. Lei Estadual disporá sobre o Sistema de Juizados Especiais Cíveis e Criminais, sua organização, composição e competência.".*
>
> *Art. 94. Os serviços de cartório poderão ser prestados, e as audiências realizadas fora da sede da Comarca, em bairros ou cidades a ela pertencentes, ocupando instalações de prédios públicos, de acordo com audiências previamente anunciadas.*

Nota-se, dos artigos supracitados, na mesma toada do que já fora dito alhures, que a Lei n. 9.099/95, apontou para a respectiva aderência do sistema dos Juizados Especiais Cíveis Estaduais com o ambiente social, geográfico, político e econômico que dele se cerca, haja vista que, diante da determinação de que a organização, composição e competência do Sistema dos Juizados Especiais Cíveis e Criminais venha a ser – como de fato, hoje já o é - ditada pelas leis estaduais, possibilita a construção de realidades atinentes à região abrangida por aquele sistema e mais: possibilita a circulação dos serviços da justiça – *v.g.*, serviço cartorário, prática de atos processuais necessários, realização de audiências etc. - de forma itinerante, residindo aí, sem dúvida, um dos aspectos de maior relevo e interesse na consecução afirmativa e, por isso, exitosa do Sistema dos Juizados Especiais em questão.

Ao apontar o art.94 com a possibilidade de ocupação de instalações em prédios públicos, para fins de realização de audiências em locais que, certamente, não chegariam quaisquer serviços públicos de justiça ofertados pelo Estado, cresce a necessidade das próprias escolas, faculdades e universidades, seja através de suas instalações bem como da disponibilidade de seus alunos, participarem ativamente da construção e realização prática desta realidade, colaborando na conciliação por exemplo, e ainda aliando aos seus próprios interesses, seja na proliferação solidária da composição pacífica de conflitos e ainda proporcionando estágios inseridos na realidade da comunidade.

Vale ressaltar, por fim, que as audiências, conforme estipulado no final do art. 94, devem ser previamente marcadas ("anunciadas"), querendo significar com isso a necessidade de cientificação das partes para com o ato processual a ser realizado, não bastando simplesmente a elaboração de pauta do dia e hora da realização da audiência, p. ex., mas, efetivamente, o comunicado direto e efetivo às partes interessadas na participação do ato judicial.

ANEXO I

ORGANOGRAMA DOS JUIZADOS ESPECIAIS CÍVEIS ESTADUAIS

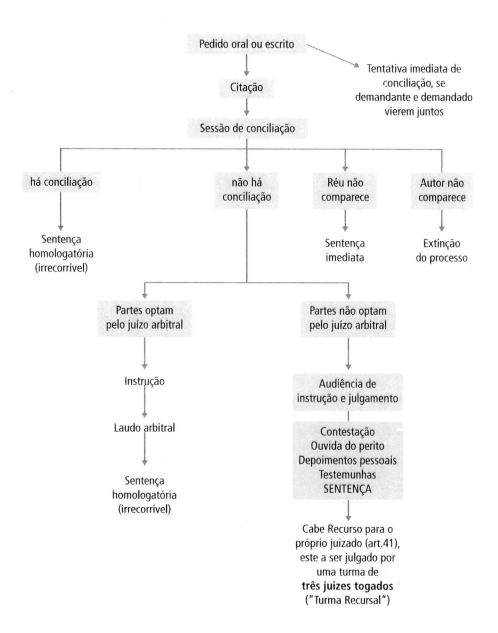

ANEXO II

LEI Nº 9.099, DE 26 DE SETEMBRO DE 1995

"Dispõe sobre os Juizados Especiais Cíveis
e Criminais e dá outras providências"

O PRESIDENTE DA REPÚBLICA Faço saber que o Congresso Nacional decreta e eu sanciono a seguinte Lei:

CAPÍTULO I
Disposições Gerais

Art. 1º Os Juizados Especiais Cíveis e Criminais, órgãos da Justiça Ordinária, serão criados pela União, no Distrito Federal e nos Territórios, e pelos Estados, para conciliação, processo, julgamento e execução, nas causas de sua competência.

Art. 2º O processo orientar-se-á pelos critérios da oralidade, simplicidade, informalidade, economia processual e celeridade, buscando, sempre que possível, a conciliação ou a transação.

Capítulo II
Dos Juizados Especiais Cíveis
Seção I
Da Competência

Art. 3º O Juizado Especial Cível tem competência para conciliação, processo e julgamento das causas cíveis de menor complexidade, assim consideradas:

I - as causas cujo valor não exceda a quarenta vezes o salário mínimo;

II - as enumeradas no art. 275, inciso II, do Código de Processo Civil;

III - a ação de despejo para uso próprio;

IV - as ações possessórias sobre bens imóveis de valor não excedente ao fixado no inciso I deste artigo.

§ 1º Compete ao Juizado Especial promover a execução:

I - dos seus julgados;

II - dos títulos executivos extrajudiciais, no valor de até quarenta vezes o salário mínimo, observado o disposto no § 1º do art. 8º desta Lei.

§ 2º Ficam excluídas da competência do Juizado Especial as causas de natureza alimentar, falimentar, fiscal e de interesse da Fazenda Pública, e também as relativas a acidentes de trabalho, a resíduos e ao estado e capacidade das pessoas, ainda que de cunho patrimonial.

§ 3º A opção pelo procedimento previsto nesta Lei importará em renúncia ao crédito excedente ao limite estabelecido neste artigo, excetuada a hipótese de conciliação.

Art. 4º É competente, para as causas previstas nesta Lei, o Juizado do foro:

I - do domicílio do réu ou, a critério do autor, do local onde aquele exerça atividades profissionais ou econômicas ou mantenha estabelecimento, filial, agência, sucursal ou escritório;

II - do lugar onde a obrigação deva ser satisfeita;

III - do domicílio do autor ou do local do ato ou fato, nas ações para reparação de dano de qualquer natureza.

Parágrafo único. Em qualquer hipótese, poderá a ação ser proposta no foro previsto no inciso I deste artigo.

Seção II

Do Juiz, dos Conciliadores e dos Juízes Leigos

Art. 5º O Juiz dirigirá o processo com liberdade para determinar as provas a serem produzidas, para apreciá-las e para dar especial valor às regras de experiência comum ou técnica.

Art. 6º O Juiz adotará em cada caso a decisão que reputar mais justa e equânime, atendendo aos fins sociais da lei e às exigências do bem comum.

Art. 7º Os conciliadores e Juízes leigos são auxiliares da Justiça, recrutados, os primeiros, preferentemente, entre os bacharéis em Direito, e os segundos, entre advogados com mais de cinco anos de experiência.

Parágrafo único. Os Juízes leigos ficarão impedidos de exercer a advocacia perante os Juizados Especiais, enquanto no desempenho de suas funções.

Seção III
Das Partes

Art. 8º Não poderão ser partes, no processo instituído por esta Lei, o incapaz, o preso, as pessoas jurídicas de direito público, as empresas públicas da União, a massa falida e o insolvente civil.

§1º Somente serão admitidas a propor ação perante o Juizado Especial: (Redação dada pela Lei nº 12.126, de 2009).

I - as pessoas físicas capazes, excluídos os cessionários de direito de pessoas jurídicas; (Incluído pela Lei nº 12.126, de 2009)

II - as pessoas enquadradas como microempreendedores individuais, microempresas e empresas de pequeno porte na forma da Lei Complementar no 123, de 14 de dezembro de 2006; (Redação dada pela Lei Complementar nº 147, de 2014).

III - as pessoas jurídicas qualificadas como Organização da Sociedade Civil de Interesse Público, nos termos da Lei no 9.790, de 23 de março de 1999; (Incluído pela Lei nº 12.126, de 2009).

IV - as sociedades de crédito ao microempreendedor, nos termos do art. 1o da Lei no 10.194, de 14 de fevereiro de 2001. (Incluído pela Lei nº 12.126, de 2009).

§ 2º O maior de dezoito anos poderá ser autor, independentemente de assistência, inclusive para fins de conciliação.

Art. 9º Nas causas de valor até vinte salários mínimos, as partes comparecerão pessoalmente, podendo ser assistidas por advogado; nas de valor superior, a assistência é obrigatória.

§ 1º Sendo facultativa a assistência, se uma das partes comparecer assistida por advogado, ou se o réu for pessoa jurídica ou firma individual, terá a outra parte, se quiser, assistência judiciária prestada por órgão instituído junto ao Juizado Especial, na forma da lei local.

§ 2º O Juiz alertará as partes da conveniência do patrocínio por advogado, quando a causa o recomendar.

§ 3º O mandato ao advogado poderá ser verbal, salvo quanto aos poderes especiais.

§ 4º O réu, sendo pessoa jurídica ou titular de firma individual, poderá ser representado por preposto credenciado, munido de carta de preposição com poderes para transigir, sem haver necessidade de vínculo empregatício. (Redação dada pela Lei nº 12.137, de 2009)

Art. 10. Não se admitirá, no processo, qualquer forma de intervenção de terceiro nem de assistência. Admitir-se-á o litisconsórcio.

Art. 11. O Ministério Público intervirá nos casos previstos em lei.

Seção IV
Dos atos processuais

Art. 12. Os atos processuais serão públicos e poderão realizar-se em horário noturno, conforme dispuserem as normas de organização judiciária.

Art. 12-A. Na contagem de prazo em dias, estabelecido por lei ou pelo juiz, para a prática de qualquer ato processual, inclusive para a interposição de recursos, computar-se-ão somente os dias úteis. (Incluído pela Lei nº 13.728, de 2018).

Art. 13. Os atos processuais serão válidos sempre que preencherem as finalidades para as quais forem realizados, atendidos os critérios indicados no art. 2º desta Lei.

§ 1º Não se pronunciará qualquer nulidade sem que tenha havido prejuízo.

§ 2º A prática de atos processuais em outras comarcas poderá ser solicitada por qualquer meio idôneo de comunicação.

§ 3º Apenas os atos considerados essenciais serão registrados resumidamente, em notas manuscritas, datilografadas, taquigrafadas ou estenotipadas. Os demais atos poderão ser gravados em fita magnética ou equivalente, que será inutilizada após o trânsito em julgado da decisão.

§ 4º As normas locais disporão sobre a conservação das peças do processo e demais documentos que o instruem.

Seção V
Do pedido

Art. 14. O processo instaurar-se-á com a apresentação do pedido, escrito ou oral, à Secretaria do Juizado.

§ 1º Do pedido constarão, de forma simples e em linguagem acessível:

I - o nome, a qualificação e o endereço das partes;

II - os fatos e os fundamentos, de forma sucinta;

III - o objeto e seu valor.

§ 2º É lícito formular pedido genérico quando não for possível determinar, desde logo, a extensão da obrigação.

§ 3º O pedido oral será reduzido a escrito pela Secretaria do Juizado, podendo ser utilizado o sistema de fichas ou formulários impressos.

Art. 15. Os pedidos mencionados no art. 3º desta Lei poderão ser alternativos ou cumulados; nesta última hipótese, desde que conexos e a soma não ultrapasse o limite fixado naquele dispositivo.

Art. 16. Registrado o pedido, independentemente de distribuição e autuação, a Secretaria do Juizado designará a sessão de conciliação, a realizar-se no prazo de quinze dias.

Art. 17. Comparecendo inicialmente ambas as partes, instaurar-se-á, desde logo, a sessão de conciliação, dispensados o registro prévio de pedido e a citação.

Parágrafo único. Havendo pedidos contrapostos, poderá ser dispensada a contestação formal e ambos serão apreciados na mesma sentença.

Seção VI

Das Citações e Intimações

Art. 18. A citação far-se-á:

I - por correspondência, com aviso de recebimento em mão própria;

II - tratando-se de pessoa jurídica ou firma individual, mediante entrega ao encarregado da recepção, que será obrigatoriamente identificado;

III - sendo necessário, por oficial de justiça, independentemente de mandado ou carta precatória.

§ 1º A citação conterá cópia do pedido inicial, dia e hora para comparecimento do citando e advertência de que, não comparecendo este, considerar-se-ão verdadeiras as alegações iniciais, e será proferido julgamento, de plano.

§ 2º Não se fará citação por edital.

§ 3º O comparecimento espontâneo suprirá a falta ou nulidade da citação.

Art. 19. As intimações serão feitas na forma prevista para citação, ou por qualquer outro meio idôneo de comunicação.

§ 1º Dos atos praticados na audiência, considerar-se-ão desde logo cientes as partes.

§ 2º As partes comunicarão ao juízo as mudanças de endereço ocorridas no curso do processo, reputando-se eficazes as intimações enviadas ao local anteriormente indicado, na ausência da comunicação.

Seção VII
Da Revelia

Art. 20. Não comparecendo o demandado à sessão de conciliação ou à audiência de instrução e julgamento, reputar-se-ão verdadeiros os fatos alegados no pedido inicial, salvo se o contrário resultar da convicção do Juiz.

Seção VIII
Da Conciliação e do Juízo Arbitral

Art. 21. Aberta a sessão, o Juiz togado ou leigo esclarecerá as partes presentes sobre as vantagens da conciliação, mostrando-lhes os riscos e as conseqüências do litígio, especialmente quanto ao disposto no § 3º do art. 3º desta Lei.

Art. 22. A conciliação será conduzida pelo Juiz togado ou leigo ou por conciliador sob sua orientação.

Parágrafo único. Obtida a conciliação, esta será reduzida a escrito e homologada pelo Juiz togado, mediante sentença com eficácia de título executivo.

Art. 23. Não comparecendo o demandado, o Juiz togado proferirá sentença.

Art. 24. Não obtida a conciliação, as partes poderão optar, de comum acordo, pelo juízo arbitral, na forma prevista nesta Lei.

§ 1º O juízo arbitral considerar-se-á instaurado, independentemente de termo de compromisso, com a escolha do árbitro pelas partes. Se este não estiver presente, o Juiz convocá-lo-á e designará, de imediato, a data para a audiência de instrução.

§ 2º O árbitro será escolhido dentre os juízes leigos.

Art. 25. O árbitro conduzirá o processo com os mesmos critérios do Juiz, na forma dos arts. 5º e 6º desta Lei, podendo decidir por eqüidade.

Art. 26. Ao término da instrução, ou nos cinco dias subseqüentes, o árbitro apresentará o laudo ao Juiz togado para homologação por sentença irrecorrível.

Seção IX
Da Instrução e Julgamento

Art. 27. Não instituído o juízo arbitral, proceder-se-á imediatamente à audiência de instrução e julgamento, desde que não resulte prejuízo para a defesa.

Parágrafo único. Não sendo possível a sua realização imediata, será a audiência designada para um dos quinze dias subseqüentes, cientes, desde logo, as partes e testemunhas eventualmente presentes.

Art. 28. Na audiência de instrução e julgamento serão ouvidas as partes, colhida a prova e, em seguida, proferida a sentença.

Art. 29. Serão decididos de plano todos os incidentes que possam interferir no regular prosseguimento da audiência. As demais questões serão decididas na sentença.

Parágrafo único. Sobre os documentos apresentados por uma das partes, manifestar-se-á imediatamente a parte contrária, sem interrupção da audiência.

Seção X
Da Resposta do Réu

Art. 30. A contestação, que será oral ou escrita, conterá toda matéria de defesa, exceto argüição de suspeição ou impedimento do Juiz, que se processará na forma da legislação em vigor.

Art. 31. Não se admitirá a reconvenção. É lícito ao réu, na contestação, formular pedido em seu favor, nos limites do art. 3º desta Lei, desde que fundado nos mesmos fatos que constituem objeto da controvérsia.

Parágrafo único. O autor poderá responder ao pedido do réu na própria audiência ou requerer a designação da nova data, que será desde logo fixada, cientes todos os presentes.

Seção XI
Das Provas

Art. 32. Todos os meios de prova moralmente legítimos, ainda que não especificados em lei, são hábeis para provar a veracidade dos fatos alegados pelas partes.

Art. 33. Todas as provas serão produzidas na audiência de instrução e julgamento, ainda que não requeridas previamente, podendo o Juiz limitar ou excluir as que considerar excessivas, impertinentes ou protelatórias.

Art. 34. As testemunhas, até o máximo de três para cada parte, comparecerão à audiência de instrução e julgamento levadas pela parte que as tenha arrolado, independentemente de intimação, ou mediante esta, se assim for requerido.

§ 1º O requerimento para intimação das testemunhas será apresentado à Secretaria no mínimo cinco dias antes da audiência de instrução e julgamento.

§ 2º Não comparecendo a testemunha intimada, o Juiz poderá determinar sua imediata condução, valendo-se, se necessário, do concurso da força pública.

Art. 35. Quando a prova do fato exigir, o Juiz poderá inquirir técnicos de sua confiança, permitida às partes a apresentação de parecer técnico.

Parágrafo único. No curso da audiência, poderá o Juiz, de ofício ou a requerimento das partes, realizar inspeção em pessoas ou coisas, ou determinar que o faça pessoa de sua confiança, que lhe relatará informalmente o verificado.

Art. 36. A prova oral não será reduzida a escrito, devendo a sentença referir, no essencial, os informes trazidos nos depoimentos.

Art. 37. A instrução poderá ser dirigida por Juiz leigo, sob a supervisão de Juiz togado.

Seção XII

Da Sentença

Art. 38. A sentença mencionará os elementos de convicção do Juiz, com breve resumo dos fatos relevantes ocorridos em audiência, dispensado o relatório.

Parágrafo único. Não se admitirá sentença condenatória por quantia ilíquida, ainda que genérico o pedido.

Art. 39. É ineficaz a sentença condenatória na parte que exceder a alçada estabelecida nesta Lei.

Art. 40. O Juiz leigo que tiver dirigido a instrução proferirá sua decisão e imediatamente a submeterá ao Juiz togado, que poderá homologá-la, proferir outra em substituição ou, antes de se manifestar, determinar a realização de atos probatórios indispensáveis.

Art. 41. Da sentença, excetuada a homologatória de conciliação ou laudo arbitral, caberá recurso para o próprio Juizado.

§ 1º O recurso será julgado por uma turma composta por três Juízes togados, em exercício no primeiro grau de jurisdição, reunidos na sede do Juizado.

§ 2º No recurso, as partes serão obrigatoriamente representadas por advogado.

Art. 42. O recurso será interposto no prazo de dez dias, contados da ciência da sentença, por petição escrita, da qual constarão as razões e o pedido do recorrente.

§ 1º O preparo será feito, independentemente de intimação, nas quarenta e oito horas seguintes à interposição, sob pena de deserção.

§ 2º Após o preparo, a Secretaria intimará o recorrido para oferecer resposta escrita no prazo de dez dias.

Art. 43. O recurso terá somente efeito devolutivo, podendo o Juiz dar-lhe efeito suspensivo, para evitar dano irreparável para a parte.

Art. 44. As partes poderão requerer a transcrição da gravação da fita magnética a que alude o § 3º do art. 13 desta Lei, correndo por conta do requerente as despesas respectivas.

Art. 45. As partes serão intimadas da data da sessão de julgamento.

Art. 46. O julgamento em segunda instância constará apenas da ata, com a indicação suficiente do processo, fundamentação sucinta e parte dispositiva. Se a sentença for confirmada pelos próprios fundamentos, a súmula do julgamento servirá de acórdão.

Art. 47. (VETADO)

Seção XIII
Dos Embargos de Declaração

Art. 48.Caberão embargos de declaração contra sentença ou acórdão nos casos previstos no Código de Processo Civil. (Redação dada pela Lei nº 13.105, de 2015)

Parágrafo único. Os erros materiais podem ser corrigidos de ofício.

Art. 49. Os embargos de declaração serão interpostos por escrito ou oralmente, no prazo de cinco dias, contados da ciência da decisão.

Art. 50.Os embargos de declaração interrompem o prazo para a interposição de recurso. (Redação dada pela Lei nº 13.105, de 2015).

Seção XIV
Da Extinção do Processo Sem Julgamento do Mérito

Art. 51. Extingue-se o processo, além dos casos previstos em lei:

I - quando o autor deixar de comparecer a qualquer das audiências do processo;

II - quando inadmissível o procedimento instituído por esta Lei ou seu prosseguimento, após a conciliação;

III - quando for reconhecida a incompetência territorial;

IV - quando sobrevier qualquer dos impedimentos previstos no art. 8º desta Lei;

V - quando, falecido o autor, a habilitação depender de sentença ou não se der no prazo de trinta dias;

VI - quando, falecido o réu, o autor não promover a citação dos sucessores no prazo de trinta dias da ciência do fato.

§ 1º A extinção do processo independerá, em qualquer hipótese, de prévia intimação pessoal das partes.

§ 2º No caso do inciso I deste artigo, quando comprovar que a ausência decorre de força maior, a parte poderá ser isentada, pelo Juiz, do pagamento das custas.

Seção XV

Da Execução

Art. 52. A execução da sentença processar-se-á no próprio Juizado, aplicando-se, no que couber, o disposto no Código de Processo Civil, com as seguintes alterações:

I - as sentenças serão necessariamente líquidas, contendo a conversão em Bônus do Tesouro Nacional - BTN ou índice equivalente;

II - os cálculos de conversão de índices, de honorários, de juros e de outras parcelas serão efetuados por servidor judicial;

III - a intimação da sentença será feita, sempre que possível, na própria audiência em que for proferida. Nessa intimação, o vencido será instado a cumprir a sentença tão logo ocorra seu trânsito em julgado, e advertido dos efeitos do seu descumprimento (inciso V);

IV - não cumprida voluntariamente a sentença transitada em julgado, e tendo havido solicitação do interessado, que poderá ser verbal, proceder-se-á desde logo à execução, dispensada nova citação;

V - nos casos de obrigação de entregar, de fazer, ou de não fazer, o Juiz, na sentença ou na fase de execução, cominará multa diária, arbitrada de acordo com as condições econômicas do devedor, para a hipótese de inadimplemento. Não cumprida a obrigação, o credor poderá requerer a elevação da multa ou a transformação da condenação em perdas e danos, que o Juiz de imediato arbitrará, seguindo-se a execução por quantia certa, incluída a multa vencida de obrigação de dar, quando evidenciada a malícia do devedor na execução do julgado;

VI - na obrigação de fazer, o Juiz pode determinar o cumprimento por outrem, fixado o valor que o devedor deve depositar para as despesas, sob pena de multa diária;

VII - na alienação forçada dos bens, o Juiz poderá autorizar o devedor, o credor ou terceira pessoa idônea a tratar da alienação do bem penhorado, a qual se aperfeiçoará em juízo até a data fixada para a praça ou leilão. Sendo o preço inferior ao da avaliação, as partes serão ouvidas. Se o pagamento não for à vista, será oferecida caução idônea, nos casos de alienação de bem móvel, ou hipotecado o imóvel;

VIII - é dispensada a publicação de editais em jornais, quando se tratar de alienação de bens de pequeno valor;

IX - o devedor poderá oferecer embargos, nos autos da execução, versando sobre:

a) falta ou nulidade da citação no processo, se ele correu à revelia;

b) manifesto excesso de execução;

c) erro de cálculo;

d) causa impeditiva, modificativa ou extintiva da obrigação, superveniente à sentença.

Art. 53. A execução de título executivo extrajudicial, no valor de até quarenta salários mínimos, obedecerá ao disposto no Código de Processo Civil, com as modificações introduzidas por esta Lei.

§ 1º Efetuada a penhora, o devedor será intimado a comparecer à audiência de conciliação, quando poderá oferecer embargos (art. 52, IX), por escrito ou verbalmente.

§ 2º Na audiência, será buscado o meio mais rápido e eficaz para a solução do litígio, se possível com dispensa da alienação judicial, devendo o conciliador propor, entre outras medidas cabíveis, o pagamento do débito a prazo ou a prestação, a dação em pagamento ou a imediata adjudicação do bem penhorado.

§ 3º Não apresentados os embargos em audiência, ou julgados improcedentes, qualquer das partes poderá requerer ao Juiz a adoção de uma das alternativas do parágrafo anterior.

§ 4º Não encontrado o devedor ou inexistindo bens penhoráveis, o processo será imediatamente extinto, devolvendo-se os documentos ao autor.

Seção XVI
Das Despesas

Art. 54. O acesso ao Juizado Especial independerá, em primeiro grau de jurisdição, do pagamento de custas, taxas ou despesas.

Parágrafo único. O preparo do recurso, na forma do § 1º do art. 42 desta Lei, compreenderá todas as despesas processuais, inclusive aquelas dispensadas em primeiro grau de jurisdição, ressalvada a hipótese de assistência judiciária gratuita.

Art. 55. A sentença de primeiro grau não condenará o vencido em custas e honorários de advogado, ressalvados os casos de litigância de má-fé. Em segundo grau, o recorrente, vencido, pagará as custas e honorários de advogado, que serão fixados entre dez por cento e vinte por cento do valor de condenação ou, não havendo condenação, do valor corrigido da causa.

Parágrafo único. Na execução não serão contadas custas, salvo quando:

I - reconhecida a litigância de má-fé;

II - improcedentes os embargos do devedor;

III - tratar-se de execução de sentença que tenha sido objeto de recurso improvido do devedor.

Seção XVII
Disposições Finais

Art. 56. Instituído o Juizado Especial, serão implantadas as curadorias necessárias e o serviço de assistência judiciária.

Art. 57. O acordo extrajudicial, de qualquer natureza ou valor, poderá ser homologado, no juízo competente, independentemente de termo, valendo a sentença como título executivo judicial.

Parágrafo único. Valerá como título extrajudicial o acordo celebrado pelas partes, por instrumento escrito, referendado pelo órgão competente do Ministério Público.

Art. 58. As normas de organização judiciária local poderão estender a conciliação prevista nos arts. 22 e 23 a causas não abrangidas por esta Lei.

Art. 59. Não se admitirá ação rescisória nas causas sujeitas ao procedimento instituído por esta Lei.

Capítulo III
Dos Juizados Especiais Criminais
Disposições Gerais

Art. 60.O Juizado Especial Criminal, provido por juízes togados ou togados e leigos, tem competência para a conciliação, o julgamento e a execução das infrações penais de menor potencial ofensivo, respeitadas as regras de conexão e continência. (Redação dada pela Lei nº 11.313, de 2006).

Parágrafo único. Na reunião de processos, perante o juízo comum ou o tribunal do júri, decorrentes da aplicação das regras de conexão e continência, observar-se-ão os institutos da transação penal e da composição dos danos civis. (Incluído pela Lei nº 11.313, de 2006).

Art. 61.Consideram-se infrações penais de menor potencial ofensivo, para os efeitos desta Lei, as contravenções penais e os crimes a que a lei comine pena máxima não superior a 2 (dois) anos, cumulada ou não com multa. (Redação dada pela Lei nº 11.313, de 2006).

Art. 62.O processo perante o Juizado Especial orientar-se-á pelos critérios da oralidade, simplicidade, informalidade, economia processual e celeridade, objetivando, sempre que possível, a reparação dos danos sofridos pela vítima e a aplicação de pena não privativa de liberdade. (Redação dada pela Lei nº 13.603, de 2018).

Seção I
Da Competência e dos Atos Processuais

Art. 63. A competência do Juizado será determinada pelo lugar em que foi praticada a infração penal.

Art. 64. Os atos processuais serão públicos e poderão realizar-se em horário noturno e em qualquer dia da semana, conforme dispuserem as normas de organização judiciária.

Art. 65. Os atos processuais serão válidos sempre que preencherem as finalidades para as quais foram realizados, atendidos os critérios indicados no art. 62 desta Lei.

§ 1º Não se pronunciará qualquer nulidade sem que tenha havido prejuízo.

§ 2º A prática de atos processuais em outras comarcas poderá ser solicitada por qualquer meio hábil de comunicação.

§ 3º Serão objeto de registro escrito exclusivamente os atos havidos por essenciais. Os atos realizados em audiência de instrução e julgamento poderão ser gravados em fita magnética ou equivalente.

Art. 66. A citação será pessoal e far-se-á no próprio Juizado, sempre que possível, ou por mandado.

Parágrafo único. Não encontrado o acusado para ser citado, o Juiz encaminhará as peças existentes ao Juízo comum para adoção do procedimento previsto em lei.

Art. 67. A intimação far-se-á por correspondência, com aviso de recebimento pessoal ou, tratando-se de pessoa jurídica ou firma individual, mediante entrega ao encarregado da recepção, que será obrigatoriamente identificado, ou, sendo necessário, por oficial de justiça, independentemente de mandado ou carta precatória, ou ainda por qualquer meio idôneo de comunicação.

Parágrafo único. Dos atos praticados em audiência considerar-se-ão desde logo cientes as partes, os interessados e defensores.

Art. 68. Do ato de intimação do autor do fato e do mandado de citação do acusado, constará a necessidade de seu comparecimento acompanhado de advogado, com a advertência de que, na sua falta, ser-lhe-á designado defensor público.

Seção II

Da Fase Preliminar

Art. 69. A autoridade policial que tomar conhecimento da ocorrência lavrará termo circunstanciado e o encaminhará imediatamente ao Juizado, com o autor do fato e a vítima, providenciando-se as requisições dos exames periciais necessários.

Parágrafo único. Ao autor do fato que, após a lavratura do termo, for imediatamente encaminhado ao juizado ou assumir o compromisso de a ele comparecer, não se imporá prisão em flagrante, nem se exigirá fiança. Em caso de violência doméstica, o juiz poderá determinar, como medida de cautela, seu afastamento do lar, domicílio ou local de convivência com a vítima. (Redação dada pela Lei nº 10.455, de 13.5.2002)

Art. 70. Comparecendo o autor do fato e a vítima, e não sendo possível a realização imediata da audiência preliminar, será designada data próxima, da qual ambos sairão cientes.

Art. 71. Na falta do comparecimento de qualquer dos envolvidos, a Secretaria providenciará sua intimação e, se for o caso, a do responsável civil, na forma dos arts. 67 e 68 desta Lei.

Art. 72. Na audiência preliminar, presente o representante do Ministério Público, o autor do fato e a vítima e, se possível, o responsável civil, acompanhados por seus advogados, o Juiz esclarecerá sobre a possibilidade da composição dos danos e da aceitação da proposta de aplicação imediata de pena não privativa de liberdade.

Art. 73. A conciliação será conduzida pelo Juiz ou por conciliador sob sua orientação.

Parágrafo único. Os conciliadores são auxiliares da Justiça, recrutados, na forma da lei local, preferentemente entre bacharéis em Direito, excluídos os que exerçam funções na administração da Justiça Criminal.

Art. 74. A composição dos danos civis será reduzida a escrito e, homologada pelo Juiz mediante sentença irrecorrível, terá eficácia de título a ser executado no juízo civil competente.

Parágrafo único. Tratando-se de ação penal de iniciativa privada ou de ação penal pública condicionada à representação, o acordo homologado acarreta a renúncia ao direito de queixa ou representação.

Art. 75. Não obtida a composição dos danos civis, será dada imediatamente ao ofendido a oportunidade de exercer o direito de representação verbal, que será reduzida a termo.

Parágrafo único. O não oferecimento da representação na audiência preliminar não implica decadência do direito, que poderá ser exercido no prazo previsto em lei.

Art. 76. Havendo representação ou tratando-se de crime de ação penal pública incondicionada, não sendo caso de arquivamento, o Ministério Público poderá propor a aplicação imediata de pena restritiva de direitos ou multas, a ser especificada na proposta.

§ 1º Nas hipóteses de ser a pena de multa a única aplicável, o Juiz poderá reduzi-la até a metade.

§ 2º Não se admitirá a proposta se ficar comprovado:

I - ter sido o autor da infração condenado, pela prática de crime, à pena privativa de liberdade, por sentença definitiva;

II - ter sido o agente beneficiado anteriormente, no prazo de cinco anos, pela aplicação de pena restritiva ou multa, nos termos deste artigo;

III - não indicarem os antecedentes, a conduta social e a personalidade do agente, bem como os motivos e as circunstâncias, ser necessária e suficiente a adoção da medida.

§ 3º Aceita a proposta pelo autor da infração e seu defensor, será submetida à apreciação do Juiz.

§ 4º Acolhendo a proposta do Ministério Público aceita pelo autor da infração, o Juiz aplicará a pena restritiva de direitos ou multa, que não importará em reincidência, sendo registrada apenas para impedir novamente o mesmo benefício no prazo de cinco anos.

§ 5º Da sentença prevista no parágrafo anterior caberá a apelação referida no art. 82 desta Lei.

§ 6º A imposição da sanção de que trata o § 4º deste artigo não constará de certidão de antecedentes criminais, salvo para os fins previstos no mesmo dispositivo, e não terá efeitos civis, cabendo aos interessados propor ação cabível no juízo cível.

Seção III
Do Procedimento Sumariíssimo

Art. 77. Na ação penal de iniciativa pública, quando não houver aplicação de pena, pela ausência do autor do fato, ou pela não ocorrência da hipótese prevista no art. 76 desta Lei, o Ministério Público oferecerá ao Juiz, de imediato, denúncia oral, se não houver necessidade de diligências imprescindíveis.

§ 1º Para o oferecimento da denúncia, que será elaborada com base no termo de ocorrência referido no art. 69 desta Lei, com dispensa do inquérito policial, prescindir-se-á do exame do corpo de delito quando a materialidade do crime estiver aferida por boletim médico ou prova equivalente.

§ 2º Se a complexidade ou circunstâncias do caso não permitirem a formulação da denúncia, o Ministério Público poderá requerer ao Juiz o encaminhamento das peças existentes, na forma do parágrafo único do art. 66 desta Lei.

§ 3º Na ação penal de iniciativa do ofendido poderá ser oferecida queixa oral, cabendo ao Juiz verificar se a complexidade e as circunstâncias do caso determinam a adoção das providências previstas no parágrafo único do art. 66 desta Lei.

Art. 78. Oferecida a denúncia ou queixa, será reduzida a termo, entregando-se cópia ao acusado, que com ela ficará citado e imediatamente cientificado da designação de dia e hora para a audiência de instrução e julgamento, da qual também tomarão ciência o Ministério Público, o ofendido, o responsável civil e seus advogados.

§ 1º Se o acusado não estiver presente, será citado na forma dos arts. 66 e 68 desta Lei e cientificado da data da audiência de instrução e julgamento, devendo a ela trazer suas testemunhas ou apresentar requerimento para intimação, no mínimo cinco dias antes de sua realização.

§ 2º Não estando presentes o ofendido e o responsável civil, serão intimados nos termos do art. 67 desta Lei para comparecerem à audiência de instrução e julgamento.

§ 3º As testemunhas arroladas serão intimadas na forma prevista no art. 67 desta Lei.

Art. 79. No dia e hora designados para a audiência de instrução e julgamento, se na fase preliminar não tiver havido possibilidade de tentativa de conciliação e de oferecimento de proposta pelo Ministério Público, proceder-se-á nos termos dos arts. 72, 73, 74 e 75 desta Lei.

Art. 80. Nenhum ato será adiado, determinando o Juiz, quando imprescindível, a condução coercitiva de quem deva comparecer.

Art. 81. Aberta a audiência, será dada a palavra ao defensor para responder à acusação, após o que o Juiz receberá, ou não, a denúncia ou queixa; havendo recebimento, serão ouvidas a vítima e as testemunhas de acusação e defesa, interrogando-se a seguir o acusado, se presente, passando-se imediatamente aos debates orais e à prolação da sentença.

§ 1º Todas as provas serão produzidas na audiência de instrução e julgamento, podendo o Juiz limitar ou excluir as que considerar excessivas, impertinentes ou protelatórias.

§ 2º De todo o ocorrido na audiência será lavrado termo, assinado pelo Juiz e pelas partes, contendo breve resumo dos fatos relevantes ocorridos em audiência e a sentença.

§ 3º A sentença, dispensado o relatório, mencionará os elementos de convicção do Juiz.

Art. 82. Da decisão de rejeição da denúncia ou queixa e da sentença caberá apelação, que poderá ser julgada por turma composta de três Juízes em exercício no primeiro grau de jurisdição, reunidos na sede do Juizado.

§ 1º A apelação será interposta no prazo de dez dias, contados da ciência da sentença pelo Ministério Público, pelo réu e seu defensor, por petição escrita, da qual constarão as razões e o pedido do recorrente.

§ 2º O recorrido será intimado para oferecer resposta escrita no prazo de dez dias.

§ 3º As partes poderão requerer a transcrição da gravação da fita magnética a que alude o § 3º do art. 65 desta Lei.

§ 4º As partes serão intimadas da data da sessão de julgamento pela imprensa.

§ 5º Se a sentença for confirmada pelos próprios fundamentos, a súmula do julgamento servirá de acórdão.

Art. 83.Cabem embargos de declaração quando, em sentença ou acórdão, houver obscuridade, contradição ou omissão. (Redação dada pela Lei nº 13.105, de 2015)

§ 1º Os embargos de declaração serão opostos por escrito ou oralmente, no prazo de cinco dias, contados da ciência da decisão.

§ 2º Quando opostos contra sentença, os embargos de declaração suspenderão o prazo para o recurso.

§ 2o Os embargos de declaração interrompem o prazo para a interposição de recurso.(Redação dada pela Lei nº 13.105, de 2015)

§ 3º Os erros materiais podem ser corrigidos de ofício.

Seção IV

Da Execução

Art. 84. Aplicada exclusivamente pena de multa, seu cumprimento far-se-á mediante pagamento na Secretaria do Juizado.

Parágrafo único. Efetuado o pagamento, o Juiz declarará extinta a punibilidade, determinando que a condenação não fique constando dos registros criminais, exceto para fins de requisição judicial.

Art. 85. Não efetuado o pagamento de multa, será feita a conversão em pena privativa da liberdade, ou restritiva de direitos, nos termos previstos em lei.

Art. 86. A execução das penas privativas de liberdade e restritivas de direitos, ou de multa cumulada com estas, será processada perante o órgão competente, nos termos da lei.

Seção V

Das Despesas Processuais

Art. 87. Nos casos de homologação do acordo civil e aplicação de pena restritiva de direitos ou multa (arts. 74 e 76, § 4º), as despesas processuais serão reduzidas, conforme dispuser lei estadual.

Seção VI
Disposições Finais

Art. 88. Além das hipóteses do Código Penal e da legislação especial, dependerá de representação a ação penal relativa aos crimes de lesões corporais leves e lesões culposas.

Art. 89. Nos crimes em que a pena mínima cominada for igual ou inferior a um ano, abrangidas ou não por esta Lei, o Ministério Público, ao oferecer a denúncia, poderá propor a suspensão do processo, por dois a quatro anos, desde que o acusado não esteja sendo processado ou não tenha sido condenado por outro crime, presentes os demais requisitos que autorizariam a suspensão condicional da pena (art. 77 do Código Penal).

§ 1º Aceita a proposta pelo acusado e seu defensor, na presença do Juiz, este, recebendo a denúncia, poderá suspender o processo, submetendo o acusado a período de prova, sob as seguintes condições:

I - reparação do dano, salvo impossibilidade de fazê-lo;

II - proibição de freqüentar determinados lugares;

III - proibição de ausentar-se da comarca onde reside, sem autorização do Juiz;

IV - comparecimento pessoal e obrigatório a juízo, mensalmente, para informar e justificar suas atividades.

§ 2º O Juiz poderá especificar outras condições a que fica subordinada a suspensão, desde que adequadas ao fato e à situação pessoal do acusado.

§ 3º A suspensão será revogada se, no curso do prazo, o beneficiário vier a ser processado por outro crime ou não efetuar, sem motivo justificado, a reparação do dano.

§ 4º A suspensão poderá ser revogada se o acusado vier a ser processado, no curso do prazo, por contravenção, ou descumprir qualquer outra condição imposta.

§ 5º Expirado o prazo sem revogação, o Juiz declarará extinta a punibilidade.

§ 6º Não correrá a prescrição durante o prazo de suspensão do processo.

§ 7º Se o acusado não aceitar a proposta prevista neste artigo, o processo prosseguirá em seus ulteriores termos.

Art. 90. As disposições desta Lei não se aplicam aos processos penais cuja instrução já estiver iniciada. (Vide ADIN nº 1.719-9)

Art. 90-A.As disposições desta Lei não se aplicam no âmbito da Justiça Militar. (Artigo incluído pela Lei nº 9.839, de 27.9.1999)

Art. 91. Nos casos em que esta Lei passa a exigir representação para a propositura da ação penal pública, o ofendido ou seu representante legal será intimado para oferecê-la no prazo de trinta dias, sob pena de decadência.

Art. 92. Aplicam-se subsidiariamente as disposições dos Códigos Penal e de Processo Penal, no que não forem incompatíveis com esta Lei.

Capítulo IV
Disposições Finais Comuns

Art. 93. Lei Estadual disporá sobre o Sistema de Juizados Especiais Cíveis e Criminais, sua organização, composição e competência.

Art. 94. Os serviços de cartório poderão ser prestados, e as audiências realizadas fora da sede da Comarca, em bairros ou cidades a ela pertencentes, ocupando instalações de prédios públicos, de acordo com audiências previamente anunciadas.

Art. 95. Os Estados, Distrito Federal e Territórios criarão e instalarão os Juizados Especiais no prazo de seis meses, a contar da vigência desta Lei.

Parágrafo único.No prazo de 6 (seis) meses, contado da publicação desta Lei, serão criados e instalados os Juizados Especiais Itinerantes, que deverão dirimir, prioritariamente, os conflitos existentes nas áreas rurais ou nos locais de menor concentração populacional.(Redação dada pela Lei nº 12.726, de 2012)

Art. 96. Esta Lei entra em vigor no prazo de sessenta dias após a sua publicação.

Art. 97. Ficam revogadas a Lei nº 4.611, de 2 de abril de 1965 e a Lei nº 7.244, de 7 de novembro de 1984.

Brasília, 26 de setembro de 1995; 174º da Independência e 107º da República.

FERNANDO HENRIQUE CARDOSO

Nelson A. Jobim

Este texto não substitui o publicado no DOU de 27.9.1995

ANEXO III

ENUNCIADOS ATUALIZADOS ATÉ O 43° FONAJE

ENUNCIADOS CÍVEIS

ENUNCIADO N° 1
O exercício do direito de ação no Juizado Especial Cível é facultativo para o autor.

ENUNCIADO N° 2
Substituído pelo Enunciado 58.

ENUNCIADO N° 3
Lei local não poderá ampliar a competência do Juizado Especial.

ENUNCIADO N° 4
Nos Juizados Especiais só se admite a ação de despejo prevista no art. 47, inciso III, da Lei 8.245/1991.

ENUNCIADO N° 5
A correspondência ou contra-fé recebida no endereço da parte é eficaz para efeito de citação, desde que identificado o seu recebedor.

ENUNCIADO N° 6
Não é necessária a presença do juiz togado ou leigo na Sessão de Conciliação, nem a do juiz togado na audiência de instrução conduzida por juiz leigo. (nova redação - XXXVII - Florianópolis/SC).

ENUNCIADO N° 7
A sentença que homologa o laudo arbitral é irrecorrível.

ENUNCIADO N° 8
As ações cíveis sujeitas aos procedimentos especiais não são admissíveis nos Juizados Especiais.

ENUNCIADO N° 9
O condomínio residencial poderá propor ação no Juizado Especial, nas hipóteses do art. 275, inciso II, item b, do Código de Processo Civil.

ENUNCIADO N° 10
A contestação poderá ser apresentada até a audiência de Instrução e Julgamento.

ENUNCIADO N° 11
Nas causas de valor superior a vinte salários mínimos, a ausência de contestação, escrita ou oral, ainda que presente o réu, implica revelia.

ENUNCIADO N° 12
A perícia informal é admissível na hipótese do art. 35 da Lei 9.099/1995.

ENUNCIADO Nº 13

Nos Juizados Especiais Cíveis, os prazos processuais contam-se da data da intimação ou da ciência do ato respectivo, e não da juntada do comprovante da intimação (nova redação – XXXIX Encontro - Maceió-AL).

ENUNCIADO Nº 14

Os bens que guarnecem a residência do devedor, desde que não essenciais a habitabilidade, são penhoráveis.

ENUNCIADO Nº 15

Nos Juizados Especiais não é cabível o recurso de agravo, exceto nas hipóteses dos artigos 544 e 557 do CPC. (nova redação – XXI Encontro – Vitória/ ES).

ENUNCIADO Nº 16

Cancelado.

ENUNCIADO Nº 17

Substituído pelo Enunciado 98 (XIX Encontro – Aracaju/SE).

ENUNCIADO Nº 18

Cancelado.

ENUNCIADO Nº 19

Cancelado (XXI Encontro – Vitória/ES).

ENUNCIADO Nº 20

O comparecimento pessoal da parte às audiências é obrigatório. A pessoa jurídica poderá ser representada por preposto.

ENUNCIADO Nº 21

Cancelado (XXI Encontro – Vitória/ES).

ENUNCIADO Nº 22

A multa cominatória é cabível desde o descumprimento da tutela antecipada, nos casos dos incisos V e VI, do art 52, da Lei 9.099/1995.

ENUNCIADO Nº 23

Cancelado (XXI Encontro – Vitória/ ES).

ENUNCIADO Nº 24

Cancelado (XXI Encontro – Vitória/ ES).

ENUNCIADO Nº 25

Substituído pelo Enunciado 144 (XXVIII FONAJE – Salvador/BA).

ENUNCIADO Nº 26

São cabíveis a tutela acautelatória e a antecipatória nos Juizados Especiais Cíveis (nova redação – XXIV Encontro – Florianópolis/SC).

ENUNCIADO Nº 27
Na hipótese de pedido de valor até 20 salários mínimos, é admitido pedido contraposto no valor superior ao da inicial, até o limite de 40 salários mínimos, sendo obrigatória à assistência de advogados às partes.

ENUNCIADO Nº 28
Havendo extinção do processo com base no inciso I, do art. 51, da Lei 9.099/1995, é necessária a condenação em custas.

ENUNCIADO Nº 29
Cancelado.

ENUNCIADO Nº 30
É taxativo o elenco das causas previstas na o art. 3º da Lei 9.099/1995.

ENUNCIADO Nº 31
É admissível pedido contraposto no caso de ser a parte ré pessoa jurídica.

ENUNCIADO Nº 32
Substituído pelo Enunciado 139 (XXVIII FONAJE – Salvador/BA).

ENUNCIADO Nº 33
É dispensável a expedição de carta precatória nos Juizados Especiais Cíveis, cumprindo-se os atos nas demais comarcas, mediante via postal, por ofício do Juiz, fax, telefone ou qualquer outro meio idôneo de comunicação.

ENUNCIADO Nº 34
Cancelado.

ENUNCIADO Nº 35
Finda a instrução, não são obrigatórios os debates orais.

ENUNCIADO Nº 36
A assistência obrigatória prevista no art. 9º da Lei 9.099/1995 tem lugar a partir da fase instrutória, não se aplicando para a formulação do pedido e a sessão de conciliação.

ENUNCIADO Nº 37
Em exegese ao art. 53, § 4º, da Lei 9.099/1995, não se aplica ao processo de execução o disposto no art. 18, § 2º, da referida lei, sendo autorizados o arresto e a citação editalícia quando não encontrado o devedor, observados, no que couber, os arts. 653 e 654 do Código de Processo Civil (nova redação – XXI Encontro – Vitória/ES).

ENUNCIADO Nº 38
A análise do art. 52, IV, da Lei 9.099/1995, determina que, desde logo, expeça-se o mandado de penhora, depósito, avaliação e intimação, inclusive da eventual audiência de conciliação designada, considerando-se o executado intimado com a simples entrega de cópia do referido mandado em seu endereço, devendo, nesse caso, ser certificado circunstanciadamente.

ENUNCIADO Nº 39
Em observância ao art. 2º da Lei 9.099/1995, o valor da causa corresponderá à pretensão econômica objeto do pedido.

DISPOSIÇÕES FINAIS E RELEVANTES EM SEDE DE JUIZADOS ESPECIAIS CÍVEIS ESTADUAIS

ENUNCIADO Nº 40
O conciliador ou juiz leigo não está incompatibilizado nem impedido de exercer a advocacia, exceto perante o próprio Juizado Especial em que atue ou se pertencer aos quadros do Poder Judiciário.

ENUNCIADO Nº 41
A correspondência ou contra-fé recebida no endereço do advogado é eficaz para efeito de intimação, desde que identificado o seu recebedor (nova redação – XXI Encontro – Vitória/ES).

ENUNCIADO Nº 42
Substituído pelo Enunciado 99 (XIX Encontro – Aracaju/SE).

ENUNCIADO Nº 43
Na execução do título judicial definitivo, ainda que não localizado o executado, admite-se a penhora de seus bens, dispensado o arresto. A intimação de penhora observará ao disposto no artigo 19, § 2º, da Lei 9.099/1995.

ENUNCIADO Nº 44
No âmbito dos Juizados Especiais, não são devidas despesas para efeito do cumprimento de diligências, inclusive, quando da expedição de cartas precatórias.

ENUNCIADO Nº 45
Substituído pelo Enunciado 75.

ENUNCIADO Nº 46
A fundamentação da sentença ou do acórdão poderá ser feita oralmente, com gravação por qualquer meio, eletrônico ou digital, consignando-se apenas o dispositivo na ata (nova redação – XIV Encontro – São Luis/MA).

ENUNCIADO Nº 47
Substituído pelo Enunciado 135 (XXVII FONAJE – Palmas/TO).

ENUNCIADO Nº 48
O disposto no parágrafo 1º do art. 9º da lei 9.099/1995 é aplicável às microempresas e às empresas de pequeno porte (nova redação – XXI Encontro – Vitória/ES).

ENUNCIADO Nº 49
Cancelado (XXI Encontro – Vitória/ES).

ENUNCIADO Nº 50
Para efeito de alçada, em sede de Juizados Especiais, tomar-se-á como base o salário mínimo nacional.

ENUNCIADO Nº 51
Os processos de conhecimento contra empresas sob liquidação extrajudicial, concordata ou recuperação judicial devem prosseguir até a sentença de mérito, para constituição do título executivo judicial, possibilitando a parte habilitar o seu crédito, no momento oportuno, pela via própria (nova redação – XXI Encontro – Vitória/ES).

ENUNCIADO Nº 52
Os embargos à execução poderão ser decididos pelo juiz leigo, observado o art. 40 da Lei nº 9.099/1995.

ENUNCIADO Nº 53
Deverá constar da citação a advertência, em termos claros, da possibilidade de inversão do ônus da prova.

ENUNCIADO Nº 54
A menor complexidade da causa para a fixação da competência é aferida pelo objeto da prova e não em face do direito material.

ENUNCIADO Nº 55
Substituído pelo Enunciado 76.

ENUNCIADO Nº 56
Cancelado.

ENUNCIADO Nº 57
Cancelado.

ENUNCIADO Nº 58 (Substitui o Enunciado 2)
As causas cíveis enumeradas no art. 275 II, do CPC admitem condenação superior a 40 salários mínimos e sua respectiva execução, no próprio Juizado.

ENUNCIADO Nº 59
Admite-se o pagamento do débito por meio de desconto em folha de pagamento, após anuência expressa do devedor e em percentual que reconheça não afetar sua subsistência e a de sua família, atendendo sua comodidade e conveniência pessoal.

ENUNCIADO Nº 60
É cabível a aplicação da desconsideração da personalidade jurídica, inclusive na fase de execução. (nova redação – XIII Encontro – Campo Grande/MS).

ENUNCIADO Nº 61
Cancelado (XIII Encontro – Campo Grande/MS).

ENUNCIADO Nº 62
Cabe exclusivamente às Turmas Recursais conhecer e julgar o mandado de segurança e o habeas corpus impetrados em face de atos judiciais oriundos dos Juizados Especiais.

ENUNCIADO Nº 63
Contra decisões das Turmas Recursais são cabíveis somente os embargos declaratórios e o Recurso Extraordinário.

ENUNCIADO Nº 64
Cancelado (XVI Encontro – Rio de Janeiro/RJ).

ENUNCIADO Nº 65
Cancelado (XVI Encontro – Rio de Janeiro/RJ).

ENUNCIADO Nº 66
Cancelado (XXI Encontro – Vitória/ES).

DISPOSIÇÕES FINAIS E RELEVANTES EM SEDE DE JUIZADOS ESPECIAIS CÍVEIS ESTADUAIS

ENUNCIADO N° 67
Substituído pelo Enunciado 91.

ENUNCIADO N° 68
Somente se admite conexão em Juizado Especial Cível quando as ações puderem submeter-se à sistemática da Lei 9099/1995.

ENUNCIADO N° 69
As ações envolvendo danos morais não constituem, por si só, matéria complexa.

ENUNCIADO N° 70
As ações nas quais se discute a ilegalidade de juros não são complexas para o fim de fixação da competência dos Juizados Especiais, exceto quando exigirem perícia contábil (nova redação – XXX Encontro – São Paulo/SP).

ENUNCIADO N° 71
É cabível a designação de audiência de conciliação em execução de título judicial.

ENUNCIADO N° 72
Substituído pelo Enunciado 148 (XXIX Encontro – Bonito/MS).

ENUNCIADO N° 73
As causas de competência dos Juizados Especiais em que forem comuns o objeto ou a causa de pedir poderão ser reunidas para efeito de instrução, se necessária, e julgamento.

ENUNCIADO N° 74
A prerrogativa de foro na esfera penal não afasta a competência dos Juizados Especiais Cíveis.

ENUNCIADO N° 75 (Substitui o Enunciado 45)
A hipótese do § 4°, do 53, da Lei 9.099/1995, também se aplica às execuções de título judicial, entregando-se ao exeqüente, no caso, certidão do seu crédito, como título para futura execução, sem prejuízo da manutenção do nome do executado no Cartório Distribuidor (nova redação – XXI Encontro – Vitória/ES).

ENUNCIADO N° 76 (Substitui o Enunciado 55)
No processo de execução, esgotados os meios de defesa e inexistindo bens para a garantia do débito, expede-se a pedido do exeqüente certidão de dívida para fins de inscrição no serviço de Proteção ao Crédito – SPC e SERASA, sob pena de responsabilidade.

ENUNCIADO N° 77
O advogado cujo nome constar do termo de audiência estará habilitado para todos os atos do processo, inclusive para o recurso (XI Encontro – Brasília-DF).

ENUNCIADO N° 78
O oferecimento de resposta, oral ou escrita, não dispensa o comparecimento pessoal da parte, ensejando, pois, os efeitos da revelia (XI Encontro – Brasília-DF).

ENUNCIADO N° 79
Designar-se-á hasta pública única, se o bem penhorado não atingir valor superior a sessenta salários mínimos (nova redação – XXI Encontro- Vitória/ES)

ENUNCIADO N° 80
O recurso Jnominado será julgado deserto quando não houver o recolhimento integral do preparo e sua respectiva comprovação pela parte, no prazo de 48 horas, não admitida a complementação intempestiva (art. 42, § 1º, da Lei 9.099/1995) (nova redação – XII Encontro Maceió-AL).

ENUNCIADO N° 81
A arrematação e a adjudicação podem ser impugnadas, no prazo de cinco dias do ato, por simples pedido (nova redação – XXI Encontro- Vitória/ES).

ENUNCIADO N° 82
Nas ações derivadas de acidentes de trânsito a demanda poderá ser ajuizada contra a seguradora, isolada ou conjuntamente com os demais coobrigados (XIII Encontro – Campo Grande/MS).

ENUNCIADO N° 83
Cancelado (XIX Encontro – Aracaju/SE).

ENUNCIADO N° 84
Compete ao Presidente da Turma Recursal o juízo de admissibilidade do Recurso Extraordinário, salvo disposição em contrário (nova redação – XXII Encontro – Manaus/AM).

ENUNCIADO N° 85
O Prazo para recorrer da decisão de Turma Recursal fluirá da data do julgamento (XIV Encontro – São Luis/MA).

ENUNCIADO N° 86
Os prazos processuais nos procedimentos sujeitos ao rito especial dos Juizados Especiais não se suspendem e nem se interrompem (nova redação – XXI Encontro – Vitória/ES).

ENUNCIADO N° 87
A Lei 10.259/2001 não altera o limite da alçada previsto no artigo 3º, inciso I, da Lei 9099/1995 (XV Encontro – Florianópolis/SC).

ENUNCIADO N° 88
Não cabe recurso adesivo em sede de Juizado Especial, por falta de expressa previsão legal (XV Encontro – Florianópolis/SC).

ENUNCIADO N° 89
A incompetência territorial pode ser reconhecida de ofício no sistema de juizados especiais cíveis (XVI Encontro – Rio de Janeiro/RJ).

ENUNCIADO N° 90
A desistência da ação, mesmo sem a anuência do réu já citado, implicará a extinção do processo sem resolução do mérito, ainda que tal ato se dê em audiência de instrução e julgamento, salvo quando houver indícios de litigância de má-fé ou lide temerária (nova redação – XXXVIII Encontro – Belo Horizonte-MG).

ENUNCIADO Nº 91 (Substitui o Enunciado 67)
O conflito de competência entre juízes de Juizados Especiais vinculados à mesma Turma Recursal será decidido por esta. Inexistindo tal vinculação, será decidido pela Turma Recursal para a qual for distribuído (nova redação – XXII Encontro – Manaus/AM).

ENUNCIADO Nº 92
Nos termos do art. 46 da Lei nº 9099/1995, é dispensável o relatório nos julgamentos proferidos pelas Turmas Recursais (XVI Encontro – Rio de Janeiro/RJ).

ENUNCIADO Nº 93
Substituído pelo Enunciado 140 (XXVIII FONAJE – Salvador/BA).

ENUNCIADO Nº 94
É cabível, em Juizados Especiais Cíveis, a propositura de ação de revisão de contrato, inclusive quando o autor pretenda o parcelamento de dívida, observado o valor de alçada, exceto quando exigir perícia contábil (nova redação – XXX FONAJE – São Paulo/SP).

ENUNCIADO Nº 95
Finda a audiência de instrução, conduzida por Juiz Leigo, deverá ser apresentada a proposta de sentença ao Juiz Togado em até dez dias, intimadas as partes no próprio termo da audiência para a data da leitura da sentença (XVIII Encontro – Goiânia/GO).

ENUNCIADO Nº 96
A condenação do recorrente vencido, em honorários advocatícios, independe da apresentação de contra-razões (XVIII Encontro – Goiânia/GO).

ENUNCIADO Nº 97
A multa prevista no art. 523, § 1º, do CPC/2015 aplica-se aos Juizados Especiais Cíveis, ainda que o valor desta, somado ao da execução, ultrapasse o limite de alçada; a segunda parte do referido dispositivo não é aplicável, sendo, portanto, indevidos honorários advocatícios de dez por cento (nova redação – XXXVIII Encontro – Belo Horizonte-MG).

ENUNCIADO Nº 98 (Substitui o Enunciado 17)
É vedada a acumulação SIMULTÂNEA das condições de preposto e advogado na mesma pessoa (art. 35, I e 36, II da Lei 8906/1994 combinado com o art. 23 do Código de Ética e Disciplina da OAB) (XIX Encontro – Aracaju/SE).

ENUNCIADO Nº 99 (Substitui o Enunciado 42)
O preposto que comparece sem carta de preposição, obriga-se a apresentá-la no prazo que for assinado, para validade de eventual acordo, sob as penas dos artigos 20 e 51, I, da Lei nº 9099/1995, conforme o caso (XIX Encontro – Aracaju/SE).

ENUNCIADO Nº 100
A penhora de valores depositados em banco poderá ser feita independentemente de a agência situar-se no Juízo da execução (XIX Encontro – Aracaju/SE).

ENUNCIADO Nº 101
O art. 332 do CPC/2015 aplica-se ao Sistema dos Juizados Especiais; e o disposto no respectivo inc. IV também abrange os enunciados e súmulas de seus órgãos colegiados (nova redação – XXXVIII Encontro – Belo Horizonte-MG).

ENUNCIADO Nº 102

O relator, nas Turmas Recursais Cíveis, em decisão monocrática, poderá negar seguimento a recurso manifestamente inadmissível, improcedente, prejudicado ou em desacordo com Súmula ou jurisprudência dominante das Turmas Recursais ou da Turma de Uniformização ou ainda de Tribunal Superior, cabendo recurso interno para a Turma Recursal, no prazo de cinco dias (Alterado no XXXVI Encontro – Belém/PA).

ENUNCIADO 103

O relator, nas Turmas Recursais Cíveis, em decisão monocrática, poderá dar provimento a recurso se a decisão estiver em manifesto confronto com Súmula do Tribunal Superior ou Jurisprudência dominante do próprio juizado, cabendo recurso interno para a Turma Recursal, no prazo de 5 dias (alterado no XXXVI Encontro – Belém/PA).

ENUNCIADO Nº 104

Substituído pelo Enunciado 142 (XXVIII Encontro – Salvador/BA).

ENUNCIADO Nº 105

Cancelado (XXXIII Encontro – Cuiabá/MT).

ENUNCIADO Nº 106

Havendo dificuldade de pagamento direto ao credor, ou resistência deste, o devedor, a fim de evitar a multa de 10%, deverá efetuar depósito perante o juízo singular de origem, ainda que os autos estejam na instância recursal (XIX Encontro – Aracaju/SE).

ENUNCIADO Nº 107

Nos acidentes ocorridos antes da MP 340/06, convertida na Lei nº 11.482/07, o valor devido do seguro obrigatório é de 40 (quarenta) salários mínimos, não sendo possível modificá-lo por Resolução do CNSP e/ou Susep (nova redação – XXVI Encontro – Fortaleza/CE).

ENUNCIADO Nº 108

A mera recusa ao pagamento de indenização decorrente de seguro obrigatório não configura dano moral (XIX Encontro – Aracaju/SE).

ENUNCIADO Nº 109

Cancelado (XXIX Encontro – Bonito/MS).

ENUNCIADO Nº 110

Substituído pelo Enunciado 141 (XXVIII Encontro – Salvador/BA).

ENUNCIADO Nº 111

O condomínio, se admitido como autor, deve ser representado em audiência pelo síndico, ressalvado o disposto no § 2º do art. 1.348 do Código Civil (nova redação – XXI Encontro – Vitória/ES).

ENUNCIADO Nº 112

A intimação da penhora e avaliação realizada na pessoa do executado dispensa a intimação do advogado. Sempre que possível o oficial de Justiça deve proceder a intimação do executado no mesmo momento da constrição judicial (art.º 475, § 1º CPC) (XX Encontro – São Paulo/SP).

ENUNCIADO Nº 113
As turmas recursais reunidas poderão, mediante decisão de dois terços dos seus membros, salvo disposição regimental em contrário, aprovar súmulas (XIX Encontro – São Paulo/SP).

ENUNCIADO Nº 114
A gratuidade da justiça não abrange o valor devido em condenação por litigância de má-fé (XX Encontro – São Paulo/SP).

ENUNCIADO Nº 115
Indeferida a concessão do benefício da gratuidade da justiça requerido em sede de recurso, conceder-se-á o prazo de 48 horas para o preparo (XX Encontro – São Paulo/SP).

ENUNCIADO Nº 116
O Juiz poderá, de ofício, exigir que a parte comprove a insuficiência de recursos para obter a concessão do benefício da gratuidade da justiça (art. 5º, LXXIV, da CF), uma vez que a afirmação da pobreza goza apenas de presunção relativa de veracidade (XX Encontro – São Paulo/SP).

ENUNCIADO Nº 117
É obrigatória a segurança do Juízo pela penhora para apresentação de embargos à execução de título judicial ou extrajudicial perante o Juizado Especial (XXI Encontro – Vitória/ES).

ENUNCIADO Nº 118
Quando manifestamente inadmissível ou infundado o recurso interposto, a turma recursal ou o relator em decisão monocrática condenará o recorrente a pagar multa de 1% e indenizar o recorrido no percentual de até 20% do valor da causa, ficando a interposição de qualquer outro recurso condicionada ao depósito do respectivo valor (XXI Encontro – Vitória/ES).

ENUNCIADO Nº 119
Substituído pelo Enunciado 147 (XXIX Encontro – Bonito/MS).

ENUNCIADO Nº 120
A multa derivada de descumprimento de antecipação de tutela é passível de execução mesmo antes do trânsito em julgado da sentença (XXI Encontro – Vitória/ES).

ENUNCIADO Nº 121
Os fundamentos admitidos para embargar a execução da sentença estão disciplinados no art. 52, inciso IX, da Lei 9.099/95 e não no artigo 475-L do CPC, introduzido pela Lei 11.232/05 (XXI Encontro – Vitória/ES).

ENUNCIADO Nº 122
É cabível a condenação em custas e honorários advocatícios na hipótese de não conhecimento do recurso inominado (XXI Encontro – Vitória/ES).

ENUNCIADO Nº 123
O art. 191 do CPC não se aplica aos processos cíveis que tramitam perante o Juizado Especial (XXI Encontro – Vitória/ES).

ENUNCIADO Nº 124
Das decisões proferidas pelas Turmas Recursais em mandado de segurança não cabe recurso ordinário (XXI Encontro – Vitória/ES).

ENUNCIADO Nº 125
Nos juizados especiais, não são cabíveis embargos declaratórios contra acórdão ou súmula na hipótese do art. 46 da Lei nº 9.099/1995, com finalidade exclusiva de prequestionamento, para fins de interposição de recurso extraordinário (XXI Encontro – Vitória/ES).

ENUNCIADO Nº 126
Em execução eletrônica de título extrajudicial, o título de crédito será digitalizado e o original apresentado até a sessão de conciliação ou prazo assinado, a fim de ser carimbado ou retido pela secretaria (XXIV Encontro – Florianópolis/SC).

ENUNCIADO Nº 127
O cadastro de que trata o art. 1.º, § 2.º, III, "b", da Lei nº. 11.419/2006 deverá ser presencial e não poderá se dar mediante procuração, ainda que por instrumento público e com poderes especiais (XXIV Encontro – Florianópolis/SC).

ENUNCIADO Nº 128
Além dos casos de segredo de justiça e sigilo judicial, os documentos digitalizados em processo eletrônico somente serão disponibilizados aos sujeitos processuais, vedado o acesso a consulta pública fora da secretaria do juízado (XXIV Encontro – Florianópolis/SC).

ENUNCIADO Nº 129
Nos juizados especiais que atuem com processo eletrônico, ultimado o processo de conhecimento em meio físico, a execução dar-se-á de forma eletrônica, digitalizando as peças necessárias (XXIV Encontro – Florianópolis/SC).

ENUNCIADO Nº 130
Os documentos digitais que impliquem efeitos no meio não digital, uma vez materializados, terão a autenticidade certificada pelo Diretor de Secretaria ou Escrivão (XXIV Encontro – Florianópolis/SC).

ENUNCIADO Nº 131
As empresas públicas e sociedades de economia mista dos Estados, do Distrito Federal e dos Municípios podem ser demandadas nos Juizados Especiais (XXV Encontro – São Luís/MA).

ENUNCIADO Nº 132
Substituído pelo Enunciado 144 (XXVIII Encontro – Salvador/BA).

ENUNCIADO Nº 133
O valor de alçada de 60 salários mínimos previsto no artigo 2º da Lei 12.153/09, não se aplica aos Juizados Especiais Cíveis, cujo limite permanece em 40 salários mínimos (XXVII Encontro – Palmas/TO).

ENUNCIADO Nº 134
As inovações introduzidas pelo artigo 5º da Lei 12.153/09 não são aplicáveis aos Juizados Especiais Cíveis (Lei 9.099/95) (XXVII Encontro – Palmas/TO).

DISPOSIÇÕES FINAIS E RELEVANTES EM SEDE DE JUIZADOS ESPECIAIS CÍVEIS ESTADUAIS 153

ENUNCIADO Nº 135 (substitui o Enunciado 47)
O acesso da microempresa ou empresa de pequeno porte no sistema dos juizados especiais depende da comprovação de sua qualificação tributária atualizada e documento fiscal referente ao negócio jurídico objeto da demanda. (XXVII Encontro – Palmas/TO).

ENUNCIADO Nº 136
O reconhecimento da litigância de má-fé poderá implicar em condenação ao pagamento de custas, honorários de advogado, multa e indenização nos termos dos artigos 55, caput, da lei 9.099/95 e 18 do Código de Processo Civil (XXVII Encontro – Palmas/TO).

ENUNCIADO Nº 137
Enunciado renumerado como nº 8 da Fazenda Pública (XXXII Encontro – Armação de Búzios/RJ).

ENUNCIADO Nº 138
Enunciado renumerado como nº 9 da Fazenda Pública (XXXII Encontro – Armação de Búzios/RJ).

ENUNCIADO Nº 139 (substitui o Enunciado 32)
A exclusão da competência do Sistema dos Juizados Especiais quanto às demandas sobre direitos ou interesses difusos ou coletivos, dentre eles os individuais homogêneos, aplica-se tanto para as demandas individuais de natureza multitudinária quanto para as ações coletivas. Se, no exercício de suas funções, os juízes e tribunais tiverem conhecimento de fatos que possam ensejar a propositura da ação civil coletiva, remeterão peças ao Ministério Público e/ou à Defensoria Pública para as providências cabíveis (Alterado no XXXVI Encontro – Belém/PA).

ENUNCIADO Nº 140
(Substitui o Enunciado 93) – O bloqueio on-line de numerário será considerado para todos os efeitos como penhora, dispensando-se a lavratura do termo e intimando-se o devedor da constrição (XXVIII Encontro – Salvador/BA).

ENUNCIADO Nº 141
(Substitui o Enunciado 110)
A microempresa e a empresa de pequeno porte, quando autoras, devem ser representadas, inclusive em audiência, pelo empresário individual ou pelo sócio dirigente (XXVIII Encontro – Salvador/BA).

ENUNCIADO Nº 142 (Substitui o Enunciado 104)
Na execução por título judicial o prazo para oferecimento de embargos será de quinze dias e fluirá da intimação da penhora (XXVIII Encontro – Salvador/BA).

ENUNCIADO Nº 143
A decisão que põe fim aos embargos à execução de título judicial ou extrajudicial é sentença, contra a qual cabe apenas recurso inominado (XXVIII Encontro – Salvador/BA).

ENUNCIADO Nº 144 (Substitui o Enunciado 132)
A multa cominatória não fica limitada ao valor de 40 salários mínimos, embora deva ser razoavelmente fixada pelo Juiz, obedecendo ao valor da obrigação principal, mais perdas e danos, atendidas as condições econômicas do devedor (XXVIII Encontro – Salvador/BA).

ENUNCIADO Nº 145
A penhora não é requisito para a designação de audiência de conciliação na execução fundada em título extrajudicial (XXIX Encontro – Bonito/MS).

ENUNCIADO Nº 146
A pessoa jurídica que exerça atividade de factoring e de gestão de créditos e ativos financeiros, excetuando as entidades descritas no art. 8º, § 1º, inciso IV, da Lei nº 9.099/95, não será admitida a propor ação perante o Sistema dos Juizados Especiais (art. 3º, § 4º, VIII, da Lei Complementar nº 123, de 14 de dezembro de 2006) (XXIX Encontro – Bonito/MS).

ENUNCIADO Nº 147 (Substitui o Enunciado 119)
A constrição eletrônica de bens e valores poderá ser determinada de ofício pelo juiz (XXIX Encontro – Bonito/MS).

ENUNCIADO Nº 148 (Substitui o Enunciado 72)
Inexistindo interesse de incapazes, o Espólio pode ser parte nos Juizados Especiais Cíveis (XXIX Encontro – Bonito/MS).

ENUNCIADO Nº 149
Enunciado renumerado como nº 2 da Fazenda Pública (XXIX Encontro – Bonito/MS).

ENUNCIADO Nº 150
Enunciado renumerado como nº 3 da Fazenda Pública (XXIX Encontro – Bonito/MS).

ENUNCIADO Nº 151
Cancelado (XXIX FONAJE – Bonito/MS).

ENUNCIADO Nº 152
Enunciado renumerado como nº 5 da Fazenda Pública (XXIX Encontro – Bonito/MS).

ENUNCIADO Nº 153
Enunciado renumerado como nº 6 da Fazenda Pública (XXIX Encontro – Bonito/MS).

ENUNCIADO Nº 154
Enunciado renumerado como nº 1 da Fazenda Pública (XXIX Encontro – Bonito/MS).

ENUNCIADO Nº 155
Admitem-se embargos de terceiro, no sistema dos juizados, mesmo pelas pessoas excluídas pelo parágrafo primeiro do art. 8 da lei 9.099/95 (XXIX Encontro – Bonito/MS).

ENUNCIADO Nº 156
Na execução de título judicial, o prazo para oposição de embargos flui da data do depósito espontâneo, valendo este como termo inicial, ficando dispensada a lavratura de termo de penhora (XXX Encontro – São Paulo/SP).

ENUNCIADO Nº 157
Nos Juizados Especiais Cíveis, o autor poderá aditar o pedido até o momento da audiência de instrução e julgamento, ou até a fase instrutória, resguardado ao réu o respectivo direito de defesa (nova redação – XXXIX Encontro - Maceió-AL).

ENUNCIADO Nº 158
Cancelado (XXXIII Encontro – Cuiabá/MT).

ENUNCIADO Nº 159
Não existe omissão a sanar por meio de embargos de declaração quando o acórdão não enfrenta todas as questões arguidas pelas partes, desde que uma delas tenha sido suficiente para o julgamento do recurso (XXX Encontro – São Paulo/SP).

ENUNCIADO Nº 160
Nas hipóteses do artigo 515, § 3º, do CPC, e quando reconhecida a prescrição na sentença, a turma recursal, dando provimento ao recurso, poderá julgar de imediato o mérito, independentemente de requerimento expresso do recorrente.

ENUNCIADO Nº 161
Considerado o princípio da especialidade, o CPC/2015 somente terá aplicação ao Sistema dos Juizados Especiais nos casos de expressa e específica remissão ou na hipótese de compatibilidade com os critérios previstos no art. 2º da Lei 9.099/95 (XXXVIII Encontro – Belo Horizonte-MG).

ENUNCIADO Nº 162
Não se aplica ao Sistema dos Juizados Especiais a regra do art. 489 do CPC/2015 diante da expressa previsão contida no art. 38, caput, da Lei 9.099/95 (XXXVIII Encontro – Belo Horizonte-MG).

ENUNCIADO Nº 163
Os procedimentos de tutela de urgência requeridos em caráter antecedente, na forma prevista nos arts. 303 a 310 do CPC/2015, são incompatíveis com o Sistema dos Juizados Especiais (XXXVIII Encontro – Belo Horizonte-MG).

ENUNCIADO Nº 164
O art. 229, caput, do CPC/2015 não se aplica ao Sistema de Juizados Especiais (XXXVIII Encontro – Belo Horizonte-MG).

ENUNCIADO Nº 165
Nos Juizados Especiais Cíveis, todos os prazos serão contados de forma contínua (XXXIX Encontro - Maceió-AL).

ENUNCIADO Nº 166
Nos Juizados Especiais Cíveis, o juízo prévio de admissibilidade do recurso será feito em primeiro grau (XXXIX Encontro - Maceió-AL).

ENUNCIADO Nº 167
Não se aplica aos Juizados Especiais a necessidade de publicação no Diário Eletrônico quando o réu for revel - art. 346 do CPC (XL Encontro - Brasília-DF).

ENUNCIADO Nº 168
Não se aplica aos recursos dos Juizados Especiais o disposto no artigo 1.007 do CPC 2015 (XL Encontro - Brasília-DF).

ENUNCIADO Nº 169
O disposto nos §§1.º e 5.º do art. 272 do CPC/2015 não se aplica aos Juizados Especiais (XLI Encontro - Porto Velho-RO).

ENUNCIADO Nº 170

No Sistema dos Juizados Especiais, não se aplica o disposto no inc. V do art. 292 do CPC/2015 especificamente quanto ao pedido de dano moral; caso o autor opte por atribuir um valor específico, este deverá ser computado conjuntamente com o valor da pretensão do dano material para efeito de alçada e pagamento de custas (XLI Encontro - Porto Velho-RO).

ENUNCIADO Nº 171

Na Justiça Itinerante podem ser flexibilizadas as regras procedimentais, ante as contingências fáticas da região atendida, observando-se sempre as garantias do contraditório e do devido processo legal (43.º Encontro - Macapá - AP).

PARTE II

JUIZADOS ESPECIAIS CÍVEIS FEDERAIS

NOÇÕES GERAIS

1. Nota introdutória

Nesta segunda parte da presente obra, o conteúdo a ser debruçado é aquele do processo no âmbito dos Juizados Federais Cíveis Estaduais.

Despiciendo se faz afirmar que, não somente pelo fato de ser precedido pelo Juizados Especiais Estaduais, mas também por receber uma forte influência no que toca, em geral, aos conteúdos de natureza principiológica e de índole estrutural-procedimental, não serão novamente repetidos os detalhes já traçados e devidamente enfrentados na "Parte I" da presente obra, que se acendem sobre os Juizados que se estaremos agora a enfrentar, tudo com o fito de se evitar prolixidez e conteúdos tautológicos, comprometendo então a linguagem e objetivos por nós traçados.

Para isso, portanto, solicita-se ao leitor que, quando afirmarmos a similitude de um conteúdo aqui descrito para com os Juizados Especiais Cíveis Estaduais, dirija-se ao capítulo pertinente na "Parte I" supracitada, para fins de se estender a leitura com alcance mais específico no instituto de interesse.

2. Breve escorço histórico da instituição legal do Juizado Especial Federal

A Constituição Federal de 1988, em seu inciso I do caput do art. 98, dispunha que a União, no Distrito Federal e nos Territórios, e os Estados criariam juizados especiais, mas não detalhavam acerca da criação dos Juizados Especiais na Justiça Federal.

Com o advento da Emenda Constitucional n. 22, de 18 de março de 1999, fora acrescentado um parágrafo ao art. 98 da CF/88, dispondo sobre a criação de juizados especiais no âmbito da Justiça Federal.[1]

No entanto tal implantação estava a depender de lei ordinária o que, em 12 de janeiro de 2001, o Presidente da República, por meio da Mensagem 21, encaminhou ao Congresso Nacional o projeto de lei dispondo sobre "a instituição dos Juizados Especiais Cíveis e Criminais no âmbito da Justiça Federal".

Dito projeto resultou de trabalho de uma Comissão integrada pelos Ministros do Superior Tribunal de Justiça Fontes de Alencar, Ruy Rosado de Aguiar, José Arnaldo da Fonseca, Sálvio de Figueiredo, Ari Pargendler e Fátima Nancy, cujo texto fora aprovado pelo Conselho de Justiça Federal e pelo Plenário do STJ.

No âmbito do Poder Executivo, por meio da Portaria Interministerial n.5, de 27 de setembro de 2000, foi também constituída uma Comissão de Trabalho composta por representantes da Advocacia Geral da União, do Ministério da Justiça, da Secretaria do Tesouro Nacional, da Secretaria de Orçamento Federal e do Instituto Nacional do Seguro Social – INSS, com o fito de estudar o anteprojeto apresentado pelo STJ, mais precisamente no que se refere ao impacto da proposta nas áreas orçamentária e financeira," e os procedimentos a serem adotados para a sua viabilização na prática, tais a previsão orçamentária, sistemática de inclusão no orçamento, forma de liberação e o pagamento".[2]

Na Comissão de Constituição e Justiça e de Redação da Câmara dos Deputados, o Deputado Moroni Torgan pontuou que o projeto deveria partir do

---

[1] Aludido parágrafo renumerado pela Emenda Constitucional n.45/2004, com o seguinte texto:
"Art. 98 (...)
§ 1º Lei federal disporá sobre a criação de juizados especiais no âmbito da Justiça Federal."

[2] *Publicação da Secretaria Especial de Editoração e Publicações do Senado Federal*, Brasília, 2000, p. 18.

NOÇÕES GERAIS

próprio Poder Judiciário e não do Poder Executivo[3], mas, não obstante a isso, o aceitou sob algumas ponderações.[4]

No dia 12 de junho de 2001, o projeto foi aprovado na Câmara dos Deputados e, em seguida, enviado ao Senado Federal que em 26 de junho de 2001 se deu como aprovado pela Comissão de Constituição e Justiça, à época presidida pelo senador Bernardo Cabral. Um dia após, foi aprovado pelo Plenário do Senado Federal.

Por fim, em 12 de julho de 2001, sancionada foi a Lei n. 10.259, com sua publicação no Diário Oficial da União no dia posterior, sendo, portanto, a festejada *lex* responsável por disciplinar a implantação e o regramento do necessário Juizados Especiais Federais.

Insta ainda anotar que, não obstante à sua lei específica, Juizados Especiais Federais recebem aplicáveis subsidiárias da Lei n. 9.099, de 26.09.1995, mas apenas subsidiariamente.

Em consonância com o acima afirmado é que sustenta o art. 1º Lei n. 10. 259/01:

"São instituídos os Juizados Especiais Cíveis e Criminais da Justiça Federal aos quais se aplica, no que não conflitar com esta Lei, o disposto na Lei n. 9.099, de 26 de setembro de 1995".

Ainda que não expresso pela Lei n. 10.259/01, entendo que o Código de Processo Civil possui, neste ínterim, também aplicação subsidiária,[5] mormente,

---

[3] Constituição Federal de 1988:
"*Art. 61. A iniciativa das leis complementares e ordinárias cabe a qualquer membro ou Comissão da Câmara dos Deputados, do Senado Federal ou do Congresso Nacional, ao Presidente da República, ao Supremo Tribunal Federal, aos Tribunais Superiores, ao Procurador-Geral da República e aos cidadãos, na forma e nos casos previstos nesta Constituição.*"
Art. 96. Compete privativamente:
(...)
II - ao Supremo Tribunal Federal, aos Tribunais Superiores e aos Tribunais de Justiça propor ao Poder Legislativo respectivo, observado o disposto no art. 169:
(...)
d) a alteração da organização e da divisão judiciárias;".

[4] "Embora a iniciativa do presente Projeto de Lei tenha partido do Poder Executivo, o que culminaria em sua inconstitucionalidade, pois a iniativa de lei que diga respeito aos tribunais, sua competência e funcionamento dos respectivos órgãos jurisdicionais e administrativos, bem como a alteração da organização e da divisão judiciárias (artigos 61, caput, e 96, II) é da sua competência privativa, a verdade é que ele é oriundo do Superior Tribunal de Justiça, o que o escoima de tal vício." *Publicação da Secretaria Especial de Editoração e Publicações do Senado Federal*, Brasília, 2000, p. 21.

[5] No mesmo sentido da aplicação subsidiária, cf. CÂMARA, Alexandre Freitas. *Juizados Especiais Cíveis Estaduais, Federais e da Fazenda Pública. Uma abordagem crítica.* 6 ed. Rio de

como se verá na Parte III da presente obra, se faz expressamente agasalhado pelo art. 27 da Lei n. 12.153/09, esta que regula os Juizados da Fazenda Pública no âmbito dos Estados, do Distrito Federal, dos Territórios e dos Municípios; por mais força ainda se tem a convicção do presente entendimento quando se observa atentamente o que prenuncia o art.1º desta mesma lei, pontificando a existência do já afirmado no início da presente obra: a existência de um Sistema dos Juizados Especiais. *In verbis*:

> *Art. 1º Os Juizados Especiais da Fazenda Pública, órgãos da justiça comum e integrantes do Sistema dos Juizados Especiais, serão criados pela União, no Distrito Federal e nos Territórios, e pelos Estados, para conciliação, processo, julgamento e execução, nas causas de sua competência.*
>
> *Parágrafo único.* **O sistema dos Juizados Especiais dos Estados e do Distrito Federal é formado pelos Juizados Especiais Cíveis, Juizados Especiais Criminais e Juizados Especiais da Fazenda Pública.** (grifo nosso).

3. Princípios orientadores

De acordo com a regra da subsidiariedade, aplicam-se aos Juizados Especiais Federais, os mesmos princípios preconizados pela Lei n. 9.099/95, quais sejam: a *oralidade*, a *economia processual*, a *simplicidade*, a *informalidade* e a *celeridade*.

Tais conteúdos já foram sumamente explorados no Capítulo I, *item* 3 da Parte I da presente obra, de modo e em fiel cumprimento ao que prometemos no *item* I do presente Capítulo, solicitamos ao leitor, sem maiores delongas, a se dirigir ao local retro mencionado para o aprofundamento específico deste tópico.

Não obstante a isso, apenas a título de apontamentos necessários, vale ressaltar que em respeito ao princípio da *oralidade*, admite-se no âmbito dos JEF's a apresentação oral do pedido e da defesa, como também prevê nos arts. 14 e 30 da Lei n. 9.099/95.

Já o princípio da *economia processual* se pauta na ideia de conceder às partes o máximo de resultado com o mínimo de esforço ou esmero formal nas formas processuais para atingir os fins desejados do justo bem como na gratuidade do processo.

O esforço na solução conciliatória não deixa de ser característica indelével em procedimentos sumaríssimos, pautados na economia dos atos bem como na prevista celeridade procedimental.

Janeiro: Lumen Juris, 2010, p. 196.

Com relação ao princípio da *simplicidade*, a demanda deve caminhar sem ensejar incidentes processuais, *v.g.,* intervenções de terceiros, porém nada impede, até por motivos voltados ao próprio compromisso do processo com sua gênese ética, o cabimento das ditas exceções processuais (suspeição ou impedimento do juiz).

Já no que se refere aos princípios da *informalidade* e *celeridade* em sede de JEF's - extensivo também ao princípio da *simplicidade* - tratam de desdobramentos lógicos do que se tem como interpretação extensiva do aludido princípio da economia processual, pois que se mira em uma justiça voltada, sobretudo, à celeridade dos conflitos e destinada ao leigo ou nas palavras de Calamandrei, *L'uomo della strada*[6], a simplicidade no processamento e a informalidade dos atos, devendo estes, inclusive, sobrepor a qualquer exigência de conotação formalista sem que se justifique.

No caso da informalidade, tem-se como marcante em tal juizados especiais cíveis federais, a não exigência de representação no processo por advogado habilitado para participação e práticas procedimentais (intervenção técnica), independente de qual seja o valor de alçada apontado para demanda (ressaltando-se aqui que, como se verá mais adiante, nos JEF's, as ações devem ter o seu valor máximo determinado em até 60 salários mínimos[7]), diferentemente do que se observa no âmbito dos Juizados Especiais Cíveis Estaduais, onde tal prerrogativa só é possível em ações que envolvem valores de até 20 salários mínimos.[8]

Com relação à celeridade impõe-se a preocupação com o término do feito no menor tempo possível, sem prejuízo, como de certo, do respeito ao devido processo constitucional da defesa e contraditório, mas pautando-se na sensibilidade da urgência natural no atendimento dos hipossuficientes que dependem do socorro da Previdência Social Estatal que se servirão do Juizado Especial para pleitear verbas alimentares.[9]

---

[6] *Apud* DINAMARCO, Cândido Rangel. *Instituições de Direito Processual Civil*. Vol. III. São Paulo: Malheiros Editores, 2002, p.122.

[7] Art. 3º, *caput*, da Lei n. 10.259/01:
"*Compete ao Juizado Especial Federal Cível processar, conciliar e julgar causas de competência da Justiça Federal até o valor de sessenta salários mínimos, bem como executar as suas sentenças.*"

[8] Art. 9º, *caput*, da Lei n. 9.099/95:
"*Nas causas de valor até vinte salários mínimos, as partes comparecerão pessoalmente, podendo ser assistidas por advogado; nas de valor superior, a assistência é obrigatória.*"

[9] No mesmo sentido, ver THEODORO JÚNIOR, Humberto. *Curso de Direito Processual Civil*. Vol. III. 45 ed. Rio de Janeiro: Forense, 2013, p.454.

4. Composição do Órgão judicante

Consiste os Juizados Especiais Cíveis Federais em uma ou mais varas especializadas dentro do próprio aparato da Justiça Federal, *ex vi* do §3ª do art. 3º da Lei n. 10.259.

Observa-se que inexiste previsão de uma estrutura separada para os JEF's em que pudessem atuar juízes leigos, por exemplo, diferente do que se tem em sede de juizados especiais estaduais.

No entanto, como regula o art. 18 da Lei n. 10.259/01, é prevista a existência de conciliadores, estes que serão designados pelo juiz presidente do Juizado pelo período de dois anos, com possibilidade de recondução, sendo a sua função exercida de forma gratuita. *In verbis*:

> *Art. 18. Os Juizados Especiais serão instalados por decisão do Tribunal Regional Federal. O Juiz presidente do Juizado designará os conciliadores pelo período de dois anos, admitida a recondução. O exercício dessas funções será gratuito, assegurados os direitos e prerrogativas do jurado.*

5. Competência

5.1 Competência absoluta

Sustenta o §3º do art. 3º da Lei n. 10.259/01:

"§ 3º No foro onde estiver instalada Vara do Juizado Especial, a sua competência é absoluta."

Observa-se daí que, diferentemente do que se dá no contexto dos Juizados Especiais Cíveis Estaduais, na seção judiciária em que se encontrar instalada respectiva vara do Juizado Especial Federal, sua competência será absoluta, não tendo o autor qualquer opção na escolha entre ela e as demais varas comuns da Justiça Federal.

Têm-se aí característica marcante.[10]

---

[10] "PROCESSUAL CIVIL. VALOR DA CAUSA INFERIOR A 60 SALÁRIOS MÍNIMOS. PRODUÇÃO DE PROVA PERICIAL. POSSIBILIDADE. PRESENÇA DO BINÔMIO: VALOR DA CAUSA E MENOR COMPLEXIDADE. COMPETÊNCIA ABSOLUTA DOS JUIZADOS ESPECIAIS FEDERAIS.1. *In casu*, foi atribuído à causa o valor de R$ 11.900,00 (onze mil e novecentos reais), quantia muito inferior ao teto de 60 (sessenta) salários mínimos, o que deságua na incompetência absoluta da Justiça Federal Comum para processar e julgar o feito.

5.2 Critérios determinativos de Competência nos Juizados Especiais Cíveis Federais

Insta aqui pontuar os critérios pelos quais a Lei n.10.259/01 optou por regrar, no que concerne à delimitação de competência atuante em sede de JEF's.

Assim, temos:

a) Valor da Causa

Têm-se como um dos critérios estabelecidos para a provocação do Juizado Especial Federal em tela, aquele pecuniário, ou seja, as causas até o valor de 60 (sessenta) salários mínimos, nos termos do art. 3º, *caput*, da Lei n. 10.259/01:

"Compete ao Juizado Especial Federal Cível processar, conciliar e julgar causas de competência da Justiça Federal até o valor de sessenta salários mínimos, bem como executar as suas sentenças."

b) Matérias

Optou o legislador, no que refere à matéria como critério de competência, realçar os assuntos competentes por regra de exclusão, ou seja, tratando pontualmente das matérias excludentes do raio de competência dos Juizados Especiais Cíveis Federais.

Nestes termos, acham-se excluídas dos juizados em tela, conforme expresso pelo §1º do art. 3º, as seguintes causas:

I- as referidas no art. 109, incisos II, III e XI, da Constituição Federal[11], as ações de mandado de segurança, de desapropriação, de divisão e demarcação, populares, execuções fiscais e por improbidade administrativa e as demandas sobre direitos ou interesses difusos, coletivos ou individuais homogêneos;

II - sobre bens imóveis da União, autarquias e fundações públicas federais;

Precedentes. 2. A necessidade de produção de prova pericial não é incompatível com o rito dos Juizados Especiais Federais.

3. A jurisprudência tem se posicionado pela possibilidade de realização de exame grafotécnico em sede de Juizados Especiais para a verificação da autenticidade de assinatura constante de cheque. Precedente: TRF1, CC 0060677-45.2011.4.01.0000/MA, Terceira Seção, e-DJF1 31/01/2012. 4. No que tange ao pedido de devolução das custas, em que pese o disposto no art. 54, caput, da Lei nº 9.099/95, aplicável subsidiariamente aos Juizados Especiais Federais, a certidão acostada aos autos atesta que não houve o seu devido recolhimento, razão pela qual não há que se cogitar qualquer restituição. 5. Agravo de instrumento conhecido e desprovido. TRF.2ª Região.7ª T. Esp. AG 201302010159127. Rel. Des. Jose Arthur Diniz Borges. Julg. em 29.01.2014. Publ. em 07.02.2014."

[11] a) causas entre Estado estrangeiro ou organismo internacional e Município ou pessoa domiciliada ou residente no País (II); b) causas fundadas em tratado ou contrato da União com Estado estrangeiro ou organismo internacional (III); c) causas relativas aos crimes cometidos a bordo de navios ou aeronaves (XI).

III - *para a anulação ou cancelamento de ato administrativo federal, salvo o de natureza previdenciária e o de lançamento fiscal;*

IV - *que tenham como objeto a impugnação da pena de demissão imposta a servidores públicos civis ou de sanções disciplinares aplicadas a militares.*

Dados evidenciam que o predomínio expressivo de demandas nos juizados especiais federais se concentra nos campos previdenciário e de assistência social, sendo o outro lado dessa realidade o fato de ser INSS, o grande réu das ações e ainda, que boa parte dos atos processuais praticados ao longo da tramitação judicial reproduzem ou, o que é mais grave, substituem procedimentos que deveriam ter ocorrido de forma adequada na esfera administrativa.[12]

c) Pessoas

O art. 6º da Lei n. 10.259 regula os partícipes ativos e passivos autorizados a demandar e ser demandados no âmbito dos Juizados Especiais Cíveis Federais.

Neste sentido, autorizados estão em figurar como parte ativa juizado supra as pessoas físicas e as microempresas também as empresas de pequeno porte, tal como definidas na Lei Complementar nº 123, de 14 de dezembro de 2006.[13]

Já, como rés, podem ser demandadas a União e as autarquias, fundações e empresas públicas federais. Vale frisar, portanto, que ditas pessoas jurídicas apenas se legitimam passivamente, de modo que não lhe são permitidas atuarem como autoras em sede de JEF's.

Outrossim, ao vácuo da Lei n.10.259/01, entendo da aplicação subsidiária da Lei n. 9.099/95, mais precisamente do art. 8º, *caput*, no que se refere quanto a impossibilidade de não poderem figurar como partes, seja como autoras ou rés, nos Juizados Especiais Cíveis Federal, o incapaz, o preso, a massa falida e o insolvente civil, isto pela própria coerência do que já aludiu alhures acerca da presença de

---

[12] CENTRO DE ESTUDOS JUDICIÁRIOS DA JUSTIÇA FEDERAL. *Acesso à Justiça Federal: dez anos de juizados especiais.* Brasília: CEJ/IPEA, 2012, p. 176.

[13] *"Art. 3º Para os efeitos desta Lei Complementar, consideram-se microempresas ou empresas de pequeno porte a sociedade empresária, a sociedade simples, a empresa individual de responsabilidade limitada e o empresário a que se refere o art. 966 da Lei n º 10.406, de 10 de janeiro de 2002 (Código Civil), devidamente registrados no Registro de Empresas Mercantis ou no Registro Civil de Pessoas Jurídicas, conforme o caso, desde que*

I - no caso da microempresa, aufira, em cada ano-calendário, receita bruta igual ou inferior a R$ 360.000,00 (trezentos e sessenta mil reais); e

II - no caso da empresa de pequeno porte, aufira, em cada ano-calendário, receita bruta superior a R$

360.000,00 (trezentos e sessenta mil reais) e igual ou inferior a R$ 3.600.000,00 (três milhões e seiscentos mil reais)."

um Sistema dos Juizados Especiais, ou seja, patrocinando a interpretação sistêmica,[14] o que corresponde e bem justifica ao fato da aplicação subsidiária quando de determinada omissão legal.

d) Território

No que se refere à delimitação territorial para propositura de ações em sede de JEF's, pela inteligência a Lei n. 10.259/01 serão elas propostas no juizado sediado no local onde o réu tiver seu domicilio ou residência.

Por outro lado, ausente juizado em dito local, a competência será regulada pelo art. 4º da Lei n. 9.099/95, em conformidade com o que reza o art. 20 da Lei n. 10.259/01.

Nisto, a competência será daquele juizado que se achar mais próximo:

> I - *do domicílio do réu ou, a critério do autor, do local onde aquele exerça atividades profissionais ou econômicas ou mantenha estabelecimento, filial, agência, sucursal ou escritório;*
>
> II - *do lugar onde a obrigação deva ser satisfeita;*
>
> III - *do domicílio do autor ou do local do ato ou fato, nas ações para reparação de dano de qualquer natureza.*

Oportuno lembrar que no foro federal, a competência da vara do juizado especial é absoluta, *ex vi* do art. 3º, §3º da Lei n.10.259/01. Dito isso, logicamente, não caberá à parte optar dentre os juízos especial e comum.

6. Intervenção de terceiros e litisconsórcio

Mantendo a sistemática da subsidiariedade, o texto da Lei n. 10.259/01 não contempla as figuras da Intervenção de Terceiros e Assistência, o que se faz necessário observar a disposição do art. 10 da Lei n. 9.099/95, ou seja: "*Não se admitirá, no processo, qualquer forma de intervenção de terceiro nem de assistência. Admitir-se-á o litisconsórcio.*"

Ratificando a presente racionalidade, está o Enunciado n.14 do FONAJEF:

"*Nos Juizados Especiais Federais, não é cabível a intervenção de terceiros ou a assistência.*"

---

[14] No mesmo sentido, THEODORO JÚNIOR, Humberto. Ob. cit., p.457; CÂMARA, Alexandre Freitas. Ob. cit., p.208.
Em sentido contrário, posiciona-se o Fórum Nacional dos Juizados Especiais Federais – FONAJEF:
"*Enunciado nº10*
O incapaz pode ser parte autora nos Juizados Especiais Federais, dando-se-lhe curador especial, se ele não tiver representante constituído."

Nota-se, por outro lado, que a figura do Litisconsórcio se faz admitida, tal qual dispõe o dispositivo legal supracitado *in fine*.

No mesmo sentido, temos enunciados do FONAJEF reconhecendo a admissibilidade da presença litisconsorcial nos processo perante os Juizados Especiais Cíveis Federais. É o que se segue:

"Enunciado nº18

No caso de litisconsorte ativo, o valor da causa, para fins de fixação de competência deve ser calculado por autor."

"Enunciado nº19

Aplica-se o parágrafo único do art. 46 do CPC em sede de Juizados Especiais Federais."

"Enunciado nº21

As pessoas físicas, jurídicas, de direito privado ou de direito público estadual ou municipal podem figurar no polo passivo, no caso de litisconsórcio necessário."

7. *Jus postulandi* e representação das partes

Preconiza o art. 10 da Lei n.10.259/01:

> As partes poderão designar, por escrito, representantes para a causa, advogado ou não.
>
> Parágrafo único. Os representantes judiciais da União, autarquias, fundações e empresas públicas federais, bem como os indicados na forma do caput, ficam autorizados a conciliar, transigir ou desistir, nos processos da competência dos Juizados Especiais Federais.

Disso, nota-se que a presença das partes em juízo, nos JEF's independe de representação por advogado, sendo o *jus postulandi* conferido diretamente aos litigantes, facultando-lhes, inclusive, designação, por escrito, de representante para a causa, ainda que não advogado.

Certo é que terá este representante amplos poderes, atuando em todas as fases do procedimento dos juizados, podendo contestar, prestar depoimento, conciliar, transigir ou desistir,[15] ou seja, conteúdos inerentes a quem, por autorização legal (*caput* e parágrafo único do art. 10 retro referido) e designação do titular, tenha permissivo para tal.

---

[15] São poderes derivados da lei e que por isso, de certo, independem de explicitação no documento de representação, conforme interpretação do parágrafo único do art. 10 da Lei n. 10.259/01.

NOÇÕES GERAIS 169

Pelo enunciado do dispositivo, é possível afirmar que dita delegação se faz acontecer tanto para o autor como para o réu, seja este pessoa jurídica ou firma individual.[16]

Nos mesmos termos se tem ditos poderes para os representantes judiciais das pessoas jurídicas de direito público, i.e., podem conciliar, transigir e desistir em sede dos Juizados Especiais Cíveis Federais, valendo ressaltar que credenciamento de representante para a União, Autarquias e Empresas Públicas se encontra regulado no Decreto n. 4.250, de 27.05.2002.[17]

Outrossim, não raro se nota, seja em discursos acadêmicos ou não, a questão da não exigência legal de representação técnica por advogado habilitado, no âmbito dos Juizados Especiais Cíveis, quer Estaduais (feitos até 20 salários mínimos) e Federais.

Não pretendo aqui dinamizar assertivas quanto a tal conjugado de opiniões, desde aquelas "apaixonadas ideologicamente" por um Estado "pai de todos", onde as facilidades muitas vezes nos traem e traduzem em sérias amarguras ou mesmo aquelas que sustentam de forma absoluta, a negativa de qualquer êxito, em se tratando da aplicabilidade de tal possibilidade.

Apenas quero asseverar que a necessidade ou não de amparo e exercício da capacidade técnica para o enfrentamento e manejo de demandas no âmbito do Poder Judiciário não pode se resumir ao alvitre de valores, ou seja, de que mais ou menos "x" salários mínimos colocarão em risco, potencialmente maior ou menor, a pretensão de quem está a litigar!

Ora, a complexidade técnica da demanda é que deve sugerir tal comando e, em sede de JEF's a questão se acentua, senão pela sempre presente,

---

[16] No mesmo sentido, CARREIRA ALVIM, J.E. *Juizados Especiais Federais*. Rio de Janeiro: Forense, 2002, p.87.

[17] *"Art. 1º Nas causas de competência dos Juizados Especiais Federais, a União será representada pelas Procuradorias da União e, nas causas previstas no inciso V e parágrafo único do art. 12 da Lei Complementar nº 73, de 10 de fevereiro de 1993, pelas Procuradorias da Fazenda Nacional, e as autarquias, fundações e empresas públicas federais, pelas respectivas procuradorias e departamentos jurídicos, ressalvada a representação extraordinária prevista nos arts. 11-A e 11-B da Lei nº 9.028, de 12 de abril de 1995.*

§ 1º O Procurador-Geral da União, o Procurador-Geral da Fazenda Nacional, os Procuradores-Gerais, os Chefes de procuradorias ou de departamentos jurídicos de autarquias e fundações federais e os dirigentes das empresas públicas poderão designar servidores não integrantes de carreiras jurídicas, que tenham completo conhecimento do caso, como auxiliares da representação das respectivas entidades, na forma do art. 10 da Lei nº 10.259, de 12 de julho de 2001.

§ 2º O ato de designação deverá conter, quando pertinentes, poderes expressos para conciliar, transigir e desistir, inclusive de recurso, se interposto."

invariavelmente, participação dos procuradores públicos a patrocinarem a defesa dos interesses de entes de tal natureza, o que, *per si*, já se tem enorme risco cognitivo com os envoltos procedimentais aquele que se apresenta sem alguém com perícia para enfrentar a marcha processual, em que pese o procedimento dos juizados se pautarem em informalidades, simplicidades, oralidades etc. Fato é que a parte leiga e não amparada tecnicamente trilhará por caminhos desconhecidos e sequer a serem compreendidos, bastando observar sem muito esforço e como já citado alhures, quem são os maiores demandados em nível de Juizados Especiais Cíveis Federais.

Papel de relevante realce caberia à Defensoria Pública da União na condução dos postulados constitucionais da orientação jurídica e judiciária àqueles que em tal ambiente se socorrem... E que se diga: não são poucos!

Aliás, nesta mesma toada e em bom tom, observa Figueira Júnior:

> *Nos juizados Especiais Federais, parece-nos bastante clara a distinção que merece ser dada no que concerne à formulação de pedido não firmado por advogado e, igualmente, à prática dos demais atos processuais e a análise do valor da demanda ajuizada.*
>
> *Pensamos que haverá inconstitucionalidade, isto sim, caso venha a prevalecer a tese de que o jurisdicionado pode peticionar em causa própria ou através de procurador, sem capacidade postulatória, independentemente do valor da causa, tendo em vista que o pólo passivo da demanda se encontra litigando nada menos do que a Fazenda Pública ou qualquer outro ente público, sempre muito bem representado por quem de direito, com a sua estrutura funcional e administrativa lhe dando retaguarda e o suporte necessário à resistência ao conflito, caso não frutifique a conciliação, e, se necessário, à formulação de pedido contraposto.*[18]

8. Ministério Público

A participação do Ministério Público no procedimento dos Juizados Especiais Cíveis Federais é prevista tão somente quando da ocorrência de pedido de uniformização de interpretação de lei federal, conforme consta do §7º do art. 14 da Lei n. 01.259/01, quando expressa que, em sendo necessário, caberá ao relator solicitar *"informações ao Presidente da Turma Recursal ou Coordenador da Turma de Uniformização e ouvirá o Ministério Público, no prazo de cinco dias. (...)"*.

---

[18] FIGUEIRA JÚNIOR, Joel Dias. *Manual dos Juizados Especiais Cíveis Estaduais e Federais*. São Paulo: RT, 2006, p. 130-131.

NOÇÕES GERAIS 171

Certo é que, em sintonia com a subsidiariedade do art. 11 da Lei n.9.099/95, é perfeitamente possível a atuação do Ministério Público como fiscal da lei nos verdadeiros cânones já balizados sobre sua atuação processual no sistema processual civil pátrio (arts. 176 a 181 do CPC/2015), sobretudo, nas demandas em que há interesses, por exemplo, de idosos (arts. 77-78 da Lei 10.741/03 – Estatuto do Idoso), bem como em demais feitos onde se apontar interesse público, este notado pelo específico conflito de interesses entre as partes ou mesma diante da própria qualidade da parte que litiga.

9. Atos Processuais

Nos JEF's, as comunicações processuais, *v.g.*, citações e intimações da União, serão realizadas nas pessoas indicadas pelos arts. 35 a 38 da Lei Complementar n. 73, de 10.02.1993, conforme preceitua o art. 7º da Lei n. 10.259/01.[19]

Por outro lado, quanto às autarquias, fundações e empresas públicas, estas serão devidamente citadas na pessoa do representante legal máximo da entidade, no local onde proposta a demanda se ali existir escritório ou representação. Não havendo órgão local, a citação será realizada na sede da própria entidade (Parágrafo único do art. 7º da Lei n.10.259/01).

Vale destacar que não há a aplicabilidade de citação por edital nos feitos dos Juizados Especiais Cíveis Federais,[20] em sintonia com o art. 18, §2º da Lei n. 9.099/95.

---

[19] *"Art. 35. A União é citada nas causas em que seja interessada, na condição de autora, ré, assistente, oponente, recorrente ou recorrida, na pessoa:*
I - do Advogado-Geral da União, privativamente, nas hipóteses de competência do Supremo Tribunal Federal;
II - do Procurador-Geral da União, nas hipóteses de competência dos tribunais superiores;
III - do Procurador-Regional da União, nas hipóteses de competência dos demais tribunais;
IV - do Procurador-Chefe ou do Procurador-Seccional da União, nas hipóteses de competência dos juízos de primeiro grau.
Art. 36. Nas causas de que trata o art. 12, a União será citada na pessoa:
I - (Vetado);
II - do Procurador-Regional da Fazenda Nacional, nas hipóteses de competência dos demais tribunais;
III - do Procurador-Chefe ou do Procurador-Seccional da Fazenda Nacional nas hipóteses de competência dos juízos de primeiro grau.
Art. 37. Em caso de ausência das autoridades referidas nos arts. 35 e 36, a citação se dará na pessoa do substituto eventual.
Art. 38. As intimações e notificações são feitas nas pessoas do Advogado da União ou do Procurador da Fazenda Nacional que oficie nos respectivos autos."

[20] No mesmo sentido, CARREIRA ALVIM, J.E. Ob. cit., p. 78; THEODORO JÚNIOR, Humberto. Ob. cit., p. 459.

Já, o comparecimento do réu, espontaneamente, supre a ausência ou a nulidade da citação pessoal, regramento de igual aplicação subsidiária à Lei n. 9.099/95, art. 18, § 3º; sendo o presente ditame já bem conhecido na sistemática processual civil pátria por meio do que reconhece o art.239, §1º do CPC/2015.

No que se refere à intimação da sentença, quando a mesma for proferida em audiência, reputar-se-ão intimadas as partes no próprio ato, mesmo que qualquer delas se ausente de tal momento, desde que, notadamente, tenham sido intimadas validamente para a aludida sessão.

Por outro lado, uma vez proferida fora da audiência, as partes serão intimadas pelo correio por meio de correspondência com "aviso de recebimento por mão própria", conforme noticia o art. 8º da Lei n. 10.259/01.

Para os demais atos processuais, *v.g.* citação, conforme inteligência do §1º do art. 8º da Lei n.10.259/01, as partes ou seus representantes processuais serão intimados pessoalmente ou por via postal, portanto, sem que se imponha a necessidade do registro de comunicação para "entrega em mão própria".

Vale acentuar que nos Juizados Especiais Cíveis Federais é autorizado uso de meio eletrônico para apresentação de petições e intimações, conforme prevê o §2º do art. 8º da digitada lei:

"*§ 2º Os tribunais poderão organizar serviço de intimação das partes e de recepção de petições por meio eletrônico.*"

De tudo, a própria Lei n.11.419/2006, de 21.3.2006, esta responsável por disciplinar o processo eletrônico, autoriza a citação por meio eletrônico, *ex vi* do art. 246, V do CPC/2015, devendo ser interpretada sempre em sintonia com os critérios ínsitos aos Juizados Especiais, tais como a informalidade e a simplicidade.

Em sede de Juizados Especiais Federais, importantes Enunciados foram aprovados no âmbito do FONAJEF, introduzindo ferramentas como as redes sociais do WhatsApp[21] e congêneres como meio hábil para se realizar e aperfeiçoar intimações em seu âmbito.

Nestes termos seguem-se:

Enunciado nº 193

Para a validade das intimações por Whatsapp ou congêneres, caso não haja prévia anuência da parte ou advogado, faz-se necessário certificar nos autos a

---

[21] Denomina-se WhatsApp um software para smartphones utilizado para troca de mensagens de texto instantaneamente, além de vídeos, fotos e áudios através de uma conexão a internet. GAIO JÚNIOR, Antônio Pereira; RAMOS, Rafaella Cardoso. Prova Documental Eletrônica como objeto probatório no contexto do Processo Civil Brasileiro. *In: Revista de Processo*. n.282, agosto de 2018. São Paulo: RT, p. 195.

visualização da mensagem pelo destinatário, sendo suficiente o recibo de leitura, ou recebimento de resposta à mensagem enviada (Aprovado no XIV FONAJEF).

Enunciado nº 194

Existindo prévio termo de adesão, o prazo da intimação por Whatsapp ou congênere conta-se do envio da mensagem, cuja data deve ser certificada nos autos; em não havendo prévio termo de adesão, o termo inicial corresponde à data da leitura da mensagem ou do recebimento da resposta, que deve ser certificada nos autos (Aprovado no XIV FONAJEF).

Enunciado nº 195

Existindo prévio termo de adesão à intimação por Whatsapp ou congêneres, cabe à parte comunicar eventuais mudanças de número de telefone, sob pena de se considerarem válidas as intimações enviadas para o número constante dos autos (Aprovado no XIV FONAJEF).

Enunciado nº 196

O termo de adesão a intimação por Whatsapp ou congêneres subscrito pela parte ou seu advogado pode ser geral, para todos os processos em tramitação no Juízo, que será arquivado em Secretaria (Aprovado no XIV FONAJEF).

Em verdade, ainda que tentando ser contemporâneo ao seu tempo ao dispor sobre a importante e real forma de comunicação social em forma digital, é preciso não invertermos a lógica da necessária e indubitável comprovação da comuniação recebida por quem dela deva ser a parte destinatária. Nisso, o Enunciado de n.193 nos parece que ter ido muito além de uma razoabilidade aceitável, a prever que para a "validade das intimações por Whatsapp ou congêneres, caso não haja prévia anuência da parte ou advogado, faz-se necessário certificar nos autos a visualização da mensagem pelo destinatário, *sendo suficiente o recibo de leitura, ou recebimento de resposta à mensagem enviada*" (Grifo nosso).

Ora, tomar como pressuposto relativo de verdade o simples recibo de leitura de alguém que sequer concordou expressamente em "termo de adesão" à intimação por Whatsapp ou congêneres, transmitindo a esse o ônus de comprovação de sua não leitura, no mínimo é transformar uma pseudo ficção em verdade absoluta, transmudando e invertendo a lógica racional dos atos em inquestionável aferição de uma verdade pré concebida!

Cremos serem as ferramentas digitais mananciais de uma possível e qualificada fonte contribuição ao aperfeiçoamento dos atos processuais, mas longe de torna-las absolutas quando sequer se pode exigir de alguém o seu uos e/ou mesmo que se tenha como inquestionável o acesso pessoal à mesma sem a respectiva comprovação de quem quer que seja, quando não se assentou expressamente a autorização para a validade de seu uso e acertamento de quaisquer ônus proveniente do uso da mesma para quaisquer fins de comunicação processual.

10. Prazos nos JEF's

Os prazos processuais nos Juizados Especiais Cíveis Federais mantém o regramento da sistemática processual civil pátria,[22] ou seja, contagem em dias úteis, aliás, conforme já sustenta so Enunciado n.175 do FONAJEF,[23] exceto no que toca a um dos importantes avanços de sua *lex* reguladora: As pessoas jurídicas de direito público não detém prazos privilegiados, nem mesmo para recorrer. Assim, ambos os litigantes desfrutarão, exatamente, dos mesmos prazos.

Nisto, dita o art. 9º da Lei n.10.259/01:

> *Não haverá prazo diferenciado para a prática de qualquer ato processual pelas pessoas jurídicas de direito público, inclusive a interposição de recursos, devendo a citação para audiência de conciliação ser efetuada com antecedência mínima de trinta dias.*

---

[22] Sobre o assunto, confira na Parte I, Capítulo I, item 7.2 da presente obra.

[23] Enunciado nº 175:
"Por falta de previsão legal específica nas leis que tratam dos juizados especiais, aplica-se, nestes, a previsão da contagem dos prazos em dias úteis (CPC/2015, art. 219) (Aprovado no XIII FONAJEF)".

II

PROCEDIMENTO

1. Petição inicial

As regras aplicáveis à Petição Inicial no âmbito dos Juizados Especiais Cíveis Federais são aquelas já salientadas na Parte I da presente obra quando do enfrentamento desta temática em torno dos Juizados Especiais Cíveis Estaduais.

Sendo assim, a Lei n. 9.099/05, relativa à petição inicial, aponta para que o pedido seja realizado em forma simples e em linguagem acessível, escrito ou oral (neste último caso, cabendo à secretaria do respectivo juizado reduzi-lo a escrito, preenchendo fichas ou formulários em seu poder, conforme o §3º do art. 14 da Lei n. 9.099/95). Ainda do pedido deverão constar os seguintes dados:

I - o nome, a qualificação e o endereço das partes;

II - os fatos e os fundamentos, de forma sucinta;

III - o objeto e seu valor.

Quanto ao pedido, havendo dificuldade, de imediato, quanto à especificação do objeto, permitido será a solicitação de pedido genérico, conforme autoriza o §2º do art. 14 da Lei n.9.009/95, ao firmar que ser lícita formulação de pedido genérico quando não for possível determinar, desde logo, a extensão da obrigação.

Ainda, em se tratando desse pedido, pode ser ele formulado de modo alternativo ou cumulado, em sintonia com o que já autoriza o CPC, no entanto, sendo realizados pedidos cumulados, somente se conexos e desde que somados não ultrapassem ao valor de alçada do JEF's, no caso, 60 salários mínimos, em sintonia subsidiária com o art. 15 da Lei n.9.099/95

A ação será registrada, de imediato, pela Secretaria do Juizado, designando esta, desde já, a data da sessão de conciliação a qual se realizará no prazo de 15 (quinze) dias.

Dita designação, de acordo com o sustenta o art. 16 da Lei n.9.099/95, será feita de plano, antes mesmo da autuação e distribuição, procedendo-se, em seguida, à citação do réu (art. 18 da lei supra).

Conforme já destacado na Parte I da presente obra, interessante notar que é possível que duas partes de uma possível e futura relação jurídica processual se dirijam ao Juizado em conjunto. Daí dispensado será o registro prévio de pedido bem como a citação e assim, antes mesmo do registro da demanda, a própria Secretaria instaurará a sessão de conciliação (art. 17 da Lei n. 9.099/95), sendo necessária a presença do juiz togado ou mesmo do conciliador para que a haja a realização legal da audiência conciliatória.

Por fim, cabe ressaltar a possibilidade de ambos os litigantes formularem pedidos contrapostos, entendendo-se aí aqueles realizados um em face do outro, sendo tais pretensões contrapostas apreciadas em uma mesma sentença, fazendo realmente sentido, visto que não se está diante de uma reconvenção, dado que, ao comparecerem ambos os litigantes simultaneamente, cada um estará realizando pedido em face do outro, restando caracterizado, portanto, ações conexas, do que resultará, pela lógica em se evitar decisões contraditórias, uma mesma sentença para ditas pretensões de direito, andando bem aí o parágrafo único do art. 17 da Lei retro referida.

2. Resposta

A contestação do réu se dará no correr da própria audiência inaugural do procedimento sumaríssimo.

Ao réu é facultando apresentar sua defesa na forma escrita ou oralmente, caso em que será tomada por termo nos autos.

A peça contestatória conterá toda a matéria de defesa admitida, salvo arguições de suspeição ou impedimento do juiz, estas processadas em autos apartados quando o magistrado não as reconhecer, o que, poderá provocar a devida suspensão do processo principal no presente procedimento, *ex vi* do art.146, §§1º e 2º do CPC, como bem determina o art. 30 da Lei. n.9.099/95 quanto a tal aplicabilidade subsidiária do próprio CPC.

Em se tratando também de defesa, não será admitida a Reconvenção, entretanto é perfeitamente lícito ao réu, conforme já sito alhures, formular no bojo de sua contestação pedido contraposto, ou seja, fundado nos mesmos fatos que constituem objeto da controvérsia (art.31 da Lei n.9.099/95).

Cabe destacar que, no âmbito dos Juizados Especiais Cíveis Federais, ainda que autorizado o aludido pedido contraposto a ser realizado pelo réu em face do autor, deverá ele respeitar, restritamente, demandas compatíveis com a competência delimitada pela própria LJF's, tanto no que diz respeito a valores quanto a matérias pertinentes e, consoante já asseverado, sempre nos mesmos limites fáticos ditados na peça inicial do autor da ação.

Sendo solicitado pedido contraposto por parte do réu, poderá o autor sobre ele se manifestar, respondendo na própria audiência ou requerer ao juízo a designação de nova data para apresentar sua resposta, pois que poderá entender da necessidade de estabelecer melhores condições para a construção de sua defesa. Uma vez deferido dito requerimento, será desde logo fixada data para nova audiência, cientes desde então todos os presentes, conforme regra ditada pelo parágrafo único do art. 31 da digitada Lei.

Cabe neste ínterim ainda destacar a incidência do instituto da revelia em sede de rito sumaríssimo (art.20).

Nisto, o não comparecimento da parte ré à sessão de conciliação ou à audiência de instrução e julgamento, faz insurgir a presença da revelia, gerando seu clássico efeito de reputar verdadeiros os fatos alegados pelo autor em seu pedido inicial, isto salvo se do contrário resultar a convicção do julgador, ou seja, ainda que o réu não venha a comparecer, prejudicando como notório até a sua própria defesa restará ainda o convencimento do juiz acerca das alegações e pretensões do autor, posto que nos autos já se encontre conteúdo probatório acostado (p. ex., contrato decorrente de pretensões pautadas em matéria de direito), restando ao magistrado a convicção pela sua insuficiência probal ou mesmo de duvidosa validade.

3. Audiência de conciliação

Conforme já reportado, uma vez a ação registrada, compete à Secretaria do Juizados Especiais Cíveis Federais designar a audiência de conciliação, cuja realização deverá se dar no prazo de quinze dias, em sintonia com o art. 16, da Lei n. 9.099/95.

Dita designação, de acordo com o sustenta o art. 16 da Lei n.9.099/95, será feita de plano, antes mesmo da autuação e distribuição, procedendo-se, em seguida, à citação do réu, em harmonia com o que define o art. 18 da lei supracitada Lei.

Não se obtendo a conciliação, designar-se-á a audiência de instrução e julgamento, caso houver provas orais e/ou técnicas a produzir Nada impede, entretanto, que se designe, desde logo, uma só audiência para a conciliação e a instrução.

Não custa pontuar, ainda que já dito em linhas atrás, a defesa do réu será apresentada na audiência de conciliação, caso esta não obtiver êxito.

4. Instrução Probatória

O autor, ao ajuizar uma ação, comunica uma série de fatos que, de acordo com sua avaliação, tem condições de justificar o seu direito e necessidade da intervenção judicial. O réu, da mesma maneira, o faz quando apresenta a sua defesa, ressaltando fatos que, de algum modo, justificam, no seu entender, a sua resistência à pretensão do autor. Assim, na fase de instrução do processo, estabelecida a controvérsia, é de competência das partes a produção das provas que vão demonstrar a veracidade de suas alegações, possibilitando o livre convencimento do magistrado, logicamente contribuindo para sua persuasão racional.

Pode-se, então, concluir que provar é demonstrar ao Estado, personificado na figura do juiz, circunstanciado nas necessidades probatórias que o processo em si necessita, a verdade de um fato ou de uma alegação nele deduzida.[1]

Na busca da verdade, fundamental é trazer à luz o que já dispõe o art. 32 da Lei n. 9.099/95. *In verbis*:

"Todos os meios de prova moralmente legítimos, ainda que não especificados em lei, são hábeis para provar a veracidade dos fatos alegados pelas partes."

Para tanto, faz-se necessário notar algumas disposições da Lei dos JEF's que enfrentam a temática das provas.

Dita o art. 11 da Lei n.10.259/01 que as provas documentais em poder da entidade pública demandada deverão ser fornecidas ao juizado até a instalação da audiência de instrução e julgamento.

No caso de necessidade de provas periciais, devem ser realizadas em forma sumaria,[2] i.e., sendo nomeada pelo magistrado pessoa habilitada, esta que apresentará o seu laudo técnico sobre o conteúdo periciado em até 5 (cinco dias) antes da audiência instrutória, independentemente de intimação das partes (art. 12 da Lei n. 10.259/01).[3]

---

[1] Sobre a verdade como destinatária da prova, ver o nosso *Instituições de Direito Processual Civil*. 2 ed. Belo Horizonte: Del Rey, 2013, p. 268.

[2] No mesmo sentido, THEODORO JÚNIOR, Humberto. *Curso de Direito Processual Civil*. Vol. III. 45 ed. Rio de Janeiro: Forense, 2013, p.461.

[3] Dependendo da situação a ser enfrentada sob a luza da necessária prova pericial, entende com acerto Figueira Júnior (ob. cit., p. 198), ao asseverar que ser possível que o juiz determine ao perito a "entrega do laudo com prazo suficiente e bem superior aos cinco dias apontados no art. 12 da Lei n.10.259/2001, a fim de que o próprio magistrado tenha oportunidade de verificar o

Neste interim, importa ressalta, particularmente, o §2º do art. 12 da lei retro referida:

"*§ 2º Nas ações previdenciárias e relativas à assistência social, havendo designação de exame, serão as partes intimadas para, em dez dias, apresentar quesitos e indicar assistentes.*"

Nota-se, portanto, que tão somente nas ações previdenciárias e relativas à assistência social, as partes participarão da perícia, apresentando quesitos e indicando assistentes (Lei n. 10.259, art. 12, §2º), nada impedindo, todavia, que as próprias partes obtenham pareceres técnicos extrajudicialmente.

Quanto aos honorários do perito nomeado pelo juízo, são eles antecipados à conta de verba orçamentária do Tribunal e, quando vencida na causa a entidade publica, seu valor será incluído na ordem de pagamento a ser feita em favor do Tribunal, *ex vi* do art. 12, § 1º, Lei n.10.259/01.

No que se refere às provas orais, serão elas colhidas pelo magistrado durante a audiência de instrução e julgamento. Não obstante isso, é possível ao conciliador, levando a cabo os princípios ínsitos a esta justiça especial, tais como a celeridade e economia processual e para fins de encaminhamento da composição amigável, realizar a oitiva as partes e testemunhas sobre os contornos fáticos da controvérsia,[4] em aplicação sistemática ao art. 16, §1º da Lei n. 12.153, de 22.12.2009 (Lei dos Juizados Especiais da Fazenda Pública, no âmbito dos Estados, do Distrito Federal, dos Territórios e dos Municípios).

Sendo assim,

> *o juiz titular, quando da audiência de instrução, poderá valer-se de dados coligidos pelo conciliador para "dispensar novos depoimentos, se entender suficientes para o julgamento da causa os esclarecimentos já constantes dos autos, e não houver impugnação das partes" (art. 16, §2º da Lei 12.153/2009).[5]*

---

resultado do laudo e, caso necessário, ainda dispor de tempo suficiente para intimar o expert a comparecer à audiência de instrução para prestar os devidos esclarecimentos que se fizerem necessários, bem como responder a quesitos complementares.

4   Enunciado nº45 do FONAJEF: *"Havendo contínua e permanente fiscalização do juiz togado, conciliadores criteriosamente escolhidos pelo Juiz, poderão para certas matérias, realizar atos instrutórios previamente determinados, como redução a termo de depoimentos, não se admitindo contudo, prolação de sentença a ser homologada."*

5   THEODORO JÚNIOR, Humberto, ob. cit., p.461.

5. Sentença

Ainda que já tenha sido objeto de enfrentamento nos comentários à Lei n.9.099/95, mais precisamente na Parte I, Capítulo II, item 1.7 da presente obra, com toda vênia ao leitor, vale a pena reprisar o texto referente ao conteúdo, extensão e alcance no âmbito dos Juizados Especiais Cíveis Federais.

Assim, no que toca ao ato sentencial em sede de Juizados Especiais, determina o art. 38 da Lei n.9.099/95:

"Art. 38. A sentença mencionará os elementos de convicção do Juiz, com breve resumo dos fatos relevantes ocorridos em audiência, dispensado o relatório."

Em um primeiro momento, como já dito em outras edições da presente obra, nítida a opção do legislador em conferir à sentença redação simples com a dispensa do relatório,[6] não obstante, imprescindível a necessária fundamentação (sempre em sintonia com preceito constitucional - art. 93, IX da CF/88), com breve resumo dos fatos tidos como relevantes ocorridos em audiência.

Nota-se de pronto, que nada mais a Lei n. 9.099/95 dispôs acerca do ato sentencial, seja em seu todo ou mesmo com relação aos elementos que a compõem - fundamentação e dispositivo- o que, de certo, aplicar-se-ia, até o advento do CPC/2015, o revogado CPC Buzaid.

É fato que o CPC/2015 procurou, diferentemente de seu antecessor, aprofundar na construção racional do ato sentencial, e no intuito de se evitar decisões solepsistas, ou seja, pouco afeitas para com o ideário do respeito à necessária vinculação ao Direito, norteando assim normativamente para um conjunto de atribuições negativas para fins de se ver realizada uma sentença dita "fundamentada", definida como congruente, adequada e analítica, de modo a que pudesse sim, exteriorizar dentro de um Estado Constitucional de Direito a prestação jurisdicional longe das vontades pessoais, voluntaristas e/ou irracionais do órgão julgador.

Para tanto estabeleceu o art. 489, §1º:

§ 1º Não se considera fundamentada qualquer decisão judicial, seja ela interlocutória, sentença ou acórdão, que:

I - se limitar à indicação, à reprodução ou à paráfrase de ato normativo, sem explicar sua relação com a causa ou a questão decidida;

---

[6] Insta ressaltar que, em sendo a sentença proferida fora da audiência, como o é com frequência, fundamental seria a existência do relatório, dado que é a na oralidade da Audiência de Instrução e Julgamento que, verdadeiramente, se pautou o legislador para desincumbir o órgão julgador de tal requisito sentencial, inclusive tamanha a imediatidade daquele momento processual. Sobre o assunto, ver também ROCHA, Felippe Borring. *Manual dos Juizados Especiais Cíveis Estaduais*. 6 ed. São Paulo: Atlas, 2012, p.177.

II - empregar conceitos jurídicos indeterminados, sem explicar o motivo concreto de sua incidência no caso;

III - invocar motivos que se prestariam a justificar qualquer outra decisão;

IV - não enfrentar todos os argumentos deduzidos no processo capazes de, em tese, infirmar a conclusão adotada pelo julgador;

V - se limitar a invocar precedente ou enunciado de súmula, sem identificar seus fundamentos determinantes nem demonstrar que o caso sob julgamento se ajusta àqueles fundamentos;

VI - deixar de seguir enunciado de súmula, jurisprudência ou precedente invocado pela parte, sem demonstrar a existência de distinção no caso em julgamento ou a superação do entendimento.

§ 2º No caso de colisão entre normas, o juiz deve justificar o objeto e os critérios gerais da ponderação efetuada, enunciando as razões que autorizam a interferência na norma afastada e as premissas fáticas que fundamentam a conclusão.

§ 3º A decisão judicial deve ser interpretada a partir da conjugação de todos os seus elementos e em conformidade com o princípio da boa-fé.

Para melhor esclarecer os incisos deste digitado §1º, vamos às explicações.

Conforme determina o inciso I, do §1º em destaque, não basta a sentença se limitar a indicar, reproduzir ou parafrasear o ato normativo, devendo, efetivamente, explicar sua relação com a causa ou a questão decidida, ou seja, com o caso concreto, e não simplesmente transcrever o enunciado da regra em questão para fins de somente indicar em que se fundamenta o julgado.

Fundamental é, por tudo, que o magistrado explique especificamente o motivo da escolha da norma empregada.

Com relação ao entendimento do inciso II supra, deve qualquer decisão judicial empregar conceitos jurídicos determinados, explicando o motivo concreto de sua incidência no caso.

É fato que não somente legislativamente, mas, em igual ocorrência na experiência da vida forense, é prática extremamente comum o uso reiterado de conceitos jurídicos vagos e indeterminados,[7] tudo com o fito de se ter "espaço" para a justificável adequação em específica realidade quando do enfrentamento de uma questão, e por mais incrível que pareça, sendo esta de reconhecida complexidade

---

[7] Em obra clássica enfrentando o tema, bem ensina Karl Engisch ser conceito jurídico indeterminado um conceito cujo conteúdo e extensão são em larga medida incertos, causando insegurança e relativa desvinculação na aplicação da lei. (*Introdução ao Pensamento Jurídico.* 8 ed. Trad. J. Baptista Machado. Lisboa: Calouste Gulbenkian, 2001, p. 208-210.

ou não, levando-se inúmeras vezes a um uso irracional de pan-principiologismo, verdadeira usina de produção de princípios despidos de qualquer normatividade.[8]

Já o inciso III nos demonstra que a sentença não poderá invocar motivos que se prestariam a justificar qualquer outra decisão, devendo-se ter uma explicação para aquele caso concreto debruçado. Evita-se assim a denominada decisão "padrão", como por exemplo, ao deferir uma liminar onde simples e lacunosamente o julgador se presta apenas a dizer em sua decisão *"estão presentes os pressupostos legais"*, como se faz o padrão em qualquer outra decisão judicial.[9]

O inciso IV mostra a necessidade de o magistrado enfrentar todos os argumentos arguidos pelas partes no processo capazes de infirmar a sua conclusão frente a demanda enfrentada. Decorre daí, inegavelmente, o prestígio quanto à realização do contraditório como direito de influência (arts. 5º, LV, da CF/88; 9º e 10 do CPC). Tem as partes da controvérsia o direito de conhecer da razão adotada pelo órgão julgador quando de qualquer decisão judicial e para isso, inegável o enfrentamento dos argumentos deduzidos por elas. É o mínimo que se espera de uma prestação jurisdicional qualitativa, enquanto serviço público prestado.

No que se refere ao inciso V, este aponta ser é defeso a qualquer decisão judicial se limitar a invocar precedente ou enunciado de súmula, sem identificar seus fundamentos determinantes e nem mesmo demonstrar que a *questio* em julgamento se ajusta àqueles fundamentos.

Assim, deve o julgador demonstrar a semelhança do caso que está a debruçar com o respectivo precedente utilizado ou mesmo com o conteúdo inventariado pelo qual se construiu a súmula em apreço, objetivando justificar adequadamente a utilização do precedente em questão em sua decisão e, igualmente, sua concordância com o caso em julgamento.

---

[8] Em excelente texto sobre o assunto, cf. STRECK Lenio Luiz. *O pan-principiologismo e o sorriso do lagarto*. Disponível em:< http://www.conjur.com.br/2012-mar-22/senso-incomum-pan-principiologismo-sorriso-lagarto>. Acesso em: 29.11.2015.

[9] HABEAS CORPUS. SENTENÇA MANTIDA EM SEDE DE APELAÇÃO. ABSOLUTA FALTA DE FUNDAMENTAÇÃO. ACÓRDÃO QUE SE LIMITA A MANTER OS FUNDAMENTOS DO JUIZ E ADOTAR O PARECER MINISTERIAL. NULIDADE. ORDEM CONCEDIDA. 1. O dever de motivar as decisões implica necessariamente cognição efetuada diretamente pelo órgão julgador. Não se pode admitir que a Corte estadual limite-se a manter a sentença por seus próprios fundamentos e a adotar o parecer ministerial, sendo de rigor que acrescente fundamentação que seja própria do órgão judicante. 2. A mera repetição da decisão atacada, além de desrespeitar o regramento do art. 93, IX, da Constituição Federal, causa prejuízo para a garantia do duplo grau de jurisdição, na exata medida em que não conduz a substancial revisão judicial da primitiva decisão, mas a cômoda reiteração. (STJ. 6º T. HC 232.653/SP. Rel. Min. Maria Thereza de Assis Moura. Julg. 24.04.2012, *DJe* 07.05.2012).

Por fim, o inciso VI, último inciso do fundamental dispositivo que é o §1º do art. 489, determina que não poderá a decisão judicial deixar de seguir enunciado de súmula, jurisprudência ou precedente invocado pela parte, sem demonstrar a existência de distinção[10] no caso em julgamento ou a devida superação do entendimento.[11]

Há de se entender neste ínterim pela importância da fundamentação analítica e adequada do comando judicial, justificadora aqui da autorização para que o julgador deixe de aplicar enunciado de súmula, jurisprudência ou precedente manifestado por qualquer das partes.

Por tudo, infere-se sobre ao referido §1º e todos seus incisos, a evidência de que resultará, esperamos, em maior segurança e previsibilidade nas decisões judiciais, não privando o cidadão das fundamentações genéricas que o obstruem de saber as devidas e necessárias razões que levaram o Poder Judiciário a tomar determinada decisão.[12]

Bem dispondo sobre a racionalidade das decisões, atesta Ronaldo Kochem: [13]

> A racionalidade das decisões judiciais é entendida como a possibilidade de realizar uma recognição analítica da decisão, isto é: a possibilidade de reconhecer da decisão judicial analiticamente, as diferentes operações realizadas (ou melhor: justificadas) pelo intérprete e, tendo em conta o método de cada uma dessas operações, de aferir a correção das operações. É por isso que a exigência constitucional de motivação das decisões judiciais deve ser lida como verdadeira exigência de fundamentação jurídica, i. e., de justificação racional da determinação dos fatos e da interpretação e aplicação da norma jurídica ao caso. Somente dessa forma a imputação das consequências jurídicas por meio do processo pode ser tida como não arbitrária.

---

[10] Com relação ao *distinguishing,* se presta a uma técnica ou método de confronto, sendo através desta que se faz a distinção entre os casos para efeito de se subordinar, ou não, o caso sob julgamento a um precedente. Para isso é necessário que se faça a identificação da *ratio decidendi* do precedente, bem como sua delimitação. Raciocina-se do particular para o geral.
Não basta ao juiz apontar fatos diferentes sob o argumento de realizar a *distinguishing;* cabe-lhe, sim, argumentar para demonstrar que a distinção é material e que, portanto, há justificativa para não se aplicar o precedente.

[11] No que toca ao *overruling,* trata-se da revogação de um precedente. No entanto, para que se possa realizar o *overruling,* deve-se realizar a adequada confrontação entre os requisitos básicos, ou seja, a perda da congruência social e o surgimento de inconsistência sistêmica, além dos critérios que ditam as razões para a estabilidade ou para a preservação do precedente – basicamente, a confiança justificada e a prevenção contra a surpresa injusta.

[12] Enunciado n. 308 do FPPC: "Aplica-se o art. 489, § 1º, a todos os processos pendentes de decisão ao tempo da entrada em vigor do CPC. "

[13] KOCHEM, Ronaldo. Racionalidade e decisão - A fundamentação das decisões judiciais e a interpretação jurídica. *In: Revista de Processo,* v. 244. São Paulo: Revista dos Tribunais, 2015. p. 68.

Chama ainda atenção os §§2° e 3° do art. 489 do CPC

Com relação ao §2°, dispõe este que havendo de colisão entre normas, deverá justificar o objeto e os critérios gerais da ponderação efetuada, enunciando as razões que autorizam a interferência na norma afastada, assim como as premissas fáticas que fundamentam a conclusão.

Por certo, cabe ao magistrado, diante da colisão entre normas, a demonstração de por que um determinado postulado deve ser preterido em face de outro para fins de solução do caso concreto, como, por exemplo, em questões que envolve a alcunhada "relativização da coisa julgada"[14] e aí, a colisão entre segurança do julgado (art. 5° XXXVI da CF/88) e justiça da decisão (art. 5°, XXXV da CF/88).

No que toca ao §3°, indica seu texto que a decisão judicial deve ser interpretada a partir da conjugação de todos os seus elementos e em conformidade com o princípio da boa-fé, regra que se relaciona com o art.322, §2°, este relativo aos pedidos endereçados pelas partes ao órgão judicial.

É de importância sublinhar que o aludido §3° deverá ter sua interpretação alcançada verdadeiramente junto aos próprios elementos da sentença, a dizer: relatório, fundamentação e dispositivo em seu conjunto e não de forma isolada.

Posto isso, notadamente, ante a ausência de maior regulação ou mesmo de especialidade acerca dos pontos pelos quais aprofunda o §1° do art. 489 do CPC/2015, não restam dúvidas da aplicação subsidiária à Lei n.10.259/01 - ainda que pese o equivocado Enunciado n.153 do FONAJEF[15] - e mesmo ao microssistema dos Juizados Especiais,[16] não sendo encarado como qualquer óbice aos princípios estampados no art. 2° da Lei Especial. Pelo ao contrário! A motivação e fundamentação das decisões, corolário da Carta Constitucional de 1988 é de aplicação explicita a qualquer processo e procedimento, não valendo se furtar de dita aplicabilidade sob o manto da celeridade da prestação jurisdicional ou mesmo camuflando-se na economia das formas e/ou sua simplicidade.

O ato sentencial é a tradução do respeito do Estado para com qualidade da prestação do Serviço Público por ele prometido e concedido, de modo a que não possa o jurisdicionado, destinatário final junto com a solidária e conjunta sociedade, se abster de merecer, por pressuposto ético e deontológico, a razão adequada e analítica de seu pleito.

---

[14] Sobre o assunto, ver o item *5.2.4* do presente Capítulo.

[15] "A regra do art. 489, parágrafo primeiro, do NCPC deve ser mitigada nos juizados por força da primazia dos princípios da simplicidade e informalidade que regem o JEF (Aprovado no XII FONAJEF)."

[16] No mesmo sentido está o Enunciado n.309 do FPPC: "O disposto no § 1° do art. 489 do CPC é aplicável no âmbito dos Juizados Especiais".

Por oportuno, vale trazer a luz aqui a genialidade de Calamandrei,[17] onde, já de muito, esclarecia que em um Estado de Direito acende a exigência que o órgão julgador julgue em conformidade com a lei e não, a pretexto de aplicar a Constituição, conduza a sua interpretação de maneira inteiramente incompatível com os preceitos atinentes àquela Carta Maior.

No tocante ao próprio conteúdo contido no ato sentencial, a Lei n.10.259/01 optou por esclarecer o critério de cumprimento da mesma mediante a modalidade obrigacional avençada em seu bojo.

A despeito de enfrentá-la mais adiante, não custa, desde já, apresentar a extensão de seu cumprimento, uma vez prolatada e transitada em julgado.

Nestes termos em conjunto, acosto os arts. 16 e 17 da Lei supracitada:

> Art. 16. O cumprimento do acordo ou da sentença, com trânsito em julgado, que imponham obrigação de fazer, não fazer ou entrega de coisa certa, será efetuado mediante ofício do Juiz à autoridade citada para a causa, com cópia da sentença ou do acordo.
>
> Art. 17. Tratando-se de obrigação de pagar quantia certa, após o trânsito em julgado da decisão, o pagamento será efetuado no prazo de sessenta dias, contados da entrega da requisição, por ordem do Juiz, à autoridade citada para a causa, na agência mais próxima da Caixa Econômica Federal ou do Banco do Brasil, independentemente de precatório.

Vê-se que, dependendo da obrigação, o destino no cumprimento da mesma terá diferente desiderato, como, p. ex., nos casos de sentença que envolva condenação a obrigações de fazer, não fazer ou entregar coisa certa, onde não haverá, pois, necessidade de *actio iudicati*, sendo o ato sentencial de natureza mandamental, cabendo ao magistrado oficiar a autoridade citada para a causa com cópia da sentença ou do acordão, ordenando o respectivo cumprimento

Por fim, como importantíssimo diferencial da LJF's, está o tratamento dado ao denominado "reexame necessário ou remessa *ex officio*", cuja previsão ordinária consta do art. 496 do CPC/2015, nos casos relativos à sentença proferida e contrária à Fazenda Pública.

Pela regulação disposta no art. 13 da Lei n.10.259/01, tal possibilidade não é passível de aplicação em sede de Juizado Especial Cível Federal, até pela própria natureza especialíssima desta via jurisdicional, não comportando *de per si*, procedimentos que venham a obstaculizar a própria dinâmica da celeridade, contrária à exigência formalíssima da remessa do julgado, de ofício, a órgão superior competente, independentemente de qualquer provocação recursal pela parte condenada, no caso, a Fazenda Pública.

---

[17] CALAMANDREI, Piero. *Opere Giuridiche*. Vol. I. Napoli: Morano Editore, 1965, p. 643-644.

III

RECURSOS

1. Recursos nos Juizados Especiais Cíveis Federais

No âmbito dos Juizados Especiais Cíveis Federais, é cabível o recurso ordinário da sentença de 1º grau (art. 5º da Lei n. 10.259/01) para um colegiado de juízes também de primeiro grau, integrado por membros do próprio juizado ou de outros juizados da mesma natureza, sendo o prazo colhido de forma subsidiária na Lei n.9.099/95 que em seu art. 42 expressa ser de 10 (dez) dias.

Diferente de omissão contida na regulação dos Juizados Especiais Cíveis Estaduais, mas por nós firmemente defendida quanto à sua presença neste Juizados (Parte I da presente obra), está a previsão trazida pela Lei n.10.259/01, em seu art. 5º:

"Art. 5º Exceto nos casos do art. 4º, somente será admitido recurso de sentença definitiva."

Nestes termos, como o art. 4º autoriza ao magistrado, de ofício ou a requerimento das partes, deferir medidas cautelares no curso do processo, para evitar dano de difícil reparação, difícil não é constatar a real possibilidade de, nos casos de concessão de liminar, de medida cautelar ou de antecipação de tutela,[1] admitir-se a interposição de Agravo para a turma recursal, exatamente em face da ressalva trazida pelo art. 5º acima transposto caso em que o recurso se processará segundo as regras do CPC.[2]

---

[1] No CPC/2015, "Tutela Provisória de Urgência de natureza Antecipada ou Cautelar" (art. 294 e ss.).

[2] No mesmo sentido, CARREIRA ALVIM, J.E. *Juizados Especiais Federais*. Rio de Janeiro: Forense, 2002, p. 95-96.

Verdade é que, a despeito da LJF's não lhe atribuir dita nomenclatura de "agravo", não restam dúvidas para nós de que este será o recurso apto ao enfrentamento das decisões interlocutórias nos casos dispostos pelo art. 4º retro referido, e notadamente, deverá ser guiado pelo procedimento próprio do agravo de instrumento.

Diferente não é o que afirma o Enunciado n.107 do FONAJEF:

"Fora das hipóteses do artigo 4º da Lei 10.259/2001, a impugnação de decisões interlocutórias proferidas antes da sentença deverá ser feita no recurso desta (art. 41 da Lei nº 9.099/95)."

Já, quanto às demais decisões interlocutórias, não há previsão de recurso, como entende o referido art. 5º anteriormente citado.[3]

Assim, deverá a parte prejudicada simplesmente protestar para fins de ressalvar sua impugnação, se for o caso, nas preliminares do recurso ordinário a ser interposto contra eventual sentença final contrária a seus interesses.

Os embargos de declaração, como de certo, encontrará lugar em sede de Juizados Especiais Cíveis Federais, dado não poder-se admitir a existência de sentenças maculadas de contradição, omissão ou obscuridade em seu conteúdo (art.1.022, I e II do CPC/2015; art. 48 da Lei n. 9,099/95).

Quanto ao prazo para a interposição dos Embargos de Declaração, este será de 5 (cinco) dias, conforme o art. 49 da Lei n. 9.099/95 em aplicação subsidiária.

Quanto este prazo, ratifica o Enunciado n. 58 do FONAJEF:

> *Excetuando-se os embargos de declaração, cujo prazo de oposição é de cinco dias, os prazos recursais contra decisões de primeiro grau no âmbito dos Juizados Especiais Federais são sempre de dez dias, independentemente da natureza da decisão recorrida.*

2. Recurso Extraordinário

A temática dos Recursos extraordinários em sede de Juizados Especiais já foi deveras enfrentada de forma extensa na Parte I da presente obra, o que então, pedimos ao leitor que para lá se dirija quando da necessidade de maiores detalhes sobre o assunto, como p. ex., questões relativas à "Repercussão Geral em Recurso Extraordinário" e "Multiplicidade de Recursos Extraordinários Repetitivos".

---

[3] Enunciado nº88 do FONAJEF: *"É admissível MS para Turma Recursal de ato jurisdicional que cause gravame e não haja recurso."*

Não obstante isso, evitando-se passar *in albis*, no que se refere aos Juizados Especiais Cíveis Federais, a racionalidade é a mesma dos Juizados Especiais Cíveis Estaduais no que toca ao cabimento do Recurso Extraordinário.

É bem verdade que ofensas à Constituição não podem ser subtraídas à apreciação da Suprema Corte, qualquer que seja o órgão jurisdicional. Para isso, aliás, é que encontramos no art. 102, III da Carta Maior, o permissivo constitucional autorizador de manejo do Recurso Extraordinário, permitindo sua interposição quando de decisões judiciais que contrariem dispositivo constitucional, seja decorrente de causas decididas em única ou última instância.

Bem expressa a Súmula n.640 do STF:

"É cabível recurso extraordinário contra decisão proferida por juiz de primeiro grau nas causas de alçada, ou por turma recursal de juizado especial cível e criminal."

Tem cabimento, portanto, a interposição de Recurso Extraordinário para o STF uma vez que a decisão da Turma Recursal é final (*ex vi* do art. 102, III, da CF).

A Lei n.10.259/01 teve por bem admitir formalmente, em seu o art. 15, a admissibilidade nos Juizados Especiais Cíveis Federais, do uso do Recurso Extraordinário, ditando que o mesmo será processado e julgado segundo o estabelecido nos §§4º a 9º do seu art.14 e no Regimento do Supremo Tribunal Federal.

Vale ressaltar, entretanto, que para tornar-se cabível o RE, necessário será o esgotamento da via recursal no âmbito do JEF's, por isso, deve-se interpor primeiro o recurso ordinário, daí obtendo-se o respectivo julgamento e decisão de última instância na esfera local, esta representada pela Turma Recursal.

Com relação ao Recurso Especial, tendo em vista dicção do art. 105, III da CF que autoriza a interposição do mesmo perante o Superior Tribunal de Justiça somente contra decisões em única ou ultima instância, dos Tribunais Regionais Federais ou dos Tribunais dos Estados e do Distrito Federal (Constituição, art, 105, III), não é de se admitir o recurso de tal espécie de decisões das Turmas Recursais dos Juizados Especiais Federais.

Ratificando a presente afirmativa, encontra plasmado na Súmula n.203 do STJ entendimento quanto a citada impossibilidade:

"Não cabe recurso especial contra decisão proferida, nos limites de sua competência, por órgão de segundo grau dos Juizados Especiais."

3. Pedido de Uniformização de Jurisprudência[4]

Em sede de Juizados Especiais Cíveis Federais, bem andou a Lei n. 10.259/01, ao prever específico mecanismo processual com o intuito de enfrentar o sempre indesejável problema da ocorrência de interpretações divergentes da Lei Federal entre diferentes Turmas Recursais.

Assim, tem-se o que denomina o art. 14 da *lex* retro "pedido de uniformização de interpretação da lei federal". É o que abaixo se segue:

"Art. 14. Caberá pedido de uniformização de interpretação de lei federal quando houver divergência entre decisões sobre questões de direito material proferidas por Turmas Recursais na interpretação da lei."

Insta destacar ainda que, a despeito da LJF's não ter empregado o termo" Recurso" para a situação da Uniformização em tela, trata-se mesmo de um Recurso a ser interposto diante de decisões das Turmas Recursais dos Juizados Especiais Federais que se encontram em interpretações divergentes sobre questões de direito material na interpretação da própria Lei, e que pelas razões já anteriormente apresentadas, não desafiam revisão por meio do Recurso Especial.[5]

Os órgãos competentes para a uniformização serão as Turmas Conjuntas, ou seja, o órgão formado pelas Turmas Recursais em divergência dentro da mesma Região conforme orientação do art.14, § lº da Lei n.10259/01.

Caso o conflito interpretativo de decisões ocorrer entre Turmas Recursais de Regiões distintas e sempre que se decidir contra súmula ou jurisprudência do ST], a uniformização será julgada por Turma de Uniformização, integrada por juízes de Turmas Recursais, sob a presidência do Coordenador da justiça Federal (art. 14, § 2º da Lei n.10259/01).

Realça-se que a via eletrônica, no caso, vídeo conferência, será a usada para reunião entre juízes domiciliados em cidades diversas, sendo o que preconiza o art. 14, § 3º da Lei n.10259/01.

Caso a Turma de Uniformização, em questões de direito material, contrariar súmula ou jurisprudência dominante no STJ, a parte interessada poderá perfeitamente provocar a manifestação deste Tribunal Superior que discutirá a divergência, tudo de acordo com o §4º do multicitado art. 14:

---

[4] Sobre o respeito e aplicação de acórdãos dos TRF's e TJ's decorrentes de Incidente de Resolução de Demandas Repetitivas (IRDR) em sede de Juizados Especiais, confira a Parte I, Capítulo 2, item 2 da presente obra.

[5] Importante lembrar que em relação à Justiça comum, a divergência de interpretação da lei federal enseja Recurso Especial, por meio do qual o Superior Tribunal de Justiça empreende a desejada uniformização (art. 105, III, *c* da CF).

§ 4º Quando a orientação acolhida pela Turma de Uniformização, em questões de direito material, contrariar súmula ou jurisprudência dominante no Superior Tribunal de Justiça -STJ, a parte interessada poderá provocar a manifestação deste, que dirimirá a divergência.

O prazo para formulação do pedido de uniformização no âmbito do STJ foi fixado em 10 (dez) dias "a contar da decisão recorrida", devendo a petição ser instruída com cópia dos julgados divergentes e conter a "análise precisa do pedido". O processamento ocorrerá nos próprios autos em que se proferiu o decisório impugnado (Resolução n. 390/2004 do Conselho da Justiça Federal, art.6º, §1º.).

Uma vez apresentado o pedido, permitido será ao relator deferir liminar de suspensão dos processos, quando plausível o direito invocado e presente o risco de dano de difícil reparação (art. 14, § 5º da Lei n.10.259/01).

Outrossim, se necessário, facultado será ao relator pedir informações ao Presidente da Turma Recursal ou Coordenador da Turma de Uniformização, ouvindo o Ministério Público, no prazo de cinco dias, podendo eventuais interessados, ainda que não sejam partes no processo, mas, evidentemente, com interesse processual se manifestarem no prazo de trinta dias (art. 14, §7º da Lei n.10.259/01).

Para fins de racionalidade processual, regra o §6º do art. 14 da Lei em comento que, eventuais pedidos de uniformização idênticos, recebidos subsequentemente em quaisquer Turmas Recursais, ficarão retidos nos autos, aguardando-se pronunciamento do Superior Tribunal de Justiça.

Observa-se, por tudo que, a despeito da impossibilidade de alçar o Superior Tribunal de Justiça por meio do Recuso Especial, é possível, em certa medida, provocá-lo a manifestar-se quando em discussão está a interpretação de súmulas ou jurisprudências da sua lavra, o que, de fato se faz necessário ao combate de inseguranças jurídicas decorrentes de decisões da Turma de Uniformização em confronto com o entendimento do presente Tribunal Superior.

Por fim, resta esclarecer que cabe aos Tribunais Regionais Federais regulamentar, em seu âmbito, a composição dos órgãos e os procedimentos a serem adotados nos julgamentos de uniformização (art. 14, §10). Já em sede de Superior Tribunal de Justiça, o conteúdo a este pertinente encontra-se disciplinado no Regimento Interno da Turma Nacional de Uniformização de Jurisprudência dos Juizados Especiais Federais, definição esta realizada pela Resolução n. 390, de 17.09.2004 do Conselho da Justiça Federal.

IV

EXECUÇÃO E MEDIDAS CAUTELARES

1. Execução

Sem pairar dúvidas, já bem pontua o art. 3º da Lei n.10.259/01:

"Art. 3º Compete ao Juizado Especial Federal Cível processar, conciliar e julgar causas de competência da Justiça Federal até o valor de sessenta salários mínimos, bem como executar as suas sentenças."

Nota-se, expressamente, que os Juizados Especiais Cíveis Federais possuem competência para a execução das sentenças proferidas em processos ora tramitados em seu âmbito.

Neste sentido, pontos particulares da Execução em tal seara dos Juizados merecem atenção e contornos especiais, pois que permanecem no exato esquema de ideias traçadas pela lei regradora do aludido Juizado, no entanto, merecendo aplicação subsidiária ao Código de Processo Civil naquilo que for compatível com a LJF's.

É o que se admite nas execuções de títulos extrajudiciais contra a Fazenda Pública Federal, desde que respeitando o limite de sessenta salários mínimos, valor este ditado pelo art. 3º retro referido.

Daí que, em tal hipótese, o procedimento será aquele do art. 910 do CPC/2015[1], sendo a executada citada para oferecer embargos e, uma vez julgado improcedente ou mesmo deixando de apresentá-lo,[2] o magistrado requisitará o respectivo

---

[1] Sobre o assunto, ver o nosso *Instituições de Direito Processual Civil*. 3 ed. Salvador: Juspodivm, 2017, p.871-876.

[2] Como outrora já apontado, inexiste "recurso de ofício" ou "reexame necessário" na espécie, tendo em vista a sua própria exclusão no âmbito dos Juizados Especiais Federais, mais precisamente ditada pelo art. 13 da Lei n. 10.259/01.

pagamento a favor do credor, seguindo a importante forma do art. 17 da Lei n. 10.259/01, *in verbis*:

> *Art. 17. Tratando-se de obrigação de pagar quantia certa, após o trânsito em julgado da decisão, o pagamento será efetuado no prazo de sessenta dias, contados da entrega da requisição, por ordem do Juiz, à autoridade citada para a causa, na agência mais próxima da Caixa Econômica Federal ou do Banco do Brasil, independentemente de precatório.*
>
> *§ 1º Para os efeitos do § 3º do art. 100 da Constituição Federal, as obrigações ali definidas como de pequeno valor, a serem pagas independentemente de precatório, terão como limite o mesmo valor estabelecido nesta Lei para a competência do Juizado Especial Federal Cível (art. 3º, caput).*
>
> *§ 2º Desatendida a requisição judicial, o Juiz determinará o seqüestro do numerário suficiente ao cumprimento da decisão.*
>
> *§ 3º São vedados o fracionamento, repartição ou quebra do valor da execução, de modo que o pagamento se faça, em parte, na forma estabelecida no § 1º deste artigo, e, em parte, mediante expedição do precatório, e a expedição de precatório complementar ou suplementar do valor pago.*
>
> *§ 4º Se o valor da execução ultrapassar o estabelecido no § 1º, o pagamento far-se-á, sempre, por meio do precatório, sendo facultado à parte exeqüente a renúncia ao crédito do valor excedente, para que possa optar pelo pagamento do saldo sem o precatório, da forma lá prevista.*

Por outro lado, igualmente já informado, a execução das sentenças que imponham cumprimento de obrigação de fazer, não fazer ou entrega de coisa certa, terá natureza mandamental, não havendo daí necessidade de *actio iudicati*.

Nestes termos, a autoridade citada para a causa será oficiada pelo juiz, com cópia da sentença ou do acórdão transitado em julgado, com ordem para o cumprimento da obrigação devida, ex vi do art. 16 da Lei n. 10.259/01, traduzindo-se, portanto, em efetiva Tutela Específica.[3]

Nas condenações de obrigação de pagar quantia certa, o pagamento será efetuado por meio de requisição judicial, dentro de sessenta dias, mediante depósito em favor do credor da agência mais próxima da Caixa Econômica Federal ou do Banco do Brasil, independentemente de precatório, tudo conforme o já digitado art. 17 supra.

Outrora, desatendida a aludida requisição do magistrado, este determinará o sequestro do numerário suficiente ao cumprimento da condenação devida de acordo com §2º do art. 17.

---

[3] Cf. o nosso *Tutela Específica das Obrigações de Fazer*. 7 ed. Curitiba: Juruá, 2017.

É de se notar, por tudo, a tentativa de o legislador empreender certo grau de celeridade para sustentar o cumprimento menos tardio das demandas onde figura a União e seus entes correlacionados, pois que, como notório que é, óbices ao cumprimento efetivo das decisões contrárias aos seus interesses são rotineiros, tamanhas benesses legais encravadas secularmente em nossos textos legais.

2. Medidas cautelares

Ponto de realce na Lei n.10.259/01 é a questão do exercício das Medidas Cautelares no âmbito dos JEF's.

De pronto, o art. 4º, bem destaca:

"O Juiz poderá, de ofício ou a requerimento das partes, deferir medidas cautelares no curso do processo, para evitar dano de difícil reparação."

Nestes termos, pode o juiz na direção das demandas no âmbito do Juizado Especial Cível Federal ter a faculdade de ordenar medidas cautelares necessárias, mesmo sem qualquer requerimento das partes, tudo com o fito de se evitar dano de difícil reparação.

Ratificando a questão supra, está o Enunciado n. 86 do FONAJEF:

"A tutela de urgência em sede de turmas recursais pode ser deferida de ofício."

Por outro lado, também será possível a parte interessada pleitear medida cautelar para a proteção de eventual dano de difícil reparação, cabendo ao juiz a análise de seus requisitos legais e fundamentos para a concessão da medida.[4]

Insta ressaltar ainda pelo entendimento do Enunciado n.89 do FONAJEF, não caberá *"processo cautelar autônomo, preventivo ou incidental, no âmbito do JEF."*

3. Tutela Provisória

Tema já enfrentado em nossas *Instituições de Direito Processual Civil*,[5] é possível a concessão de Tutela Provisória de Urgência ou de Evidência em face da Fazenda Pública, não havendo, sequer, qualquer conflito entre o procedimento

---

[4] CONFLITO DE COMPETÊNCIA. JUIZADO ESPECIAL FEDERAL. JUÍZO ESTADUAL. MEDIDA CAUTELAR. EMPRESA PÚBLICA.1. Havendo ente federal no pólo passivo da lide, no caso a Caixa Econômica Federal, empresa pública, inegável a competência da Justiça Federal. Não há vedação legal quanto ao processamento e ao julgamento de medida cautelar perante os Juizados Especiais Federais. 2. Conflito conhecido e declarada a competência do Juízo Federal do Juizado Especial de Catanduva/SP. STJ. 2ª Seção. Rel. Min. Menezes Direito. Julg. 09.05.2007. *DJ* 31.05.2007.

[5] *Instituições de Direito Processual Civil* ..., p. 343-387.

da LJF's e os regramentos reguladores da Tutela Provisória, mais precisamente os art.294 a 311 do CPC/2015, ainda que silente a LJF's.

O art. 1.059 do CPC/2015 afirma que à tutela provisória requerida contra a Fazenda Pública aplica-se o disposto nos arts. 1º a 4º da Lei n. 8.437, de 30 de junho de 1992, e no art. 7º, § 2º, da Lei n. 12.016, de 7 de agosto de 2009.

A Lei n.12.016/2009, esta que rege o Mandado de Segurança, aponta no §2º do art. 7º a limitação de concessão de liminares em determinados conteúdos, nos seguintes termos:

> *§ 2º Não será concedida medida liminar que tenha por objeto a compensação de créditos tributários, a entrega de mercadorias e bens provenientes do exterior, a reclassificação ou equiparação de servidores públicos e a concessão de aumento ou a extensão de vantagens ou pagamento de qualquer natureza.*

Observa-se, pois, as matérias objetadas de possível concessão por meio de medida liminar em sede de mandado de segurança, o que, certamente, se estende ao mesmo entendimento das medidas de urgência antecipada.

Por outro lado, em sede de tutela de urgência de natureza cautelar, vem a Lei n. 8.437/92, em seus arts. 1º, 3º, e 4º, respectivamente, limitar, igualmente, a sua permissividade:

> *Art. 1º Não será cabível medida liminar contra atos do Poder Público, no procedimento cautelar ou em quaisquer outras ações de natureza cautelar ou preventiva, **toda vez que providência semelhante não puder ser concedida em ações de mandado de segurança, em virtude de vedação legal.***
>
> *Art. 3º O recurso voluntário ou 'ex officio', interposto contra sentença em processo cautelar, proferida contra pessoa jurídica de direito público ou seus agentes, que importe em outorga ou adição de vencimentos ou de reclassificação funcional, terá efeito suspensivo.*
>
> *Art. 4º Compete ao presidente do tribunal, ao qual couber o conhecimento do respectivo recurso, suspender, em despacho fundamentado, a execução da liminar nas ações movidas contra o Poder Público ou seus agentes, a requerimento do Ministério Público ou da pessoa jurídica de direito público interessada, em caso de manifesto interesse público ou de flagrante ilegitimidade, e para evitar grave lesão à ordem, à saúde, à segurança e à economia públicas.* (Grifo nosso).

Observa-se que, diante das supracitadas leis, não se encontra afastada a possibilidade de obtenção de tutelas de urgência em face do Poder Público, senão nas matérias pelas *legis* apontadas, isto é, que tratam de *compensação de créditos tributários, a entrega de mercadorias e bens provenientes do exterior, a reclassificação ou equiparação de servidores públicos e a concessão de aumento ou a extensão de vantagens ou pagamento de qualquer natureza.*

Por outro lado, importante ressaltar que, em uma análise mais detida, tem-se em entendimento, inclusive em sede doutrinária, de que a tutela de urgência antecipada encontraria lugar em demandas ajuizadas em face da Fazenda Pública, no entanto, aplicando-se igualmente outras ressalvas, máxime aquelas decorrentes da imprescindibilidade do regime estabelecido pelo precatório, este exigido para pagamentos devidos pelo erário em virtude de sentença judiciária. A própria Lei n. 9.469/97 aponta tal questão nos seguintes termos:

> *Art. 6º Os pagamentos devidos pela Fazenda Pública federal, estadual e municipal e pelas autarquias e fundações públicas, em virtude de sentença judiciária, far-se-ão, exclusivamente, na ordem cronológica da apresentação dos precatórios judiciários e à conta do respectivo credito.*

Parágrafo único. É assegurado o direito de preferência aos credores de obrigação de natureza alimentícia, obedecida entre eles à ordem cronológica de apresentação dos respectivos precatórios judiciários.

Fato é que a própria doutrina admite como lícita a antecipação da tutela de urgência, mesmo que relativamente a débitos do erário, processando-se imediata expedição de precatório, adquirindo aí efetiva primazia na ordem cronológica.[6] Atendido no devido tempo o precatório e efetuado o pagamento pela Fazenda, o respectivo numerário ficaria, no entanto, depositado à ordem da autoridade judiciária para entrega ao credor somente após a prolação de sentença final condenatória do respectivo Ente Público.

Bem colocada por Athos Gusmão, ainda sob a égide do CPC/1973, é a ideia que parte da construção de óbices à obtenção da tutela antecipada em face da Fazenda Pública, levando-se em conta a existência da exigência ao regime do reexame necessário da sentença (recurso de ofício), capitulado no art. 496 do CPC/2015 (art. 475 do CPC/1973), afirmando nisto que "se nem a sentença definitiva, proferida após a instrução da causa, pode produzir *imediato* efeito quando proferida contra entidade de direito público, muito menos tal efeito poderia decorrer de um julgamento provisório e revogável."[7]

---

[6] LOPES, João Batista. *Aspectos Polêmicos da Antecipação de Tutela*. São Paulo: RT, 1997, p. 214; MARINONI, Luiz Guilherme. *A Antecipação da Tutela*. 3. ed. São Paulo: Malheiros,1997, p. 212-213.

[7] CARNEIRO, Athos Gusmão. *Da Antecipação de Tutela no Processo Civil*. Rio de Janeiro: Forense, 1998, p. 71.

Mais adiante e acertadamente, contudo, subscreve:

> (...) poder-se-á superar tal argumento pela consideração de que a exigência do duplo grau refere-se apenas às sentenças porque apenas estas possuem aptidão, exatamente pela prévia cognição exauriente, de adquirir o selo da imutabilidade pelo trânsito material em julgado (art. 467) do CPC/1973 (*art. 502 do CPC/2015*); destarte, constitui valiosa garantia para o erário que esta peculiar eficácia somente seja adquirida após a apreciação da causa não só no juízo monocrático como também no juízo colegiado.
>
> Já a AT, esta é concedida através decisão interlocutória, de caráter provisório, modificável ou revogável pelo próprio juiz que a proferiu, e cuja eficácia pode igualmente ser suspensa pelo presidente do tribunal, em concorrendo as circunstâncias referidas no art. 4º da Lei n. 8.437, de 30.06.92 (cuja incidência às AT foi tornada explicita pelo art. 1º da Lei n. 9.494, de 10.09.97) [8].(*Inclusão nossa*).

Vale ainda aqui registrar que, com relação à Tutela Antecipada Antecedente, o Tribunal de Justiça de Minas Gerais, ao editar enunciados sobre o Código de Processo Civil de 2015 expressou em seu Enunciado de número 21 o entendimento de que "Fazenda Pública se submete ao regime de estabilização da tutela antecipada, por não se tratar de cognição exauriente sujeita a remessa necessária", centrando-se, como se nota, no caráter não exauriente bem como na desnecessidade de remessa necessária para fins de autorização da referida medida antecipatória em face da Fazenda Pública, o que concordamos em parte, já que é certo da possibilidade de concessão da Tutela Antecipada Antecedente em face da fazenda pública, no entanto, por todos os motivos já por nós expostos no presente item, onde, inclusive, não se reconhece a remessa necessária como elemento condicional para o deferimento de medida antecipatória.

Insta ainda ressaltar que, em extensão ao que se observa a regra o art. 4º, onde se lê que o "*Juiz poderá, de ofício ou a requerimento das partes, deferir medidas cautelares no curso do processo, para evitar dano de difícil reparação*", é possível a concessão de Tutela de Urgência Cautelar de ofício no âmbito dos Juizados Especiais Federais, o que penso ser possível, igualmente, nos demais Juizados Especiais,[9] tendo em vista a necessária análise sistêmica das leis que compõem estes ritos sumaríssimos, como em boa dicção atesta o parágrafo único do art. 1º da Lei n. 12.153/09:

---

[8] Idem, p. 72.

[9] No mesmo sentido, CÂMARA, Alexandre Freitas. *Juizados Especiais Cíveis Estaduais, Federais e da Fazenda Pública. Uma abordagem crítica*. 6 ed. Rio de Janeiro: Lumen Juris, 2010, p. 265.

EXECUÇÃO E MEDIDAS CAUTELARES

> *Art. 1º (...)*
>
> *Parágrafo único. O sistema dos Juizados Especiais dos Estados e do Distrito Federal é formado pelos Juizados Especiais Cíveis, Juizados Especiais Criminais e Juizados Especiais da Fazenda Pública.*

Em concordância com Carreira Alvim,[10] observa-se que nas demandas que tramitam nos Juizados Especiais Cíveis Federais, a antecipação de tutela, em um sentido amplo e de oportunidades, é realmente mais necessária do que nos Juizados Especiais Cíveis Estaduais, dado que a competência dos JEF's é de caráter absoluto, não tendo a parte a opção de se dirigir à vara federal para obter a tutela liminarmente, o que certamente não acontece com os Juizados Especiais Estaduais em que é concedida à parte a opção de demandar sob o seu rito ou mesmo no âmbito da justiça comum estadual.

---

[10] CARREIRA ALVIM, J.E. *Juizados Especiais Federais*. Rio de Janeiro: Forense, 2002, p. 61.

ANEXO IV

ORGANOGRAMA DOS JUIZADOS ESPECIAIS CÍVEIS FEDERAIS

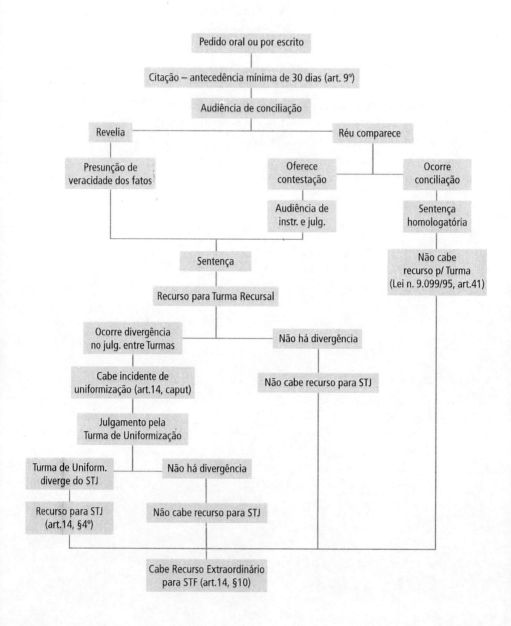

ANEXO V

LEI Nº 10.259, DE 12 DE JULHO DE 2001

Dispõe sobre a instituição dos Juizados Especiais Cíveis e Criminais no âmbito da Justiça Federal.

O PRESIDENTE DA REPÚBLICA Faço saber que o Congresso Nacional decreta e eu sanciono a seguinte Lei:

Art. 1º São instituídos os Juizados Especiais Cíveis e Criminais da Justiça Federal, aos quais se aplica, no que não conflitar com esta Lei, o disposto na Lei nº 9.099, de 26 de setembro de 1995.

Art. 2º Compete ao Juizado Especial Federal Criminal processar e julgar os feitos de competência da Justiça Federal relativos às infrações de menor potencial ofensivo, respeitadas as regras de conexão e continência. (Redação dada pela Lei nº 11.313, de 2006)

Parágrafo único. Na reunião de processos, perante o juízo comum ou o tribunal do júri, decorrente da aplicação das regras de conexão e continência, observar-se-ão os institutos da transação penal e da composição dos danos civis. (Redação dada pela Lei nº 11.313, de 2006)

Art. 3º Compete ao Juizado Especial Federal Cível processar, conciliar e julgar causas de competência da Justiça Federal até o valor de sessenta salários mínimos, bem como executar as suas sentenças.

§ 1º Não se incluem na competência do Juizado Especial Cível as causas:

I - referidas no art. 109, incisos II, III e XI, da Constituição Federal, as ações de mandado de segurança, de desapropriação, de divisão e demarcação, populares, execuções fiscais e por improbidade administrativa e as demandas sobre direitos ou interesses difusos, coletivos ou individuais homogêneos;

II - sobre bens imóveis da União, autarquias e fundações públicas federais;

III - para a anulação ou cancelamento de ato administrativo federal, salvo o de natureza previdenciária e o de lançamento fiscal;

IV - que tenham como objeto a impugnação da pena de demissão imposta a servidores públicos civis ou de sanções disciplinares aplicadas a militares.

§ 2º Quando a pretensão versar sobre obrigações vincendas, para fins de competência do Juizado Especial, a soma de doze parcelas não poderá exceder o valor referido no art. 3º, caput.

§ 3º No foro onde estiver instalada Vara do Juizado Especial, a sua competência é absoluta.

Art. 4º O Juiz poderá, de ofício ou a requerimento das partes, deferir medidas cautelares no curso do processo, para evitar dano de difícil reparação.

Art. 5º Exceto nos casos do art. 4º, somente será admitido recurso de sentença definitiva.

Art. 6º Podem ser partes no Juizado Especial Federal Cível:

I – como autores, as pessoas físicas e as microempresas e empresas de pequeno porte, assim definidas na Lei nº 9.317, de 5 de dezembro de 1996;

II – como rés, a União, autarquias, fundações e empresas públicas federais.

Art. 7º As citações e intimações da União serão feitas na forma prevista nos arts. 35 a 38 da Lei Complementar nº 73, de 10 de fevereiro de 1993.

Parágrafo único. A citação das autarquias, fundações e empresas públicas será feita na pessoa do representante máximo da entidade, no local onde proposta a causa, quando ali instalado seu escritório ou representação; se não, na sede da entidade.

Art. 8º As partes serão intimadas da sentença, quando não proferida esta na audiência em que estiver presente seu representante, por ARMP (aviso de recebimento em mão própria).

§ 1º As demais intimações das partes serão feitas na pessoa dos advogados ou dos Procuradores que oficiem nos respectivos autos, pessoalmente ou por via postal.

§ 2º Os tribunais poderão organizar serviço de intimação das partes e de recepção de petições por meio eletrônico.

Art. 9º Não haverá prazo diferenciado para a prática de qualquer ato processual pelas pessoas jurídicas de direito público, inclusive a interposição de recursos, devendo a citação para audiência de conciliação ser efetuada com antecedência mínima de trinta dias.

Art. 10. As partes poderão designar, por escrito, representantes para a causa, advogado ou não.

Parágrafo único. Os representantes judiciais da União, autarquias, fundações e empresas públicas federais, bem como os indicados na forma do caput, ficam autorizados a conciliar, transigir ou desistir, nos processos da competência dos Juizados Especiais Federais.

Art. 11. A entidade pública ré deverá fornecer ao Juizado a documentação de que disponha para o esclarecimento da causa, apresentando-a até a instalação da audiência de conciliação.

Parágrafo único. Para a audiência de composição dos danos resultantes de ilícito criminal (arts. 71, 72 e 74 da Lei nº 9.099, de 26 de setembro de 1995), o representante da entidade que comparecer terá poderes para acordar, desistir ou transigir, na forma do art. 10.

Art. 12. Para efetuar o exame técnico necessário à conciliação ou ao julgamento da causa, o Juiz nomeará pessoa habilitada, que apresentará o laudo até cinco dias antes da audiência, independentemente de intimação das partes.

§ 1º Os honorários do técnico serão antecipados à conta de verba orçamentária do respectivo Tribunal e, quando vencida na causa a entidade pública, seu valor será incluído na ordem de pagamento a ser feita em favor do Tribunal.

§ 2º Nas ações previdenciárias e relativas à assistência social, havendo designação de exame, serão as partes intimadas para, em dez dias, apresentar quesitos e indicar assistentes.

Art. 13. Nas causas de que trata esta Lei, não haverá reexame necessário.

Art. 14. Caberá pedido de uniformização de interpretação de lei federal quando houver divergência entre decisões sobre questões de direito material proferidas por Turmas Recursais na interpretação da lei.

§ 1º O pedido fundado em divergência entre Turmas da mesma Região será julgado em reunião conjunta das Turmas em conflito, sob a presidência do Juiz Coordenador.

§ 2º O pedido fundado em divergência entre decisões de turmas de diferentes regiões ou da proferida em contrariedade a súmula ou jurisprudência dominante do STJ será julgado por Turma de Uniformização, integrada por juízes de Turmas Recursais, sob a presidência do Coordenador da Justiça Federal.

§ 3º A reunião de juízes domiciliados em cidades diversas será feita pela via eletrônica.

§ 4º Quando a orientação acolhida pela Turma de Uniformização, em questões de direito material, contrariar súmula ou jurisprudência dominante no Superior

Tribunal de Justiça -STJ, a parte interessada poderá provocar a manifestação deste, que dirimirá a divergência.

§ 5º No caso do § 4º, presente a plausibilidade do direito invocado e havendo fundado receio de dano de difícil reparação, poderá o relator conceder, de ofício ou a requerimento do interessado, medida liminar determinando a suspensão dos processos nos quais a controvérsia esteja estabelecida.

§ 6º Eventuais pedidos de uniformização idênticos, recebidos subseqüentemente em quaisquer Turmas Recursais, ficarão retidos nos autos, aguardando-se pronunciamento do Superior Tribunal de Justiça.

§ 7º Se necessário, o relator pedirá informações ao Presidente da Turma Recursal ou Coordenador da Turma de Uniformização e ouvirá o Ministério Público, no prazo de cinco dias. Eventuais interessados, ainda que não sejam partes no processo, poderão se manifestar, no prazo de trinta dias.

§ 8º Decorridos os prazos referidos no § 7º, o relator incluirá o pedido em pauta na Seção, com preferência sobre todos os demais feitos, ressalvados os processos com réus presos, os habeas corpus e os mandados de segurança.

§ 9º Publicado o acórdão respectivo, os pedidos retidos referidos no § 6º serão apreciados pelas Turmas Recursais, que poderão exercer juízo de retratação ou declará-los prejudicados, se veicularem tese não acolhida pelo Superior Tribunal de Justiça.

§ 10. Os Tribunais Regionais, o Superior Tribunal de Justiça e o Supremo Tribunal Federal, no âmbito de suas competências, expedirão normas regulamentando a composição dos órgãos e os procedimentos a serem adotados para o processamento e o julgamento do pedido de uniformização e do recurso extraordinário.

Art. 15. O recurso extraordinário, para os efeitos desta Lei, será processado e julgado segundo o estabelecido nos §§ 4º a 9º do art. 14, além da observância das normas do Regimento.

Art. 16. O cumprimento do acordo ou da sentença, com trânsito em julgado, que imponham obrigação de fazer, não fazer ou entrega de coisa certa, será efetuado mediante ofício do Juiz à autoridade citada para a causa, com cópia da sentença ou do acordo.

Art. 17. Tratando-se de obrigação de pagar quantia certa, após o trânsito em julgado da decisão, o pagamento será efetuado no prazo de sessenta dias, contados da entrega da requisição, por ordem do Juiz, à autoridade citada para a causa, na agência mais próxima da Caixa Econômica Federal ou do Banco do Brasil, independentemente de precatório.

§ 1º Para os efeitos do § 3º do art. 100 da Constituição Federal, as obrigações ali definidas como de pequeno valor, a serem pagas independentemente de precatório, terão como limite o mesmo valor estabelecido nesta Lei para a competência do Juizado Especial Federal Cível (art. 3º, caput).

§ 2º Desatendida a requisição judicial, o Juiz determinará o seqüestro do numerário suficiente ao cumprimento da decisão.

§ 3º São vedados o fracionamento, repartição ou quebra do valor da execução, de modo que o pagamento se faça, em parte, na forma estabelecida no § 1º deste artigo, e, em parte, mediante expedição do precatório, e a expedição de precatório complementar ou suplementar do valor pago.

§ 4º Se o valor da execução ultrapassar o estabelecido no § 1º, o pagamento far-se-á, sempre, por meio do precatório, sendo facultado à parte exeqüente a renúncia ao crédito do valor excedente, para que possa optar pelo pagamento do saldo sem o precatório, da forma lá prevista.

Art. 18. Os Juizados Especiais serão instalados por decisão do Tribunal Regional Federal. O Juiz presidente do Juizado designará os conciliadores pelo período de dois anos, admitida a recondução. O exercício dessas funções será gratuito, assegurados os direitos e prerrogativas do jurado (art. 437 do Código de Processo Penal).

Parágrafo único. Serão instalados Juizados Especiais Adjuntos nas localidades cujo movimento forense não justifique a existência de Juizado Especial, cabendo ao Tribunal designar a Vara onde funcionará.

Art. 19. No prazo de seis meses, a contar da publicação desta Lei, deverão ser instalados os Juizados Especiais nas capitais dos Estados e no Distrito Federal.

Parágrafo único. Na capital dos Estados, no Distrito Federal e em outras cidades onde for necessário, neste último caso, por decisão do Tribunal Regional Federal, serão instalados Juizados com competência exclusiva para ações previdenciárias.

Art. 20. Onde não houver Vara Federal, a causa poderá ser proposta no Juizado Especial Federal mais próximo do foro definido no art. 4º da Lei nº 9.099, de 26 de setembro de 1995, vedada a aplicação desta Lei no juízo estadual.

Art. 21. As Turmas Recursais serão instituídas por decisão do Tribunal Regional Federal, que definirá sua composição e área de competência, podendo abranger mais de uma seção.

Art. 22. Os Juizados Especiais serão coordenados por Juiz do respectivo Tribunal Regional, escolhido por seus pares, com mandato de dois anos.

Parágrafo único. O Juiz Federal, quando o exigirem as circunstâncias, poderá determinar o funcionamento do Juizado Especial em caráter itinerante, mediante autorização prévia do Tribunal Regional Federal, com antecedência de dez dias.

Art. 23. O Conselho da Justiça Federal poderá limitar, por até três anos, contados a partir da publicação desta Lei, a competência dos Juizados Especiais Cíveis, atendendo à necessidade da organização dos serviços judiciários ou administrativos.

Art. 24. O Centro de Estudos Judiciários do Conselho da Justiça Federal e as Escolas de Magistratura dos Tribunais Regionais Federais criarão programas de informática necessários para subsidiar a instrução das causas submetidas aos Juizados e promoverão cursos de aperfeiçoamento destinados aos seus magistrados e servidores.

Art. 25. Não serão remetidas aos Juizados Especiais as demandas ajuizadas até a data de sua instalação.

Art. 26. Competirá aos Tribunais Regionais Federais prestar o suporte administrativo necessário ao funcionamento dos Juizados Especiais.

Art. 27. Esta Lei entra em vigor seis meses após a data de sua publicação.

Brasília, 12 de julho de 2001; 180° da Independência e 113° da República.

FERNANDO HENRIQUE CARDOSO
Paulo de Tarso Tamos Ribeiro
Roberto Brant
Gilmar Ferreira Mendes
Este texto não substitui o publicado no DOU de 13.7.2001

ANEXO VI

ENUNCIADOS CÍVEIS DO FÓRUM NACIONAL DOS JUIZADOS ESPECIAIS FEDERAIS - FONAJEF

ENUNCIADO Nº1
O julgamento liminar de mérito não viola o princípio do contraditório e deve ser empregado na hipótese de decisões reiteradas de improcedência pelo juízo, bem como nos casos que dispensem a fase instrutória, quando o pedido contrariar frontalmente norma jurídica (Revisado no XI FONAJEF).

ENUNCIADO Nº2
Nos casos de julgamentos de procedência de matérias repetitivas, é recomendável a utilização de contestações depositadas na Secretaria, a fim de possibilitar a Imediata prolação de sentença de mérito (Aprovado no II FONAJEF).

ENUNCIADO Nº3
A auto intimação eletrônica atende aos requisitos das Leis nºs 10.259/2001 e 11.419/2006 e é preferencial à intimação por e-mail. (Revisado no IV FONAJEF).

ENUNCIADO Nº4
Na propositura de ações repetitivas ou de massa, sem advogado, não havendo viabilidade material de opção pela auto intimação eletrônica, a parte firmará compromisso de comparecimento, em prazo pré-determinado em formulário próprio, para ciência dos atos processuais praticados (Aprovado no II FONAJEF).

ENUNCIADO Nº5
As sentenças e antecipações de tutela devem ser registradas tão-somente em meio eletrônico (Aprovado no II FONAJEF).

ENUNCIADO Nº6
Havendo foco expressivo de demandas em massa, os juizados especiais federais solicitarão às Turmas Recursais e de Uniformização Regional e Nacional o julgamento prioritário da matéria repetitiva, a fim de uniformizar a jurisprudência a respeito e de possibilitar o planejamento do serviço judiciário (Aprovado no II FONAJEF).

ENUNCIADO Nº7
Nos Juizados Especiais Federais o procurador federal não tem a prerrogativa de intimação pessoal (Aprovado no II FONAJEF).

ENUNCIADO Nº8
É válida a intimação do procurador federal para cumprimento da obrigação de fazer, independentemente de ofício, com base no artigo 461 do Código de Processo Civil (Aprovado no II FONAJEF).

ENUNCIADO N°9
Além das exceções constantes do § 1° do artigo 3° da Lei n. 10.259, não se incluem na competência dos Juizados Especiais Federais, os procedimentos especiais previstos no Código de Processo Civil, salvo quando possível a adequação ao rito da Lei n. 10.259/2001 (Aprovado no II FONAJEF).

ENUNCIADO N°10
O incapaz pode ser parte autora nos Juizados Especiais Federais, dando-se-lhe curador especial, se ele não tiver representante constituído (Aprovado no II FONAJEF).

ENUNCIADO N°11
No ajuizamento de ações no JEF, a microempresa e a empresa de pequeno porte deverão comprovar essa condição mediante documentação hábil (Aprovado no II FONAJEF).

ENUNCIADO N°12
No Juizado Especial Federal, não é cabível o pedido contraposto formulado pela União Federal, autarquia, fundação ou empresa pública federal (Aprovado no II FONAJEF).

ENUNCIADO N°13
Não são admissíveis embargos de execução nos JEFs, devendo as impugnações do devedor ser examinadas independentemente de qualquer incidente (Aprovado no II FONAJEF).

ENUNCIADO N°14
Nos Juizados Especiais Federais, não é cabível a intervenção de terceiros ou a assistência (Aprovado no II FONAJEF).

ENUNCIADO N°15
Na aferição do valor da causa, deve-se levar em conta o valor do salário mínimo em vigor na data da propositura de ação (Aprovado no II FONAJEF).

ENUNCIADO N°16
Não há renúncia tácita nos Juizados Especiais Federais para fins de fixação de competência (Aprovado no II FONAJEF).

ENUNCIADO N°17
Não cabe renúncia sobre parcelas vincendas para fins de fixação de competência nos Juizados Especiais Federais (Aprovado no II FONAJEF).

ENUNCIADO N°18
No caso de litisconsorte ativo, o valor da causa, para fins de fixação de competência deve ser calculado por autor (Aprovado no II FONAJEF).

ENUNCIADO N°19
Aplica-se o parágrafo único do art. 46 do CPC em sede de Juizados Especiais Federais (Aprovado no II FONAJEF).

ENUNCIADO N°20
Não se admite, para firmar competência dos juizados especiais federais, o fracionamento de parcelas vencidas, ou de vencidas e vincendas, decorrentes da mesma relação jurídica material (Revisado no XIII FONAJEF).

ENUNCIADO Nº21

As pessoas físicas, jurídicas, de direito privado ou de direito público estadual ou municipal podem figurar no pólo passivo, no caso de litisconsórcio necessário (Aprovado no II FONAJEF).

ENUNCIADO Nº22

A exclusão da competência dos Juizados Especiais Federais quanto às demandas sobre direitos ou interesses difusos, coletivos ou individuais homogêneos somente se aplica quanto a ações coletivas (Aprovado no II FONAJEF).

ENUNCIADO Nº23

(Cancelado no V FONAJEF).

ENUNCIADO Nº24

Reconhecida a incompetência do Juizado Especial Federal, é cabível a extinção de processo, sem julgamento de mérito, nos termos do art. 1 da Lei n. 10.259/2001 e do art. 51, III, da Lei n. 9.099/95, não havendo nisso afronta ao art. 12, parágrafo 2º, da Lei 11.419/06. (Revisado no V FONAJEF)

ENUNCIADO Nº25

No ato do cadastramento eletrônico, as partes se comprometem, mediante adesão, a cumprir as normas referentes ao acesso (Aprovado no II FONAJEF).

ENUNCIADO Nº26

Nos Juizados Virtuais, considera-se efetivada a comunicação eletrônica do ato processual, inclusive citação, pelo decurso do prazo fixado, ainda que o acesso não seja realizado pela parte interessada (Aprovado no II FONAJEF).

ENUNCIADO Nº27

Não deve ser exigido o protocolo físico da petição encaminhada via internet ou correio eletrônico ao Juizado Virtual, não se aplicando as disposições da Lei n 9.800/99 (Aprovado no II FONAJEF).

ENUNCIADO Nº28

É inadmissível a avocação, por Tribunal Regional Federal, de processos ou matéria de competência de Turma Recursal, por flagrante violação ao art. 98 da Constituição Federal (Aprovado no II FONAJEF).

ENUNCIADO Nº29

Cabe ao Relator, monocraticamente, atribuir efeito suspensivo a recurso, não conhecê-lo, bem assim lhe negar ou dar provimento nas hipóteses tratadas no artigo 932, IV, 'c', do CPC, e quando a matéria estiver pacificada em súmula da Turma Nacional de Uniformização, enunciado de Turma Regional ou da própria Turma Recursal (Revisado no XIII FONAJEF).

ENUNCIADO Nº30

A decisão monocrática referendada pela Turma Recursal, por se tratar de manifestação do colegiado, não é passível de impugnação por intermédio de agravo interno (Revisado no XIII FONAJEF).

ENUNCIADO Nº31
(Cancelado no V FONAJEF).

ENUNCIADO Nº32
A decisão que contenha os parâmetros de liquidação atende ao disposto no art. 38, parágrafo único, da Lei n. 9.099/95.

ENUNCIADO Nº33
(Cancelado no IV FONAJEF)

ENUNCIADO Nº34
(Cancelado no XII FONAJEF).

ENUNCIADO Nº35
A execução provisória para pagar quantia certa é inviável em sede de juizado, considerando outros meios jurídicos para assegurar o direito da parte (Aprovado no II FONAJEF).

ENUNCIADO Nº36
(Cancelado no XIII FONAJEF).

ENUNCIADO Nº 37
(Cancelado no IV FONAJEF).

ENUNCIADO Nº38
A qualquer momento poderá ser feito o exame de pedido de gratuidade com os critérios da Lei nº 1.060/50. Para fins da Lei nº 10.259/01, presume-se necessitada a parte que perceber renda até o valor do limite de isenção do imposto de renda (Revisado no IV FONAJEF).

ENUNCIADO Nº39
Não sendo caso de justiça gratuita, o recolhimento das custas para recorrer deverá ser feito de forma integral nos termos da Resolução do Conselho da Justiça Federal, no prazo da Lei n 9.099/95 (Aprovado no II FONAJEF).

ENUNCIADO Nº40
(Cancelado no V FONAJEF).

ENUNCIADO Nº41
(Cancelado no V FONAJEF).

ENUNCIADO Nº42
Em caso de embargos de declaração protelatórios, cabe a condenação em litigância de má-fé (princípio da lealdade processual) (Aprovado no II FONAJEF).

ENUNCIADO Nº43
É adequada a limitação dos incidentes de uniformização às questões de direito material (Aprovado no II FONAJEF).

ENUNCIADO Nº44
Não cabe ação rescisória no JEF. O artigo 59 da Lei n 9.099/95 está em consonância com os princípios do sistema processual dos Juizados Especiais, aplicando-se também aos Juizados Especiais Federais (Aprovado no II FONAJEF).

EXECUÇÃO E MEDIDAS CAUTELARES

ENUNCIADO Nº45
Havendo contínua e permanente fiscalização do juiz togado, conciliadores criteriosamente escolhidos pelo Juiz, poderão para certas matérias, realizar atos instrutórios previamente determinados, como redução a termo de depoimentos, não se admitindo, contudo, prolação de sentença a ser homologada (Aprovado no II FONAJEF).

ENUNCIADO Nº46
A litispendência deverá ser alegada e provada, nos termos do CPC (art.301), pelo réu, sem prejuízo dos mecanismos de controle desenvolvidos pela Justiça Federal (Aprovado no I FONAJEF).

ENUNCIADO Nº47
Eventual pagamento realizado pelos entes públicos demandados deverá ser comunicado ao Juízo para efeito de compensação quando da expedição da Requisição de Pequeno Valor (Aprovado no I FONAJEF).

ENUNCIADO Nº48
Havendo prestação vencida, o conceito de valor da causa para fins de competência do Juizado Especial Federal é estabelecido pelo art. 260 do CPC (Aprovado no I FONAJEF).

ENUNCIADO Nº49
O controle do valor da causa, para fins de competência do Juizado Especial Federal, pode ser feito pelo juiz a qualquer tempo (Aprovado no I FONAJEF).

ENUNCIADO Nº50
Sem prejuízo de outros meios, a comprovação da condição sócio econômica do autor pode ser feita por laudo técnico confeccionado por assistente social, por auto de constatação lavrado por oficial de justiça ou através de oitiva de testemunha (Revisado no IV FONAJEF).

ENUNCIADO Nº51
O art. 20, parágrafo primeiro, da Lei 8742/93 não é exauriente para delimitar o conceito de unidade familiar (Aprovado no III FONAJEF).

ENUNCIADO Nº52
É obrigatória a expedição de Requisição de Pequeno Valor - RPV em desfavor do ente público para ressarcimento de despesas periciais quando este for vencido (Aprovado no III FONAJEF).

ENUNCIADO Nº53
Não há prazo em dobro para a Defensoria Pública no âmbito dos Juizados Especiais Federais (Aprovado no III FONAJEF).

ENUNCIADO Nº54
O artigo 515 e parágrafos do CPC interpretam-se ampliativamente no âmbito das Turmas Recursais, em face dos princípios que orientam o microssistema dos Juizados Especiais Federais (Aprovado no III FONAJEF).

ENUNCIADO Nº55

A nulidade do processo por ausência de citação do réu ou litisconsorte necessário pode ser declarada de ofício pelo juiz nos próprios autos do processo, em qualquer fase, ou mediante provocação das partes, por simples petição (Aprovado no III FONAJEF).

ENUNCIADO Nº56

Aplica-se analogicamente nos Juizados Especiais Federais a inexigibilidade do título executivo judicial, nos termos do disposto nos arts. 475-L, par. 1º e 741, par. único, ambos do CPC (Aprovado no III FONAJEF).

ENUNCIADO Nº57

Nos Juizados Especiais Federais, somente o recorrente vencido arcará com honorários advocatícios (Aprovado no III FONAJEF).

ENUNCIADO Nº58

Excetuando-se os embargos de declaração, cujo prazo de oposição é de cinco dias, os prazos recursais contra decisões de primeiro grau no âmbito dos Juizados Especiais Federais são sempre de dez dias, independentemente da natureza da decisão recorrida (Aprovado no III FONAJEF).

ENUNCIADO Nº59

Não cabe recurso adesivo nos Juizados Especiais Federais (Aprovado no III FONAJEF).

ENUNCIADO Nº60

A matéria não apreciada na sentença, mas veiculada na inicial, pode ser conhecida no recurso inominado, mesmo não havendo a oposição de embargos de declaração (Aprovado no III FONAJEF).

ENUNCIADO Nº61

O recurso será recebido no duplo efeito, salvo em caso de antecipação de tutela ou medida cautelar de urgência (Aprovado no III FONAJEF).

ENUNCIADO Nº62

A aplicação de penalidade por litigância de má-fé, na forma do art. 55 da Lei nº 9.099/95, não importa na revogação automática da gratuidade judiciária (Revisado no IV FONAJEF).

ENUNCIADO Nº63

Cabe multa ao ente público pelo atraso ou não-cumprimento de decisões judiciais com base no art. 461 do CPC, acompanhada de determinação para a tomada de medidas administrativas para apuração de responsabilidade funcional e/ou dano ao erário, inclusive com a comunicação ao Tribunal de Contas da União. Havendo contumácia no descumprimento, caberá remessa de ofício ao Ministério Público Federal para análise de eventual improbidade administrativa (Revisado no XI FONAJEF).

ENUNCIADO Nº64

Não cabe multa pessoal ao procurador ad judicia do ente público, seja com base no art. 14, seja no art. 461, ambos do CPC (Aprovado no III FONAJEF).

EXECUÇÃO E MEDIDAS CAUTELARES

ENUNCIADO N°65
Não cabe a prévia limitação do valor da multa coercitiva (astreintes), que também não se sujeita ao limite de alçada dos Juizados Especiais Federais, ficando sempre assegurada a possibilidade de reavaliação do montante final a ser exigido na forma do parágrafo 6° do artigo 461 do CPC (Aprovado no III FONAJEF).

ENUNCIADO N°66
Os Juizados Especiais Federais somente processarão as cartas precatórias oriundas de outros Juizados Especiais Federais de igual competência (Aprovado no III FONAJEF).

ENUNCIADO N°67
O caput do artigo 9° da Lei n. 9.099/1995 não se aplica subsidiariamente no âmbito dos Juizados Especiais Federais, visto que o artigo 10 da Lei n. 10.259/2001 disciplinou a questão de forma exaustiva (Aprovado no III FONAJEF).

ENUNCIADO N°68
O estagiário de advocacia, nos termos do Estatuto da OAB, tão-só pode praticar, no âmbito dos Juizados Especiais Federais, atos em conjunto com advogado e sob responsabilidade deste (Aprovado no III FONAJEF).

ENUNCIADO N°69
O levantamento de valores e Precatórios, no âmbito dos Juizados Especiais Federais, pode ser condicionado à apresentação, pelo mandatário, de procuração específica com firma reconhecida, da qual conste, ao menos, o número de registro do Precatório ou RPV ou o número da conta de depósito, com respectivo valor (Revisado no V FONAJEF).

ENUNCIADO N°70
É compatível com o rito dos juizados Especiais Federais a aplicação do art. 112 da Lei n. 8.213/1991, para fins de habilitação processual e pagamento (Revisado no V FONAJEF).

ENUNCIADO N°71
A parte autora deverá ser instada, na fase da execução, a renunciar ao excedente à alçada do Juizado Especial Federal, para fins de pagamento por Requisições de Pequeno Valor, não se aproveitando, para tanto, a renúncia inicial, de definição de competência (Aprovado no III FONAJEF).

ENUNCIADO N°72
As parcelas vencidas após a data do cálculo judicial podem ser pagas administrativamente, por meio de complemento positivo (Aprovado no III FONAJEF).

ENUNCIADO N°73
A intimação telefônica, desde que realizada diretamente com a parte e devidamente certificada pelo servidor responsável, atende plenamente aos princípios constitucionais aplicáveis à comunicação dos atos processuais (Aprovado no III FONAJEF).

ENUNCIADO N°74
A intimação por carta com aviso de recebimento, mesmo que o comprovante não seja subscrito pela própria parte, é válida desde que entregue no endereço declarado pela parte (Aprovado no III FONAJEF).

ENUNCIADO Nº75
É lícita a exigência de apresentação de CPF para o ajuizamento de ação no Juizado Especial Federal (Aprovado no III FONAJEF).

ENUNCIADO Nº76
A apresentação de proposta de conciliação pelo réu não induz a confissão (Aprovado no III FONAJEF).

ENUNCIADO Nº77
O ajuizamento da ação de concessão de benefício da seguridade social reclama prévio requerimento administrativo (Aprovado no III FONAJEF).

ENUNCIADO Nº78
O ajuizamento da ação revisional de benefício da seguridade social que não envolva matéria de fato dispensa o prévio requerimento administrativo, salvo quando houver ato oficial da Previdência reconhecendo administrativamente o direito postulado (Revisado no IX FONAJEF).

ENUNCIADO Nº79
A comprovação de denúncia da negativa de protocolo de pedido de concessão de benefício, feita perante a ouvidoria da Previdência Social, supre a exigência de comprovação de prévio requerimento administrativo nas ações de benefícios da seguridade social (Aprovado no III FONAJEF).

ENUNCIADO Nº80
Em juizados itinerantes, pode ser flexibilizada a exigência de prévio requerimento administrativo, consideradas as peculiaridades da região atendida (Aprovado no III FONAJEF).

ENUNCIADO Nº81
Cabe conciliação nos processos relativos a pessoa incapaz, desde que presente o representante legal e intimado o Ministério Público (Aprovado no III FONAJEF).

ENUNCIADO Nº82
O espólio pode ser parte autora nos juizados especiais cíveis federais (Aprovado no IV FONAJEF).

ENUNCIADO Nº83
O art. 10, caput, da Lei n. 10.259/2001 não autoriza a representação das partes por não advogados de forma habitual e com fins econômicos (Aprovado no IV FONAJEF).

ENUNCIADO Nº84
(Cancelado no XIII FONAJEF).

ENUNCIADO Nº85
Não é obrigatória a degravação, tampouco a elaboração de resumo, para apreciação de recurso, de audiência gravada por meio magnético ou equivalente, desde que acessível ao órgão recursal (Aprovado no IV FONAJEF).

ENUNCIADO Nº86
A tutela de urgência em sede de turmas recursais pode ser deferida de ofício (Aprovado no IV FONAJEF).

ENUNCIADO N°87
A decisão monocrática proferida por Relator é passível de Agravo Interno (Aprovado no IV FONAJEF).

ENUNCIADO N°88
Não se admite Mandado de Segurança para Turma Recursal, exceto na hipótese de ato jurisdicional teratológico contra o qual não caiba mais recurso. (Revisado no X FONAJEF).

ENUNCIADO N°89
Não cabe processo cautelar autônomo, preventivo ou incidental, no âmbito do JEF (Aprovado no IV FONAJEF).

ENUNCIADO N°90
Os honorários advocatícios impostos pelas decisões do Juizado Especial Federal serão executados no próprio JEF, por quaisquer das partes. (Aprovado no IV FONAJEF)

ENUNCIADO N°91
Os Juizados Especiais Federais são incompetentes para julgar causas que demandem perícias complexas ou onerosas que não se enquadrem no conceito de exame técnico (art. 12 da Lei 10.259/2001).

ENUNCIADO N°92
Para a propositura de ação relativa a expurgos inflacionários sobre saldos de poupança, deverá a parte autora providenciar documento que mencione o número da conta bancária ou prova de relação contratual com a instituição financeira.

ENUNCIADO N°93
Para a propositura de demandas referentes a contas de FGTS anteriores à centralização deverá a parte comprovar que diligenciou ou solicitou os extratos junto à CEF ou à instituição mantenedora das contas vinculadas anteriormente ao período de migração.

ENUNCIADO N°94
O artigo 51, inc. I, da Lei 9.099/95 aplica-se aos JEFs, ainda que a parte esteja representada na forma do artigo 10, caput, da Lei 10.259/01.

ENUNCIADO N°95
Nas ações visando a correção do saldo das cadernetas de poupança, pode o juiz, havendo prova inequívoca de titularidade da conta à época, suprir a inexistência de extratos por meio de arbitramento.

ENUNCIADO N°96
A concessão administrativa do benefício no curso do processo acarreta a extinção do feito sem resolução de mérito por perda do objeto, desde que corresponda ao pedido formulado na inicial.

ENUNCIADO N°97
Cabe incidente de uniformização de jurisprudência quando a questão deduzida nos autos tiver reflexo sobre a competência do juizado especial federal.

ENUNCIADO N°98
É inadmissível o reexame de matéria fática em pedido de uniformização de jurisprudência.

ENUNCIADO N°99

O provimento, ainda que parcial, de recurso inominado afasta a possibilidade de condenação do recorrente ao pagamento de honorários de sucumbência.

ENUNCIADO N°100

No âmbito dos Juizados Especiais Federais, a Turma Recursal poderá conhecer diretamente das questões não examinadas na sentença que acolheu prescrição ou decadência, estando o processo em condições de imediato julgamento (Aprovado no VI FONAJEF).

ENUNCIADO N°101

A Turma Recursal tem poder para complementar os atos de instrução já realizados pelo juiz do Juizado Especial Federal, de forma a evitar a anulação da sentença (Aprovado no VI FONAJEF).

ENUNCIADO N°102

Convencendo-se da necessidade de produção de prova documental complementar, a Turma Recursal produzirá ou determinará que seja produzida, sem retorno do processo para o juiz do Juizado Especial Federal (Aprovado no VI FONAJEF).

ENUNCIADO N°103

Sempre que julgar indispensável, a Turma Recursal, sem anular a sentença, baixará o processo em diligências para fins de produção de prova testemunhal, pericial ou elaboração de cálculos (Aprovado no VI FONAJEF).

ENUNCIADO N°104

Cabe à Turma de Uniformização reformar os acórdãos que forem contrários à sua jurisprudência pacífica, ressalvada a hipótese de supressão de instância, em que será cabível a remessa dos autos à Turma de origem para fim de adequação do julgado (Aprovado no VI FONAJEF).

ENUNCIADO N°105

A Turma de Uniformização, ao externar juízo acerca da admissibilidade do pedido de uniformização, deve considerar a presença de similitude de questões de fato e de direito nos acórdãos confrontados (Aprovado no VI FONAJEF).

ENUNCIADO N°106

Cabe à Turma Recursal conhecer e julgar os conflitos de competência apenas entre Juizados Especiais Federais sujeitos a sua jurisdição (Aprovado no VI FONAJEF).

ENUNCIADO N°107

Fora das hipóteses do artigo 4° da Lei 10.259/2001, a impugnação de decisões interlocutórias proferidas antes da sentença deverá ser feita no recurso desta (art. 41 da Lei n° 9.099/95) (Aprovado no VI FONAJEF).

ENUNCIADO N°108

Não cabe recurso para impugnar decisões que apreciem questões ocorridas após o trânsito em julgado (Aprovado no VI FONAJEF).

ENUNCIADO N°109
A tempestividade do recurso pode ser comprovada por qualquer meio idôneo, inclusive eletrônico (Aprovado no VI FONAJEF).

ENUNCIADO N°110
A competência das turmas recursais reunidas, onde houver, deve ser limitada à deliberação acerca de enunciados das turmas recursais das respectivas seções judiciárias (Aprovado no VI FONAJEF).

ENUNCIADO N°111
(Cancelado no XI FONAJEF)

ENUNCIADO N°112
Não se exige médico especialista para a realização de perícias judiciais, salvo casos excepcionais, a critério do juiz.

ENUNCIADO N°113
O disposto no art. 11 da lei 10.259/2001, não desobriga a parte autora de instruir seu pedido com a documentação que lhe seja acessível junto às entidades públicas rés.

ENUNCIADO N°114
Havendo cumulação de pedidos, é ônus da parte autora a identificação expressa do valor pretendido a título de indenização por danos morais, a ser considerado no valor da causa para fins de definição da competência dos Juizados Especiais Federais.

ENUNCIADO N°115
Para a reunião de processos, a competência funcional dentro dos Juizados Especiais Federais se define em virtude da natureza do pedido do qual decorra a pretensão de indenização por danos morais.

ENUNCIADO N°116
O dever processual, previsto no art. 11 da Lei 10.259/2001, não implica automaticamente a inversão do ônus da prova.

ENUNCIADO N°117
A perícia unificada, realizada em audiência, é válida e consentânea com os princípios informadores dos juizados especiais.

ENUNCIADO N°118
É válida a realização de prova pericial antes da citação, desde que viabilizada a participação das partes.

ENUNCIADO N°119
Além dos casos de segredo de justiça e de sigilo judicial, os documentos digitalizados em processo eletrônico somente serão disponibilizados aos sujeitos processuais, vedado o acesso à consulta pública fora da secretaria do juizado.

ENUNCIADO N°120
Não é obrigatória a degravação de julgamentos proferidos oralmente, desde que o arquivo de áudio esteja anexado ao processo, recomendando-se o registro, por escrito, do dispositivo ou acórdão.

ENUNCIADO Nº121
Os entes públicos, suas autarquias e empresas públicas não tem legitimidade ativa nos Juizados Especiais Federais.

ENUNCIADO Nº122
É legítima a designação do oficial de justiça, na qualidade de longa manus do juízo, para realizar diligência de constatação de situação socioeconômica.

ENUNCIADO Nº123
O critério de fixação do valor da causa necessariamente deve ser aquele especificado nos arts. 259 e 260 do CPC, pois este é o elemento que delimita as competências dos JEFs e das Varas (a exemplo do que foi feito pelo art. 2º, § 2º, da Lei 12.153/09).

ENUNCIADO Nº124
É correta a aplicação do art. 46 da Lei 9.099/95 nos Juizados Especiais Federais, com preservação integral dos fundamentos da sentença.

ENUNCIADO Nº125
É possível realizar a limitação do destaque dos honorários em RPV ou precatório.

ENUNCIADO Nº126
Não cabe a presença de advogado em perícia médica, por ser um ato médico, no qual só podem estar presentes o próprio perito e eventuais assistentes técnicos.

ENUNCIADO Nº127
Para fins de cumprimento do disposto no art. 12, § 2º, da L. n. 10.259/01, é suficiente intimar o INSS dos horários preestabelecidos para as perícias do JEF.

ENUNCIADO Nº128
O condomínio edilício, por interpretação extensiva do art. 6º, I, da lei 10.259/01, pode ser autor no JEF.

ENUNCIADO Nº129
Nos Juizados Especiais Federais, é possível que o juiz determine que o executado apresente os cálculos de liquidação.

ENUNCIADO Nº130
O estabelecimento pelo Juízo de critérios e exigências para análise da petição inicial, visando a evitar o trâmite de ações temerárias, não constitui restrição do acesso aos JEFs.

ENUNCIADO Nº131
A Turma Recursal, analisadas as peculiaridades do caso concreto, pode conhecer documentos juntados na fase recursal, desde que não implique apreciação de tese jurídica não questionada no primeiro grau. (Revisado no XI FONAJEF).

ENUNCIADO Nº 132
Em conformidade com o art. 14, § 9º, da Lei n. 10.259/2001, cabe ao colegiado da Turma Recursal rejulgar o feito após a decisão de adequação de Tribunal Superior ou da TNU (Aprovado no X FONAJEF).

ENUNCIADO Nº 133
Quando o perito médico judicial não conseguir fixar a data de início da incapacidade, de forma fundamentada, deve-se considerar para tanto a data de realização da perícia, salvo a existência de outros elementos de convicção (Aprovado no X FONAJEF).

ENUNCIADO Nº 134
O cumprimento das ordens judiciais que determinam concessão de medicamentos deve ser feito prioritariamente pela parte ré, evitando-se o depósito de valores para aquisição direta pela parte (Aprovado no X FONAJEF).

ENUNCIADO Nº 135
A despeito da solidariedade dos entes da federação no âmbito do direito à saúde, a decisão judicial que conceder medicamentos deve indicar, preferencialmente, aquele responsável pelo atendimento imediato da ordem (Aprovado no X FONAJEF).

ENUNCIADO Nº 136
O cumprimento da decisão judicial que conceder medicamentos deve ser feito prioritariamente pelo Estado ou Município (aquele que detenha a maior capacidade operacional) ainda que o ônus de financiamento caiba à União (Aprovado no X FONAJEF).

ENUNCIADO Nº 137
Nas ações de saúde, a apresentação pelas partes de formulário padronizado de resposta a quesitos mínimos previamente aprovados por acordo entre o judiciário e entidades afetadas pode dispensar a realização de perícia (Aprovado no X FONAJEF).

ENUNCIADO Nº 138
A despeito da solidariedade, as decisões judiciais podem indicar a qual da federação incumbe o dispêndio financeiro para atendimento do direito reconhecido, nos termos da Portaria 1.554, de 30 de julho de 2013 do Ministério da Saúde ou outro ato que vier a substituí-la (Aprovado no X FONAJEF).

ENUNCIADO Nº 139
Não serão redistribuídas a Juizado Especial Federal (JEF) recém-criado as demandas ajuizadas até a data de sua instalação, salvo se as varas de JEFs estiverem na mesma sede jurisdicional (Aprovado no XI FONAJEF).

ENUNCIADO Nº 140
A fixação do valor do dano moral deve representar quantia necessária e suficiente para compensar os danos sofridos pelo autor da demanda, como também para desestimular futuras violações de mesma natureza (Aprovado no XI FONAJEF).

ENUNCIADO Nº 141
A Súmula 78 da TNU, que determina a análise das condições pessoais do segurado em caso de ser portador de HIV, é extensível a outras doenças igualmente estigmatizantes (Aprovado no XI FONAJEF).

ENUNCIADO Nº 142
A natureza substitutiva do benefício previdenciário por incapacidade não autoriza o desconto das prestações devidas no período em que houve exercício de atividade remunerada (Aprovado no XI FONAJEF).

ENUNCIADO Nº 143
Não importa em julgamento extra petita a concessão de benefício previdenciário por incapacidade diverso daquele requerido na inicial (Aprovado no XI FONAJEF).

ENUNCIADO Nº 144
É cabível recurso inominado contra sentença terminativa se a extinção do processo obstar que o autor intente de novo a ação ou quando importe negativa de jurisdição (Aprovado no XI FONAJEF).

ENUNCIADO Nº 145
O valor dos honorários de sucumbência será fixado nos termos do artigo 55, da Lei nº 9.099/95, podendo ser estipulado em valor fixo quando for inestimável ou irrisório o proveito econômico ou, ainda, quando o valor da causa for muito baixo, observados os critérios do artigo 20, § 3º, CPC (Aprovado no XI FONAJEF).

ENUNCIADO Nº 146
A Súmula 421 do STJ aplica-se não só à União como também a todos os entes que compõem a Fazenda Pública (Aprovado no XI FONAJEF).

ENUNCIADO Nº 147
A mera alegação genérica de contrariedade às informações sobre atividade especial fornecida pelo empregador, não enseja a realização de novo exame técnico (Aprovado no XI FONAJEF).

ENUNCIADO Nº 148
Nas ações revisionais em que se se postula aplicação da tese de direito adquirido ao melhor benefício, é requisito da petição inicial que seja apontada a data em que verificada tal situação (Aprovado no XI FONAJEF).

ENUNCIADO Nº 149
É cabível, com fundamento no art. 14, p. único, do CPC, a aplicação de multa pessoal à autoridade administrativa responsável pela implementação da decisão judicial (Aprovado no XI FONAJEF).

ENUNCIADO Nº 150
A multa derivada de descumprimento de antecipação de tutela com base no artigo 461, do CPC, aplicado subsidiariamente, é passível de execução mesmo antes do trânsito em julgado da sentença (Aprovado no XI FONAJEF).

ENUNCIADO Nº 151
O CPC/2015 só é aplicável nos Juizados Especiais naquilo que não contrariar os seus princípios norteadores e a sua legislação específica (Aprovado no XII FONAJEF).

ENUNCIADO Nº 152
A conciliação e a mediação nos juizados especiais federais permanecem regidas pelas Leis 10.259/2001 e 9.099/1995, mesmo após o advento do novo Código de Processo Civil (Revisado no XIII FONAJEF).

ENUNCIADO Nº 153
A regra do art. 489, parágrafo primeiro, do NCPC deve ser mitigada nos juizados por força da primazia dos princípios da simplicidade e informalidade que regem o JEF (Aprovado no XII FONAJEF).

ENUNCIADO Nº 154
O art. 46, da Lei 9099/1995, não foi revogado pelo novo CPC (Aprovado no XII FONAJEF).

ENUNCIADO Nº 155
As disposições do CPC/2015 referentes às provas não revogam as disposições específicas da Lei 10259/2001, sobre perícias (art. 12), e nem as disposições gerais da Lei 9099/1995 (Aprovado no XII FONAJEF).

ENUNCIADO Nº 156
Não se aplica aos juizados especiais a técnica de julgamento não unânime (art. 942, CPC/2015) (Aprovado no XII FONAJEF).

ENUNCIADO Nº 157
Aplica-se o art. 1030, par. único, do CPC/2015 aos recursos extraordinários interpostos nas Turmas Recursais do JEF (Aprovado no XII FONAJEF).

ENUNCIADO Nº 158
Conta-se em dias corridos o prazo para confirmação das intimações eletrônicas (art. 5º, §3º, Lei 11419/2006) (Aprovado no XII FONAJEF).

ENUNCIADO Nº 159
Nos termos do enunciado nº 1 do FONAJEF e à luz dos princípios da celeridade e da informalidade que norteiam o processo no JEF, vocacionado a receber demandas em grande volume e repetitivas, interpreta-se o rol do art. 332 como exemplificativo (Aprovado no XII FONAJEF).

ENUNCIADO Nº 160
Não causa nulidade a não-aplicação do art. 10 do NCPC e do art. 487, parágrafo único, do NCPC nos juizados, tendo em vista os princípios da celeridade e informalidade (Aprovado no XII FONAJEF).

ENUNCIADO Nº 161
Nos casos de pedido de concessão de benefício por segurado facultativo de baixa renda, a comprovação da inscrição da família no CadÚnico é documento indispensável para propositura da ação, sob pena de extinção sem exame do mérito (Aprovado no XII FONAJEF).

ENUNCIADO Nº 162
Em caso de incapacidade intermitente, o pagamento de parcelas anteriores à perícia depende da efetiva comprovação dos períodos em que o autor esteve incapacitado (Aprovado no XII FONAJEF).

ENUNCIADO Nº 163
Não havendo pedido expresso na petição inicial de aposentadoria proporcional, o juiz deve se limitar a determinar a averbar os períodos reconhecidos em sentença, na hipótese do segurado não possuir tempo de contribuição para concessão de aposentadoria integral (Aprovado no XII FONAJEF).

ENUNCIADO Nº 164
Julgado improcedente pedido de benefício por incapacidade, no ajuizamento de nova ação, com base na mesma doença, deve o segurado apresentar novo requerimento administrativo, demonstrando, na petição inicial, o agravamento da doença, juntando documentos médicos novos (Aprovado no XII FONAJEF).

ENUNCIADO Nº 165
Ausência de pedido de prorrogação de auxílio-doença configura a falta de interesse processual equivalente à inexistência de requerimento administrativo (Aprovado no XII FONAJEF).

ENUNCIADO Nº 166
A conclusão do processo administrativo por não comparecimento injustificado à perícia ou à entrevista rural equivale à falta de requerimento administrativo (Aprovado no XII FONAJEF).

ENUNCIADO Nº 167
Nas ações de benefício assistencial, não há nulidade na dispensa de perícia socioeconômica quando não identificado indício de deficiência, a partir de seu conceito multidisciplinar (Aprovado no XIII FONAJEF).

ENUNCIADO Nº 168
A produção de auto de constatação por oficial de justiça, determinada pelo Juízo, não requer prévia intimação das partes, sob pena de frustrar a eficácia do ato, caso em que haverá o contraditório diferido (Aprovado no XIII FONAJEF).

ENUNCIADO Nº 169
A solução de controvérsias pela via consensual, pré-processual, pressupõe a não distribuição da ação (Aprovado no XIII FONAJEF).

ENUNCIADO Nº 170
Aos conciliadores que atuarem na fase pré-processual não se aplicam as exigências previstas no art. 11 da Lei 13.140/2015 (Aprovado no XIII FONAJEF).

ENUNCIADO Nº 171
Sempre que possível, as sessões de mediação/conciliação serão realizadas por videoconferência, a ser efetivada por sistema de livre escolha (Aprovado no XIII FONAJEF).

ENUNCIADO Nº 172
Apenas a prescrição médica não é suficiente para o fornecimento de medicamentos e/ou insumos não incluídos nas listas do SUS (Aprovado no XIII FONAJEF).

ENUNCIADO Nº 173
Nas demandas individuais de saúde, a decisão judicial acerca da pretensão de fornecimento de medicamentos, insumos ou procedimentos não fornecidos pelo SUS deve ser fundamentada, sempre que possível, na medicina baseada em evidências (Aprovado no XIII FONAJEF).

EXECUÇÃO E MEDIDAS CAUTELARES

ENUNCIADO Nº 174
Nas demandas individuais de saúde veiculando pretensão de fornecimento de medicamentos, insumos ou procedimentos não fornecidos pelo SUS pode o juiz exigir que a parte instrua a demanda com elementos mínimos oriundos da medicina baseada em evidências (Aprovado no XIII FONAJEF).

ENUNCIADO Nº 175
Por falta de previsão legal específica nas leis que tratam dos juizados especiais, aplica-se, nestes, a previsão da contagem dos prazos em dias úteis (CPC/2015, art. 219) (Aprovado no XIII FONAJEF)

ENUNCIADO Nº 176
A previsão contida no art. 51, § 1º, da Lei 9.099/1995 afasta a aplicação do art. 317 do CPC/2015 no âmbito dos juizados especiais (Aprovado no XIII FONAJEF).

ENUNCIADO Nº 177
É medida contrária à boa-fé e ao dever de cooperação, previstos nos arts. 5º e 6º do CPC/2015, a impugnação genérica a cálculos, sem a indicação concreta dos argumentos que justifiquem a divergência (Aprovado no XIII FONAJEF).

ENUNCIADO Nº 178
A tutela provisória em caráter antecedente não se aplica ao rito dos juizados especiais federais, porque a sistemática de revisão da decisão estabilizada (art. 304 do CPC/2015) é incompatível com os arts. 4º e 6º da Lei nº 10.259/2001 (Aprovado no XIII FONAJEF).

ENUNCIADO Nº 179
Cumpre os requisitos do contraditório e da ampla defesa a concessão de vista do laudo pericial pelo prazo de cinco dias, por analogia ao caput do art. 12 da Lei 10.259/2001 (Aprovado no XIII FONAJEF).

ENUNCIADO Nº 180
O intervalo entre audiências de instrução (CPC/2015, art. 357, § 9º) é incompatível com o procedimento sumaríssimo (CF, art. 98, I) e com os critérios de celeridade, informalidade, simplicidade e economia processual dos juizados (Lei 9.099/1995, art. 2º) (Aprovado no XIII FONAJEF).

ENUNCIADO Ñº 181
Admite-se o IRDR nos juizados especiais federais, que deverá ser julgado por órgão colegiado de uniformização do próprio sistema (Aprovado no XIV FONAJEF).

ENUNCIADO Nº 182
O juízo de admissibilidade do recurso inominado deve ser feito na turma recursal, aplicando-se subsidiariamente o art. 1.010, §3º, do CPC/2015. (Aprovado no XIV FONAJEF).

ENUNCIADO Nº 183
O magistrado, ao aplicar ao caso concreto a ratio decidendi contida no precedente vinculante, não precisa enfrentar novamente toda a argumentação jurídica que já fora apreciada no momento de formação do precedente, sendo suficiente que demonstre a correlação fática e jurídica entre o caso concreto e aquele já apreciado (Aprovado no XIV FONAJEF).

ENUNCIADO Nº 184
Durante a suspensão processual decorrente do IRDR e de recursos repetitivos pode haver produção de provas no juízo onde tramita o processo suspenso, em caso de urgência, com base no art. 982, §2º, do CPC. (Aprovado no XIV FONAJEF).

ENUNCIADO Nº 185
Os mecanismos processuais de suspensão de processos não impedem a realização de atos processuais necessários para o exame ou efetivação da tutela de urgência. (Aprovado no XIV FONAJEF).

ENUNCIADO Nº 186
É requisito de admissibilidade da petição inicial a indicação precisa dos períodos e locais de efetivo exercício de atividade rural que se pretende reconhecer, sob pena de indeferimento (Aprovado no XIV FONAJEF).

ENUNCIADO Nº 187
São da competência da Justiça Federal os pedidos de benefícios ajuizados por segurados especiais e seus dependentes em virtude de acidentes ocorridos nessa condição (Aprovado no XIV FONAJEF).

ENUNCIADO Nº 188
O benefício concedido ao segurado especial, administrativamente ou judicialmente, configura início de prova material válida para posterior concessão aos demais integrantes do núcleo familiar, assim como ao próprio beneficiário (Aprovado no XIV FONAJEF).

ENUNCIADO Nº 189
A percepção do seguro desemprego gera a presunção de desemprego involuntário para fins de extensão do período de graça nos termos do art. 15, §2º, da Lei 8.213/91 (Aprovado no XIV FONAJEF).

ENUNCIADO Nº 190
Nos casos em que o pedido em ação judicial seja de medicamento, produto ou procedimento já previsto nas listas oficiais do SUS ou em Protocolos Clínicos e Diretrizes Terapêuticas (PDCT) para tratamento particular, dever ser determinada a inclusão do demandante em serviço ou programa já existentes no Sistema Único de Saúde (SUS), para fins de acompanhamento e controle clínico. (Aprovado no XIV FONAJEF).

ENUNCIADO Nº 191
Nas demandas que visam o acesso a ações e serviços da saúde diferenciada daquelas oferecidas pelo Sistema Único de Saúde, o autor deve apresentar prova da evidência científica, a inexistência, inefetividade ou impropriedade dos procedimentos ou medicamentos constantes dos protocolos clínicos do SUS (Aprovado no XIV FONAJEF).

ENUNCIADO Nº 192
Sempre que possível, as decisões liminares sobre saúde devem ser precedidas de notas de evidência científica emitidas por Núcleos de Apoio Técnico em Saúde – NATS – ou similares (Aprovado no XIV FONAJEF).

ENUNCIADO Nº 193
Para a validade das intimações por Whatsapp ou congêneres, caso não haja prévia anuência da parte ou advogado, faz-se necessário certificar nos autos a visualização da mensagem pelo destinatário, sendo suficiente o recibo de leitura, ou recebimento de resposta à mensagem enviada (Aprovado no XIV FONAJEF).

ENUNCIADO Nº 194
Existindo prévio termo de adesão, o prazo da intimação por Whatsapp ou congênere conta-se do envio da mensagem, cuja data deve ser certificada nos autos; em não havendo prévio termo de adesão, o termo inicial corresponde à data da leitura da mensagem ou do recebimento da resposta, que deve ser certificada nos autos (Aprovado no XIV FONAJEF).

ENUNCIADO Nº 195
Existindo prévio termo de adesão à intimação por Whatsapp ou congêneres, cabe à parte comunicar eventuais mudanças de número de telefone, sob pena de se considerarem válidas as intimações enviadas para o número constante dos autos (Aprovado no XIV FONAJEF).

ENUNCIADO Nº 196
O termo de adesão a intimação por Whatsapp ou congêneres subscrito pela parte ou seu advogado pode ser geral, para todos os processos em tramitação no Juízo, que será arquivado em Secretaria (Aprovado no XIV FONAJEF).

PARTE III

JUIZADOS ESPECIAIS DA FAZENDA PÚBLICA

I
NOÇÕES GERAIS

1. Nota introdutória

Nesta terceira parte da presente obra, o conteúdo a ser debruçado é aquele do processo no âmbito dos Juizados Especiais da Fazenda Pública, dos Estados, Distrito Federal, Territórios e Municípios.

Ratificando o que já fora afirmado na "Parte II", insta ressaltar que não somente pelo fato de ser precedido pelo Juizados Especiais Estaduais, mas também por receber uma forte influência no que toca, em geral, aos conteúdos de natureza principiológica e de índole estrutural-procedimental, não serão novamente repetidos os detalhes já traçados e devidamente enfrentados na "Parte I" deste estudo, que se acendem sobre os Juizados que ora se está a enfrentar, tudo objetivando evitar conteúdos tautológicos, comprometendo então a linguagem e objetivos por nós traçados.

Para isso, portanto, solicita-se ao leitor que, quando afirmarmos a similitude de um conteúdo aqui descrito para com os Juizados Especiais Cíveis Estaduais, dirija-se ao capítulo pertinente na "Parte I' supracitada, para fins de se estender a leitura com alcance mais específico no instituto de interesse.

2. A instituição legal do Juizado Especial da Fazenda Pública e ideia de Sistema

Não custa lembrar que, decorrente do próprio apontamento base insculpido no art. 98, I, da Constituição Federal de 1988[1], edificada foi a Lei n. 12.153, de 22.12.2009, esta decorrente do substitutivo apresentando pelo Deputado Flávio Dino ao Projeto de Lei n. 7.087/2006, regulando a criação dos Juizados Especiais da Fazenda Pública, órgãos da Justiça Comum e integrantes do sistema já existente dos Juizados Especiais, conforme dicção do art. 1°, *caput* da Lei n. 12.153, *in verbis*:

> *Art. 1º Os Juizados Especiais da Fazenda Pública, órgãos da justiça comum e integrantes do Sistema dos Juizados Especiais, serão criados pela União, no Distrito Federal e nos Territórios, e pelos Estados, para conciliação, processo, julgamento e execução, nas causas de sua competência.*
>
> *Parágrafo único. O sistema dos Juizados Especiais dos Estados e do Distrito Federal é formado pelos Juizados Especiais Cíveis, Juizados Especiais Criminais e Juizados Especiais da Fazenda Pública.*

Nota-se, com isso, que o sistema dos Juizados Especiais dos Estados e do Distrito Federal passou a ser formado pelos Juizados Especiais Cíveis; pelos Juizados Especiais Criminais e pelos Juizados Especiais da Fazenda Pública.

A noção de sistema[2] se faz de fundamental importância pela própria racionalidade impetrada na análise conjuntural de ambas as Leis (9.099/95 e 12.153/09) que, em verdade, se relacionam e entrelaçam entre si quanto aos princípios bases para a instituição do arcabouço "Juizados Especiais", serviço judiciário orientando

---

[1] *"Art. 98. A União, no Distrito Federal e nos Territórios, e os Estados criarão:*
I - juizados especiais, providos por juízes togados, ou togados e leigos, competentes para a conciliação, o julgamento e a execução de causas cíveis de menor complexidade e infrações penais de menor potencial ofensivo, mediante os procedimentos oral e sumariíssimo, permitidos, nas hipóteses previstas em lei, a transação e o julgamento de recursos por turmas de juízes de primeiro grau;".

[2] Tem-se aqui como Sistema o amparo na determinante e clássica definição de Kant, este o qual o identificou como uma unidade sob uma ideia, de conhecimentos variados, e portanto, neste sentido, "um conjunto de conhecimentos ordenados segundo princípios". KANT, Immanuel. *Metaphysische Anfangsgründe der Naturwissenschaft.* Leipzig: Verlag von C.E.M. Pfeffer, 1900, preâmbulo, p.IV.
Aliás· em mesma consonância caminhou Eisler, em seu dicionário de conceitos filosóficos, para quem em sentido lógico, Sistema seria "uma multiplicidade de conhecimentos, unificada e prosseguida através de um princípio, para um conhecimento conjunto ou para uma estrutura explicativa agrupada em si e unificada em termos interiores lógicos, como o correspondente, o mais possível fiel, de um sistema real de coisas, isto é, de um conjunto de relações das coi-

à luz dos critérios da oralidade, simplicidade, informalidade, economia processual e celeridade e mais: buscando sempre que possível a conciliação ou a transação, *ex vi* do art. 2º da Lei n. 9.099/95.

Não obstante a existência, no âmbito da União, do denominado Juizado Especial Federal, instituído e regulado pela Lei n.10.259, de 12,07.2001, como órgão da Justiça Federal, com competência para processar, conciliar e julgar causas atribuídas aquela justiça de valor até sessenta salários mínimos, não resta descartado a inclusão no sistema acima referido, da supracitada lei n. 10.259/01, pois que a despeito de seu objetivo e objeto, notadamente, se prende aos vetores dos critérios supracitados, de modo a cotejar-se em uma mesma esfera de procedimental, com particularidades intrínsecas ao seu universo de índole federal, mas que modo algum se concretiza em óbices à convergência de uma análise sistêmica e pragmática para com os demais modelos de juizados especiais, naturalmente, sempre na ideia do que não conflitar com a disciplina traçada pela própria lei específica.

Por tudo, tem-se que até antes do advento da Lei 12.153/09, a Fazenda Pública, quer estadual, quer municipal, estavam à margem da sistemática dos Juizados Especiais, o que, portanto, hoje, ao se fazerem presentes em dito sistema, viabiliza-se para o jurisdicionado mais uma via apta a contribuir para a pacificação de conflitos em ambiente rotineiramente avesso à facilidades e interesses na composição de contendas.

3. Princípios orientadores

De acordo com a regra da subsidiariedade, aplicam-se aos Juizados Especiais da Fazenda Pública os mesmos princípios preconizados pela Lei n. 9.099/95, quais sejam: a *oralidade*, a *economia processual*, a *simplicidade*, a *informalidade* e a *celeridade*.

Tais conteúdos já foram sumamente explorados no Capítulo I, *item* 3 da Parte I da presente obra, de modo e em fiel cumprimento ao que prometemos no *item* I do presente Capítulo, solicitamos ao leitor, sem maiores delongas, a se dirigir ao local retro mencionado para o aprofundamento específico deste tópico.

---

sas entre si, que nós procuramos, no processo científico, reconstruir de modo aproximativo." EISLER, Rudolf. *Wörterbuck der philosophischen Begriffe*. Berlim: Verlag, 2010, p.712.
Sobre a sistematicidade e sua cientificidade e a transformação na noção de Sistema, ou seja, de "sistema para dizer em sistema para fazer", mais precisamente no âmbito do Direito, ver por todos, LOSANO, Mario. G. *Sistema e Estrutura no Direito*. Vol. 2.Trad. Luca Lamberti. São Paulo, Martins Fontes, 2010.

Não obstante a isso, apenas a título de apontamentos necessários, vale ressaltar que em respeito ao princípio da *oralidade*, admite-se no âmbito dos JEFP a apresentação oral do pedido e da defesa, como também prevê nos arts. 14 e 30 da Lei n. 9.099/95.

Já o princípio da *economia processual* se pauta na ideia de conceder às partes o máximo de resultado com o mínimo de esforço ou esmero formal nas formas processuais para atingir os fins desejados do justo bem como na gratuidade do processo.

O esforço na solução conciliatória não deixa de ser característica indelével em procedimentos sumaríssimos, pautados na economia dos atos bem como na prevista celeridade procedimental.

Com relação ao princípio da *simplicidade*, a demanda deve caminhar sem ensejar incidentes processuais, *v.g.*, intervenções de terceiros, porém nada impede, até por motivos voltados ao próprio compromisso do processo com sua gênese ética, o cabimento das ditas exceções processuais (suspeição ou impedimento do juiz).

Já no que se refere aos princípios da *informalidade* e *celeridade* em sede de JEFP - extensivo também ao princípio da *simplicidade* - tratam-se de desdobramentos lógicos do que se tem como interpretação extensiva do aludido princípio da economia processual, pois que se mira em uma justiça voltada, sobretudo, à celeridade dos conflitos e destinada ao leigo ou nas palavras de Calamandrei, *L'uomo della strada*[3], a simplicidade no processamento e a informalidade dos atos, devendo estes, inclusive, sobreporem a qualquer exigência de conotação formalista sem que se justifique.

No caso da informalidade, têm-se como marcante em tal juizados especiais da Fazenda Pública, a não exigência de representação no processo por advogado habilitado para participação e práticas procedimentais (intervenção técnica), independente de qual seja o valor de alçada apontado para demanda (ressaltando-se aqui que, como se verá mais adiante, nos JEFP, as ações devem ter o seu valor máximo determinado em até 60 salários mínimos)[4], diferentemente do que se

---

[3] *Apud* DINAMARCO, Cândido Rangel. *Instituições de Direito Processual Civil*. Vol. III. São Paulo: Malheiros Editores, 2002, p.122.

[4] Art. 2º da Lei n. 12.153/09:
"*É de competência dos Juizados Especiais da Fazenda Pública processar, conciliar e julgar causas cíveis de interesse dos Estados, do Distrito Federal, dos Territórios e dos Municípios, até o valor de 60 (sessenta) salários mínimos.*"

observa no âmbito dos Juizados Especiais Cíveis Estaduais, onde tal prerrogativa só é possível em ações que envolvem valores de até 20 salários mínimos.[5]

Com relação à celeridade impõe a preocupação com o término do feito no menor tempo possível, sem prejuízo, como de certo, do respeito ao devido processo constitucional da defesa e contraditório, mas pautando-se na sensibilidade da urgência natural no atendimento aos jurisdicionados que dependem de prestações por parte das Fazendas Públicas estaduais e municipais bem como de suas autarquias como, por exemplo, em questões que envolvem bens de necessidade fundamental como fornecimento de água, energia e mesmo medicamentos de cunho obrigacional de tais entes públicos.

4. Composição do Órgão judicante

Os Juizados Especiais da Fazenda Pública serão instalados pelos Tribunais de Justiça dos Estados e do Distrito Federal.

Poderão, no entanto, ser instalados Juizados Especiais Adjuntos, cabendo ao Tribunal, especificamente, designar a Vara onde o mesmo funcionará, conforme dicção do parágrafo único do art. 14 da Lei n. 12.153/09.

Contrariamente ao que se sucede com os Juizados Especiais Federais, onde não atuam os juízes leigos, os Juizados Especiais da Fazenda Pública funcionam com o concurso de juízes togados, juízes leigos e conciliadores, em sintonia com os demais órgãos judicantes que integram o sistema local de Juizados Especiais Estaduais.

Neste sentido, preceitua o art. 15 da supracitada lei:

> *Art. 15. Serão designados, na forma da legislação dos Estados e do Distrito Federal, conciliadores e juízes leigos dos Juizados Especiais da Fazenda Pública, observadas as atribuições previstas nos arts. 22, 37 e 40 da Lei nº 9.099, de 26 de setembro de 1995.*
>
> *§ 1º Os conciliadores e juízes leigos são auxiliares da Justiça, recrutados, os primeiros, preferentemente, entre os bacharéis em Direito, e os segundos, entre advogados com mais de 2 (dois) anos de experiência.*
>
> *§ 2º Os juízes leigos ficarão impedidos de exercer a advocacia perante todos os Juizados Especiais da Fazenda Pública instalados em território nacional, enquanto no desempenho de suas funções.*

---

[5] Art. 9°, *caput*, da Lei n. 9.099/95:
 "Nas causas de valor até vinte salários mínimos, as partes comparecerão pessoalmente, podendo ser assistidas por advogado; nas de valor superior, a assistência é obrigatória."

Quanto às Turmas Recursais, estas responsáveis pelo recebimento e análises dos apelos recursais decorrentes das decisões proferidas pelos juízes monocráticos em sede de competência no JEFP, serão elas compostas por juízes em exercício no primeiro grau de jurisdição, na forma da legislação dos Estados e do Distrito Federal, com mandato de 2 (dois) anos, e integradas, preferencialmente, por juízes do Sistema dos Juizados Especiais.

A antiguidade e o merecimento serão os critérios obedecidos para a designação dos magistrados às Turmas Recursais, não sendo permitida a recondução, salvo quando carecer de outro juiz na sede da Turma Recursal, ex vi dos parágrafos 1º e 2º do art. 17 da Lei n.12.153/09.

5. Competência

5.1 Competência Absoluta

No âmbito dos Juizados Especiais da Fazenda Pública, não há espaço para a opção da parte litigante na escolha entre litigar junto à mesma ou na justiça tida como 'comum'.

Nestes termos é que pontifica o parágrafo 4º do art. 2º da Lei em comento:

"No foro onde estiver instalado o Juizado Especial da Fazenda Pública, a sua competência é absoluta.

Vale lembrar que a competência absoluta *in casu* vigora apenas para as causas ajuizadas após a instalação do juizado especial, sendo assim, vedadas as transferências de demandas aforadas anteriormente perante as varas da justiça ordinária, conforme regra o art. 24 da Lei n.12.153/09.

Por outro lado, é permitido aos Tribunais de Justiça a implantação dos Juizados Especiais com competência temporariamente menor do que a prevista em seu art. 2º. Dita limitação somente deverá prevalecer até 5 (cinco) anos a partir da entrada em vigor da presente Lei nº 12.153, esta relembrando, datada de 22.12.2009 .

A própria lei justifica tal limitação como decorrente da "necessidade da organização dos serviços judiciários e administrativos" (art. 23), normatizando ainda por meio de seu art. 22 que os Tribunais de Justiça instalarão os JEFP no prazo de 2 (dois) anos a contar da vigência da Lei n. 12.153/09.

5.2 Critérios determinativos de Competência nos Juizados Especiais da Fazenda Pública

Necessário aqui pontuar os critérios pelos quais a Lei n.12.153/09 optou por regrar, no que concerne à delimitação de competência atuante em sede de JEFP:

a) Valor da Causa

Têm-se como um dos critérios estabelecidos para a provocação do Juizado Especial da Fazenda Pública, aquele pecuniário, ou seja, as causas até o valor de 60 (sessenta) salários mínimos, nos termos do art. 2º da Lei n. 12.153/09:

> Art. 2º É de competência dos Juizados Especiais da Fazenda Pública processar, conciliar e julgar causas cíveis de interesse dos Estados, do Distrito Federal, dos Territórios e dos Municípios, até o valor de 60 (sessenta) salários mínimos.

Já, quando a pretensão versar sobre obrigações vincendas, para fins de competência do JEFP, a soma de 12 (doze) parcelas vincendas e de eventuais parcelas vencidas não poderá exceder o valor (sessenta) salários mínimos (§2º do art.2º).

Importante ressaltar que havendo pedidos formulados por vários autores litisconsortes, hão de serem somados dos pedidos e somente prevalecerá a competência dos Juizados Especiais da Fazenda Pública caso o total da soma não ultrapasse os 60 (sessenta) salários mínimos.[6]

b) Matérias

Optou o legislador, no que refere à matéria como critério de competência, realçar os assuntos competentes por regra de exclusão, ou seja, tratando pontualmente das matérias excludentes do raio de competência dos Juizados Especiais da Fazenda Pública.

Sendo assim, acham-se excluídas dos juizados em tela, conforme expresso pelo §1º do art. 2º, as seguintes causas:

I – as ações de mandado de segurança, de desapropriação, de divisão e demarcação, populares, por improbidade administrativa, execuções fiscais e as demandas sobre direitos ou interesses difusos e coletivos;

II – as causas sobre bens imóveis dos Estados, Distrito Federal, Territórios e Municípios, autarquias e fundações públicas a eles vinculadas;

III – as causas que tenham como objeto a impugnação da pena de demissão imposta a servidores públicos civis ou sanções disciplinares aplicadas a militares.

---

[6] No mesmo sentido, THEODORO JÚNIOR, Humberto. *Curso de Direito Processual Civil*. Vol. III. 45 ed., 2013, p. 472.
Em sentido contrário está o Enunciado 02 do Fórum Nacional dos Juizados da Fazenda Pública: "*É cabível, nos Juizados Especiais da Fazenda Pública, o litisconsórcio ativo, ficando definido, para fins de fixação da competência, o valor individualmente considerado de até 60 salários mínimos.*"

Sendo assim, se faz permitida demandas relativas, por exemplo, ao fornecimento de medicamentos, diferenças de vencimentos de servidores públicos (diferenças de quinquênios etc), indenizatórias (danos morais, acidentes de veículos etc), dentre outras.

c) Pessoas

O art. 5º da Lei n. 12.153/09 regula os partícipes ativos e passivos autorizados a demandarem e serem demandados no âmbito dos Juizados Especiais da Fazenda Pública.

Estão autorizados em figurar como parte ativa juizado supra as pessoas físicas e as microempresas bem como as empresas de pequeno porte, tal como definidas na Lei Complementar nº 123, de 14 de dezembro de 2006.[7]

Já, como réus, podem ser demandados os Estados, o Distrito Federal, os Territórios e os Municípios, bem como suas autarquias, fundações e empresas públicas.

Importante pontuar então que ditos entes públicos apenas se legitimam passivamente, de modo que não lhe são permitidos atuarem como autores em sede de JEFP.

Outrossim, ao vácuo da Lei n.12.153/09 e em consonância com o que já fora dito em sede de Juizados Especiais Federais, entendo da aplicação subsidiária da Lei n. 9.099/95, mais precisamente do seu art. 8º, *caput*, no que se refere quanto a impossibilidade de poderem figurar como partes, seja como autoras ou rés, nos Juizados Especiais da Fazenda Pública, o incapaz, o preso, a massa falida e o insolvente civil, somando-se ainda ao argumento supra, a exata presença de um Sistema dos Juizados Especiais, ou seja, patrocinando a interpretação sistêmica,[8]

---

[7] "*Art. 3º Para os efeitos desta Lei Complementar, consideram-se microempresas ou empresas de pequeno porte a sociedade empresária, a sociedade simples, a empresa individual de responsabilidade limitada e o empresário a que se refere o art. 966 da Lei n º 10.406, de 10 de janeiro de 2002 (Código Civil), devidamente registrados no Registro de Empresas Mercantis ou no Registro Civil de Pessoas Jurídicas, conforme o caso, desde que*
I - no caso da microempresa, aufira, em cada ano-calendário, receita bruta igual ou inferior a R$ 360.000,00 (trezentos e sessenta mil reais); e
II - no caso da empresa de pequeno porte, aufira, em cada ano-calendário, receita bruta superior a R$ 360.000,00 (trezentos e sessenta mil reais) e igual ou inferior a R$ 3.600.000,00 (três milhões e seiscentos mil reais)."

[8] No mesmo sentido, CÂMARA, Alexandre Freitas. Ob. cit., p.208.
Em sentido contrário, posiciona-se o Fórum Nacional dos Juizados Especiais Federais – FONAJEF:
"*Enunciado nº10*
O incapaz pode ser parte autora nos Juizados Especiais Federais, dando-se-lhe curador especial, se ele não tiver representante constituído."

o que corresponde e bem justifica ao fato da aplicação subsidiária quando de determinada omissão legal.

d) Território

Conforme já observado em item anterior, em se tratando de Juizado Especial da Fazenda Pública, no foro onde o mesmo estiver instalado, sua será absoluta (art. 4º §2º).

Notadamente, sabemos que tanto os Estados[9] quanto os Municípios[10] não possuem foro privilegiado, mas tão somente juízo privativo.[11]

Bem por isto, em sede de competência territorial, a ação proposta em face dos Estados, Distrito Federal, Territórios e Municípios, no âmbito dos Juizados Especiais da Fazenda Pública serão, a critério do autor, propostas de acordo com o que prescreve o art. 4º da Lei n. 9.099/95, nos seguintes foros competentes:

> I - do domicílio do réu ou, a critério do autor, do local onde aquele exerça atividades profissionais ou econômicas ou mantenha estabelecimento, filial, agência, sucursal ou escritório;
>
> II - do lugar onde a obrigação deva ser satisfeita;
>
> III - do domicílio do autor ou do local do ato ou fato, nas ações para reparação de dano de qualquer natureza.

Por tudo, em havendo juízo privativo no foro, conforme já deveras pontuado, será nele processada a demanda.

6. Intervenção de terceiros e litisconsórcio

O texto da Lei n. 12.153/09 não contempla as figuras da Intervenção de Terceiros e Assistência.

---

[9] "Processual Civil. Exceção de Incompetência. Agravo de Instrumento. Artigos 94, 99 e 100, CPC. Foro. Estado Federado. 1. O Estado-membro não tem foro privilegiado, mas juízo privativo (vara especializada), nas causas que devem correr na Comarca da Capital, quando a Fazenda for autora, ré ou interveniente. Nas causas pertencentes à competência territorial de qualquer outra Comarca não pode a Lei de Organização Judiciária atrair causas para o foro da Capital (arts. 94, 99 e 100, IV, a, CPC). 2. Precedentes jurisprudenciais. 3. Recurso não provido." REsp 192896 / RS. 1º T. STJ. Rel. Min. Milton Luiz Pereira. Julg. 22.05.2001. DJ 18.02.2002.

[10] "PROCESSUAL CIVIL. RECURSO ESPECIAL. AÇÃO DE REPARAÇÃO DE DANOS DECORRENTES DE ACIDENTE AUTOMOBILÍSTICO PROPOSTA CONTRA MUNICÍPIO. FACULDADE DO AUTOR NA ESCOLHA DO FORO. ELEIÇÃO DO FORO DO DOMICÍLIO DO AUTOR ADEQUADA. ART. 100, PARÁGRAFO ÚNICO, DO CPC." REsp 949.382 /MG. 1º T. STJ. Rel. Min. José Delgado, Julg. 23.10.2007.

[11] Sobre o assunto, cf. o nosso *Instituições de Direito Processual Civil*. 3 ed. Salvador: JusPodivm, 2017, mais precisamente o Cap. VII.

Neste sentido, respeitando a sistemática da subsidiariedade e, logicamente, em sintonia com as características que identificam os juizados especiais o que se faz necessário observar a disposição presente no art. 10 da Lei n. 9.099/95, ou seja: *"Não se admitirá, no processo, qualquer forma de intervenção de terceiro nem de assistência. Admitir-se-á o litisconsórcio."*

Ratificando a presente racionalidade, está o Enunciado n.14 do FONAJEF:

"Nos Juizados Especiais Federais, não é cabível a intervenção de terceiros ou a assistência."

Nota-se, por outro lado, que a figura do Litisconsórcio se faz admitida, tal qual dispõe o dispositivo legal supracitado, *in fine.*

Como já citado na Parte II da presente obra, temos enunciados do FONAJEF reconhecendo a admissibilidade da presença litisconsorcial nos processos perante os Juizados Especiais Cíveis Federais, o que, certamente, não exclui a mesma racionalidade para fins pragmáticos nos JEFP.

"Enunciado nº18

No caso de litisconsorte ativo, o valor da causa, para fins de fixação de competência deve ser calculado por autor."

"Enunciado nº19

Aplica-se o parágrafo único do art. 46 do CPC em sede de Juizados Especiais Federais."

"Enunciado nº21

As pessoas físicas, jurídicas, de direito privado ou de direito público estadual ou municipal podem figurar no pólo passivo, no caso de litisconsórcio necessário."

7. *Jus postulandi* e a representação das partes

Nos JEFP, em conta do silêncio da *lex,* é possível trazer à luz as regras ditadas pela Lei n. 10.259/01 em seu art. 10, caput, quanto aos sujeitos ativos da demanda: *"As partes poderão designar, por escrito, representantes para a causa, advogado ou não."*[12]

Já, no que se refere aos sujeitos passivos, ou seja, as pessoas jurídicas demandadas, conforme se depreende do art. 8º da Lei n.12.153, deverão atuar por meio de seus representantes judiciais[13], estes que possuem o poder de conciliar, transigir ou desistir, nos processos dos Juizados Especiais da Fazenda Pública.

---

[12] Para mais detalhes quanto às reflexões em torno do *jus postulant* e controvérsias atinentes a este tema, ver o Capítulo I da Parte II, mais precisamente o seu item 5, na presente obra.

[13] Quanto aos representantes, cf. o art. 75 do Código de Processo Civil pátrio.

8. Ministério Público

Conforme se observa do texto legal regulador dos JEFP (Lei n. 12.153/09), inexiste previsão no que toca à intervenção do Ministério Público em seu procedimento, exceto quanto a referências ao *parquet* no incidente de Uniformização de Jurisprudência, onde frisado é pela lei supra que em sendo necessário, "*o relator pedirá informações ao Presidente da Turma Recursal ou Presidente da Turma de Uniformização e, nos casos previstos em lei, ouvirá o Ministério Público, no prazo de 5 (cinco) dias*", *ex vi* do §3º do art. 19.

Certo é que, em sintonia com a tônica do "sistema", aplicando-se por isso e em caráter de subsidiariedade o art. 11 da Lei n.9.099/95, é plenamente possível a atuação do Ministério Público como fiscal da lei, nos verdadeiros cânones já balizados sobre sua atuação processual no sistema processual civil pátrio (arts. 176 a 181 do CPC/2015), sobretudo, nas demandas em que há interesses, por exemplo, de idosos (arts. 75-77 da Lei 10.741/03 – Estatuto do Idoso), bem como em demais feitos onde se apontar interesse público, este notado pelo específico conflito de interesses entre as partes ou mesma diante da própria qualidade da parte que litiga, como já alhures destacado em sede de Juizados Especiais Federais.[14]

9. Atos Processuais

Aos Juizados Especiais da Fazenda Pública aplica-se o Código de Processo Civil no tocante aos atos processuais, *v.g.*, citações e intimações.

Assevera o art. 6º da Lei n. 12.153/09:

"*Quanto às citações e intimações, aplicam-se as disposições contidas na Lei nº 5.869, de 11 de janeiro de 1973 – Código de Processo Civil.*"

Cabe destacar, no entanto, que com relação às citações, estas deverão ser realizadas com a antecedência mínima de 30 (trinta dias) da audiência de conciliação, conforme indica o art. 7º da Lei dos JEFP.

Aplica-se também ao presente Juizado Especial, uso de meio eletrônico para apresentação de petições e intimações, conforme já visto em sede de Juizados

---

[14] Defendendo a aplicação dos Enunciados do FONAJEF (Fórum Nacional dos Juizados Especiais Federais) aos Juizados Especiais da Fazenda Pública, lembra Ricardo Cunha Chimenti (*Juizados Especiais da Fazenda Pública*. São Paulo: Saraiva, 2010, p.65), traz à luz o Enunciado 81, expressando este acerca da participação do Ministério Público nas conciliações relativas a processos que envolvam pessoa incapaz:
"*Cabe conciliação nos processos relativos a pessoa incapaz, desde que presente o representante legal e intimado o Ministério Público*".

Especiais Federais (§2º do art. 8º da Lei n.10.259/01), sendo perfeitamente possível e em consonância com os cânones mirados pelo sistema dos Juizados Especiais.

Nesta toada, insta ressaltar que a própria Lei n.11.419/2006, de 21.3.2006, responsável por disciplinar o processo eletrônico, autoriza a citação por meio eletrônico, *ex vi* do art. 246, V CPC/2015, devendo ser interpretada sempre em sintonia com os critérios ínsitos aos Juizados Especiais, tais como a informalidade e a simplicidade.

Para demais dados referentes aos atos processuais no presente Juizado, aplica-se ao que já fora consignado em sede de Juizados Especiais Federais, solicitando ao leitor remissão à Parte II da presente obra, mais especificamente o Capítulo I, item 9.

10. Prazos nos JEFP

Os prazos processuais nos Juizados Especiais da Fazenda Pública mantém o regramento da sistemática processual civil pátria,[15] exceto no que toca a um dos importantes avanços de sua *lex* reguladora, também já operada no plano do JEF: As pessoas jurídicas de direito público não detém prazos privilegiados, nem mesmo para recorrer. Assim, ambos os litigantes desfrutarão, exatamente, dos mesmos prazos.

Nisto, dita o art. 7º da Lei n.12.153/09:

"Não haverá prazo diferenciado para a prática de qualquer ato processual pelas pessoas jurídicas de direito público, inclusive a interposição de recursos (...)."

---

[15] Sobre o assunto, confira a maior explanação sobre o tema na Parte I, Capítulo I, item 7.2 da presente obra.

II

PROCEDIMENTO

1. Petição inicial

As regras aplicáveis à Petição Inicial no âmbito dos Juizados Especiais da Fazenda Pública são aquelas já salientadas na Parte I da presente obra, quando do enfrentamento desta temática em torno dos Juizados Especiais Cíveis Estaduais.

Sendo assim, a Lei n. 9.099/05, relativa à petição inicial, aponta para que o pedido seja realizado em forma simples e em linguagem acessível, escrito ou oral (neste último caso, cabendo à secretaria do respectivo juizado reduzi-lo a escrito, preenchendo fichas ou formulários em seu poder, conforme o §3º do art. 14 da Lei n. 9.099/95. Ainda, do pedido deverão constar os seguintes dados:

I - o nome, a qualificação e o endereço das partes;

II - os fatos e os fundamentos, de forma sucinta;

III - o objeto e seu valor.

Quanto ao pedido, havendo dificuldade, de imediato, quanto à especificação do objeto, permitido será a solicitação de pedido genérico, conforme autoriza o §2º do art. 14 da Lei n.9.009/95, ao firmar ser lícito a formulação de pedido genérico quando não for possível determinar, desde logo, a extensão da obrigação.

Ainda, em se tratando de pedido, pode ser ele formulado de modo alternativo ou cumulado, em sintonia com o que já autoriza o CPC, no entanto, sendo realizados pedidos cumulados, somente se conexos e desde que somados não ultrapassem ao valor de alçada do presente Juizado, no caso, 60 salários mínimos, em sintonia subsidiária com o art. 15 da Lei n.9.099/95

A ação será registrada, de imediato, pela Secretaria do Juizado, designando esta, desde já, a data da sessão de conciliação à qual se realizará no prazo de 15 (quinze) dias.

Dita designação, de acordo com o sustenta o art. 16 da Lei n.9.099/95, será feita de plano, antes mesmo da autuação e distribuição, procedendo-se, em seguida, à citação do réu (art. 18 da lei supra).

Conforme já destacado na Parte I da presente obra, interessante notar que é possível que duas partes de uma possível e futura relação jurídica processual se dirijam ao Juizado em conjunto. Daí, dispensado será o registro prévio de pedido bem como a citação e assim, antes mesmo do registro da demanda, a própria Secretaria instaurará a sessão de conciliação (art. 17 da Lei n. 9.099/95), sendo necessária a presença do juiz togado ou mesmo do conciliador para que a haja a realização legal da audiência conciliatória.

Por fim, cabe ressaltar a possibilidade de ambos os litigantes formularem pedidos contrapostos, entendendo-se aí aqueles realizados um em face do outro, sendo tais pretensões contrapostas apreciadas em uma mesma sentença, fazendo realmente sentido, visto que não se está diante de uma reconvenção, dado que ao comparecerem ambos os litigantes simultaneamente, cada um estará realizando pedido em face do outro, restando caracterizado, portanto, ações conexas, do que resultará, pela lógica em se evitar decisões contraditórias, uma mesma sentença para ditas pretensões de direito, andando bem aí o parágrafo único do art. 17 da Lei retro referida.

2. Resposta

O réu apresentará sua contestação no correr da própria audiência inaugural do procedimento sumaríssimo.

Quanto à forma, é facultando a ele apresenta-la sua escrita ou oralmente, caso em que será tomada por termo nos autos.

A peça contestatória conterá toda a matéria de defesa admitida, salvo arguições de suspeição ou impedimento do juiz, estas processadas em autos apartados quando o magistrado não as reconhecer, o que, poderá provocar a devida suspensão do processo principal no presente procedimento, *ex vi* do art.146, §§1º e 2º do CPC, como bem sustenta o art. 30 da LJE quanto a tal aplicabilidade subsidiária do *Codex* retro referido.

Em se tratando também de defesa, não será admitida a Reconvenção, entretanto é perfeitamente lícito ao réu, conforme já sito alhures, formular no bojo de sua contestação pedido contraposto, ou seja, fundado nos mesmos fatos que constituem objeto da controvérsia (art.31 da Lei n.9.099/95).

Cabe destacar que, no âmbito dos Juizados Especiais da Fazenda Pública, ainda que autorizado o aludido pedido contraposto a ser realizado pelo réu em face do autor, deverá ele respeitar, restritamente, demandas compatíveis com a competência delimitada pela própria neste Juizado, tanto no que diz respeito a valores quanto a matérias pertinentes e, consoante já asseverado, sempre nos mesmos limites fáticos ditados na peça inicial do autor da ação.

Sendo solicitado pedido contraposto por parte do réu, poderá o autor sobre ele se manifestar, respondendo na própria audiência ou requerer ao juízo a designação de nova data para apresentar sua resposta, pois que poderá entender da necessidade de estabelecer melhores condições para a construção de sua defesa. Uma vez deferido dito requerimento, será desde logo fixada data para nova audiência, cientes desde então todos os presentes, conforme regra ditada pelo parágrafo único do art. 31 da lei supracitada.

Cabe neste ínterim ainda destacar a incidência do instituto da revelia em sede de rito sumaríssimo, normatizado pelo art.20 da Lei 9.099/95.

Nisto, o não comparecimento da parte ré à sessão de conciliação ou à audiência de instrução e julgamento, faz insurgir a presença da revelia, gerando seu clássico efeito de reputar verdadeiros os fatos alegados pelo autor em seu pedido inicial, isto salvo se do contrário resultar a convicção do julgador, ou seja, ainda que o réu não venha a comparecer, prejudicando como notório até a sua própria defesa restará ainda o convencimento do juiz acerca das alegações e pretensões do autor, posto que nos autos já se encontre conteúdo probatório acostado (p. ex. contrato, decorrente de pretensões pautadas em matéria de direito), restando ao magistrado a convicção pela sua insuficiência probal ou mesmo de duvidosa validade.

3. Sessão de conciliação

Uma vez proposta a ação, compete a Secretaria do Juizado Especial da Fazenda Pública designar a audiência de conciliação, providenciando a citação da pessoa jurídica de direito público, em seu representante judicial, cabendo ressaltar aqui o que dispõe o art. 7º, in fine, da Lei n.12.153/09:

> Não haverá prazo diferenciado para a prática de qualquer ato processual pelas pessoas jurídicas de direito público, inclusive a interposição de recursos, devendo a citação para a audiência de conciliação ser efetuada com antecedência mínima de 30 (trinta) dias.(Grifo nosso)

Nota-se então que a audiência de conciliação deverá ser realizada com, no mínimo, 30 dias da efetivação a citação.

Chama atenção neste ínterim, o Enunciado n. 9 da lavra da 2ª Turma Recursal Federal do Distrito Federal, este que adotou o seguinte entendimento:

"*A audiência de conciliação inicial pode ser dispensada quando a matéria for exclusivamente de direito*".[1]

Ressalta-se que dita ideia não se faz presente no âmbito da Lei n.12.153. Até muito pelo contrário!

O próprio art. 8º da digitada lei oportuniza aos representantes judiciais das rés a conciliar, transigir, ou mesmo desistir nos processos de competência dos Juizados Especiais da Fazenda Pública, o que, *de per si*, já demonstra o interesse em tal etapa processual, no exato cumprimento da tão desejada e propalada "política do consenso".

Não obtida a conciliação, designar-se-á a audiência de instrução e julgamento, caso houver provas orais e/ou técnicas a produzir. Por outro lado, entendemos que nada impede que se designe, desde logo, uma só audiência para a conciliação e a instrução.

Não custa pontuar, ainda que já dito alhures, a defesa do réu será apresentada na audiência de conciliação, caso esta não obtiver êxito.[2]

4. Instrução Probatória

O autor, ao ajuizar uma ação, comunica uma série de fatos que, de acordo com sua avaliação, têm condições de justificar o seu direito e necessidade da intervenção judicial. O réu, da mesma maneira, o faz quando apresenta a sua defesa, ressaltando fatos que, de algum modo, justificam, no seu entender, a sua resistência à pretensão do autor. Assim, na fase de instrução do processo, estabelecida a controvérsia, é de competência das partes a produção das provas que vão demonstrar a veracidade de suas alegações, possibilitando o livre convencimento do magistrado, logicamente contribuindo para sua persuasão racional.

Pode-se então concluir que, provar é demonstrar ao Estado, personificado na figura do juiz, circunstanciado nas necessidades probatórias que o processo em si necessita a verdade de um fato ou de uma alegação nele deduzida.

---

[1] Com o propósito de justificar a razão do Enunciado n.9 supracitado, sustenta Ricardo Cunha Chimenti (*Idem.*, p. 84) que a "repetição de ações com os mesmos fundamentos de fato e de direito, cujas sentenças independem da produção de provas, a liada à quase inexistência de acordos no âmbito dos Juizados Federais, evidenciou que, nessas hipóteses, a tentativa de conciliação é inócua e apenas serve para onerar as já saturadas pautas de audiência."

[2] No mesmo sentido, THEODORO JÚNIOR, Humberto, *Curso de Direito Processual Civil*. Vol. III. 45 ed., 2013, p.474.

Na busca da verdade, fundamental é trazer à luz o que já dispõe o art. 32 da Lei n. 9.099/95. *In verbis:*

"Todos os meios de prova moralmente legítimos, ainda que não especificados em lei, são hábeis para provar a veracidade dos fatos alegados pelas partes."

Para tanto, se faz necessário enfrentar algumas disposições da Lei dos Juizados Especiais da Fazenda Pública que enfrentam a temática das provas.

De pronto, a Lei n. 12.153/09 em seu art. 9º estabelece como dever da ré fornecer ao JEFP a documentação de que disponha para o esclarecimento da causa, apresentando-a até a instalação da audiência de conciliação, tratando-se, por isso, de um verdadeiro dever de produção probal por parte do ente público, este que figura no polo passivo.

No tocante à prova documental, deverá o autor produzi-la já na petição inicial ou mesmo até a audiência de conciliação (Lei n. 9.099, art. 33). Sobre a prova testemunhal e a perícia, ver, *retro*, o item nº 1.6 da Parte I desta obra.

Quanto ao que se refere à modalidade da prova testemunhal estabelece o §2º do art. 16,§1º da Lei n. 12.153/09 que caberá ao conciliador, objetivando a composição amigável da demanda, realizar a oitiva das testemunhas, além de ouvir também as partes, tudo com o fito de se inteirar sobre os contextos fáticos do conflito.

Cabe aqui observação à luz da autorização legal para que o conciliador atue em matéria de relevância notória em sede processual, qual é a instrução testemunhal.

Fato que não se pode fugir aos olhos é a pífia capacitação que os conciliadores recebem para realizarem o seu significativo ofício nos mais diversos Juizados Especiais.

Sob tal luz, despiciendo é afirmar que, pela magnitude e importância de tal ofício, cabe creditar de competência técnica responsável a quem, de fato, possa gerir tal momento processual, o provindo da mais alta capacitação, a fim de garantir êxito efetivo à instrução qualitativa para contributo junto ao processo.

Neste ínterim se coloca tal contexto na figura do Conciliador, pois o momento aqui é permissivo, mas não se exclui de dita racionalidade o próprio o magistrado - porque não?! - muitas vezes ávido pela extinção "apressada" do feito, demonstrando variavelmente, uma preocupação estéril com números, como se sua "produção" fosse decorrente de um esforço tão somente braçal e não de equilíbrio, parcimônia, verdade, motivação e fundamentação.

Por outro lado, não logrando êxito a conciliação e em sendo suficientes para o deslinde e julgamento da causa, poderá o juiz que presidir a audiência de instrução do processo dispensar novos depoimentos, ressaltando-se que cabe às partes o direito à impugnação, conforme aponta o §2º do próprio art. 16.

Quanto à prova pericial, pontifica o art. 10 da Lei n. 12.153/09, nos seguintes termos:

"Para efetuar o exame técnico necessário à conciliação ou ao julgamento da causa, o juiz nomeará pessoa habilitada, que apresentará o laudo até 5 (cinco) dias antes da audiência."

De início, nota-se não somente a perfeita admissibilidade da prova pericial no âmbito de tal Juizado,[3] como também a importante localização da mesma, prestando serventia desde a audiência de conciliação, ou seja, reconhecendo a necessidade de seu amparo para a conciliação ou mesmo para o julgamento da demanda, poderá o juiz nomear pessoa habilitada, encarregando-a de apresentar o laudo em até 5 (cinco) dias antes da audiência, podendo ser esta tanto de conciliação como de instrução.

Vê-se que o magistrado poderá, até mesmo, solicitar o exame técnico antes mesmo da conciliação, a fim de obter melhor resultado da mesma, muito embora seja mais comum solicitá-la depois de restada infrutífera a tentativa de conciliação.

A propósito, como já tecido no âmbito dos Juizados Especiais Federais, aqui também nos JEFP nada impede que as próprias partes obtenham pareceres técnicos extrajudicialmente.

No que se refere aos honorários do perito nomeado pelo juízo, nos Juizados Especiais Federais são eles antecipados à conta de verba orçamentária do Tribunal e, quando vencida na causa a entidade pública, seu valor será incluído na ordem de pagamento a ser feita em favor do Tribunal, *ex vi* do art. 12, § 1º, Lei n.10.259/01.

Nisso, inexistindo disposição semelhante no Tribunal Estadual respectivo, aplicar-se-á em sede de Juizados Especiais da Fazenda Pública o disposto no art. 54 da Lei n. 9.099/95, garantindo a gratuidade da justiça, incluindo aí os honorários periciais:

"O acesso ao Juizado Especial independerá, em primeiro grau de jurisdição, do pagamento de custas, taxas ou despesas."

---

[3] Com maior profundidade e extensão acerca da admissibilidade da prova pericial em sede de Juizados Especiais, peço ao leitor verificar o item 1.5, Parte I da presente Obra.

5. Sentença

Ainda que já tenha sido objeto de enfrentamento nos comentários à Lei n.9.099/95, mais precisamente na Parte I, Capítulo II, item 1.7 da presente obra, com toda vênia ao leitor, vale a pena reprisar o texto referente ao conteúdo, extensão e alcance no âmbito dos Juizados Especiais Cíveis Federais.

Assim, no que toca ao ato sentencial em sede de Juizados Especiais, determina o art. 38 da Lei n.9.099/95:

"Art. 38. A sentença mencionará os elementos de convicção do Juiz, com breve resumo dos fatos relevantes ocorridos em audiência, dispensado o relatório."

Em um primeiro momento, como já dito em outras edições da presente obra, nítida a opção do legislador em conferir à sentença redação simples com a dispensa do relatório, não obstante, imprescindível a necessária fundamentação (sempre em sintonia com preceito constitucional - art. 93, IX da CF/88), com breve resumo dos fatos tidos como relevantes ocorridos em audiência.

Nota-se de pronto, que nada mais a Lei n. 9.099/95 dispôs acerca do ato sentencial, seja em seu todo ou mesmo com relação aos elementos que a compõem - fundamentação e dispositivo- o que, de certo, aplicar-se-ia, até o advento do CPC/2015, o revogado CPC/1973.

É fato que o CPC/2015 procurou, diferentemente de seu antecessor, aprofundar na construção racional do ato sentencial, e no intuito de se evitar decisões solepsistas, ou seja, pouco afeitas para com o ideário do respeito à necessária vinculação ao Direito, norteando assim normativamente para um conjunto de atribuições negativas para fins de se ver realizada uma sentença dita "fundamentada", definida como congruente, adequada e analítica, de modo a que pudesse sim, exteriorizar dentro de um Estado Constitucional de Direito a prestação jurisdicional longe das vontades pessoais, voluntaristas e/ou irracionais do órgão julgador.

Para tanto estabeleceu o art. 489, §1º:

> § 1º Não se considera fundamentada qualquer decisão judicial, seja ela interlocutória, sentença ou acórdão, que:
>
> I - se limitar à indicação, à reprodução ou à paráfrase de ato normativo, sem explicar sua relação com a causa ou a questão decidida;
>
> II - empregar conceitos jurídicos indeterminados, sem explicar o motivo concreto de sua incidência no caso;
>
> III - invocar motivos que se prestariam a justificar qualquer outra decisão;
>
> IV - não enfrentar todos os argumentos deduzidos no processo capazes de, em tese, infirmar a conclusão adotada pelo julgador;

V - se limitar a invocar precedente ou enunciado de súmula, sem identificar seus fundamentos determinantes nem demonstrar que o caso sob julgamento se ajusta àqueles fundamentos;

VI - deixar de seguir enunciado de súmula, jurisprudência ou precedente invocado pela parte, sem demonstrar a existência de distinção no caso em julgamento ou a superação do entendimento.

§ 2º No caso de colisão entre normas, o juiz deve justificar o objeto e os critérios gerais da ponderação efetuada, enunciando as razões que autorizam a interferência na norma afastada e as premissas fáticas que fundamentam a conclusão.

§ 3º A decisão judicial deve ser interpretada a partir da conjugação de todos os seus elementos e em conformidade com o princípio da boa-fé.

Para melhor esclarecer os incisos deste digitado §1º, vamos às explicações.

Conforme determina o inciso I, do §1º em destaque, não basta a sentença se limitar a indicar, reproduzir ou parafrasear o ato normativo, devendo, efetivamente, explicar sua relação com a causa ou a questão decidida, ou seja, com o caso concreto, e não simplesmente transcrever o enunciado da regra em questão para fins de somente indicar em que se fundamenta o julgado.

Fundamental é, por tudo, que o magistrado explique especificamente o motivo da escolha da norma empregada.

Com relação ao entendimento do inciso II supra, deve qualquer decisão judicial empregar conceitos jurídicos determinados, explicando o motivo concreto de sua incidência no caso.

É fato que não somente legislativamente, mas, em igual ocorrência na experiência da vida forense, é prática extremamente comum o uso reiterado de conceitos jurídicos vagos e indeterminados, tudo com o fito de se ter "espaço" para a justificável adequação em específica realidade quando do enfrentamento de uma questão, e por mais incrível que pareça, sendo esta de reconhecida complexidade ou não, levando-se inúmeras vezes a um uso irracional de pan-principiologismo, verdadeira usina de produção de princípios despidos de qualquer normatividade.

Já o inciso III nos demonstra que a sentença não poderá invocar motivos que se prestariam a justificar qualquer outra decisão, devendo-se ter uma explicação para aquele caso concreto debruçado. Evita-se assim a denominada decisão "padrão", como por exemplo, ao deferir uma liminar onde simples e lacunosamente o julgador se presta apenas a dizer em sua decisão "estão presentes os pressupostos legais", como se faz o padrão em qualquer outra decisão judicial.

O inciso IV mostra a necessidade de o magistrado enfrentar todos os argumentos arguidos pelas partes no processo capazes de infirmar a sua conclusão frente a demanda enfrentada. Decorre daí, inegavelmente, o prestígio quanto à realização do contraditório como direito de influência (arts. 5º, LV, da CF/88; 9º e 10 do CPC). Tem as partes da controvérsia o direito de conhecer da razão adotada pelo órgão julgador quando de qualquer decisão judicial e para isso, inegável o enfrentamento dos argumentos deduzidos por elas. É o mínimo que se espera de uma prestação jurisdicional qualitativa, enquanto serviço público prestado.

No que se refere ao inciso V, este aponta ser é defeso a qualquer decisão judicial se limitar a invocar precedente ou enunciado de súmula, sem identificar seus fundamentos determinantes e nem mesmo demonstrar que a *questio* em julgamento se ajusta àqueles fundamentos.

Assim, deve o julgador demonstrar a semelhança do caso que está a debruçar com o respectivo precedente utilizado ou mesmo com o conteúdo inventariado pelo qual se construiu a súmula em apreço, objetivando justificar adequadamente a utilização do precedente em questão em sua decisão e, igualmente, sua concordância com o caso em julgamento.

Quanto ao inciso VI, último inciso do fundamental dispositivo que é o §1º do art. 489, determina que não poderá a decisão judicial deixar de seguir enunciado de súmula, jurisprudência ou precedente invocado pela parte, sem demonstrar a existência de distinção no caso em julgamento ou a devida superação do entendimento.

Há de se entender neste ínterim pela importância da fundamentação analítica e adequada do comando judicial, justificadora aqui da autorização para que o julgador deixe de aplicar enunciado de súmula, jurisprudência ou precedente manifestado por qualquer das partes.

Por tudo, infere-se sobre ao referido §1º e todos seus incisos, a evidência de que resultará, esperamos, em maior segurança e previsibilidade nas decisões judiciais, não privando o cidadão das fundamentações genéricas que o obstruem de saber as devidas e necessárias razões que levaram o Poder Judiciário a tomar determinada decisão.

Com relação ao §2º, dispõe este que havendo de colisão entre normas, deverá justificar o objeto e os critérios gerais da ponderação efetuada, enunciando as razões que autorizam a interferência na norma afastada, assim como as premissas fáticas que fundamentam a conclusão.

De certo, cabe ao magistrado, diante da colisão entre normas, a demonstração de por que um determinado postulado deve ser preterido em face de outro para fins de solução do caso concreto, como, por exemplo, em questões que envolve a alcunhada "relativização da coisa julgada" e aí, a colisão entre segurança do julgado (art. 5º XXXVI da CF/88) e justiça da decisão (art. 5º, XXXV da CF/88).

No que toca ao §3º, indica seu texto que a decisão judicial deve ser interpretada a partir da conjugação de todos os seus elementos e em conformidade com o princípio da boa-fé, regra que se relaciona com o art.322, §2º, este relativo aos pedidos endereçados pelas partes ao órgão judicial.

É de importância sublinhar que o aludido §3º deverá ter sua interpretação alcançada verdadeiramente junto aos próprios elementos da sentença, a dizer: relatório, fundamentação e dispositivo em seu conjunto e não de forma isolada.

Em verdade, ante a ausência de maior regulação ou mesmo de especialidade acerca dos pontos pelos quais aprofunda o §1º do art. 489 do CPC/2015, não restam dúvidas da aplicação subsidiária à Lei n.12.153/09.

O ato sentencial é a tradução do respeito do Estado para com qualidade da prestação do Serviço Público por ele prometido e concedido, de modo a que não possa o jurisdicionado, destinatário final junto com a solidária e conjunta sociedade, se abster de merecer, por pressuposto ético e deontológico, a razão adequada e analítica de seu pleito.

Com relação ao próprio conteúdo contido no ato sentencial, a Lei n.12.153/09 optou por esclarecer o critério de cumprimento da mesma mediante a modalidade obrigacional avençada em seu bojo.

Assim, despeito do enfretamento em capítulo mais adiante, das modalidades obrigacionais relativas à satisfação dos créditos, não custa, desde já, apresentar a extensão de seu cumprimento, uma vez prolatada e transitada em julgado a sentença.

Nestes termos em conjunto, acosto os arts. 12 e 13 da Lei supracitada:

> *Art. 12. O cumprimento do acordo ou da sentença, com trânsito em julgado, que imponham obrigação de fazer, não fazer ou entrega de coisa certa, será efetuado mediante ofício do juiz à autoridade citada para a causa, com cópia da sentença ou do acordo.*
>
> *Art. 13. Tratando-se de obrigação de pagar quantia certa, após o trânsito em julgado da decisão, o pagamento será efetuado:*
>
> *I- no prazo máximo de 60 (sessenta dias), contado da entrega da requisição do juiz à autoridade citada para a causa, independente de precatório, na hipótese do §3º do art. 100 da Constituição Federal; ou*
>
> *II-mediante precatório, caso o montante da condenação exceda o valor definido como obrigação de pequeno valor.*

Vê-se que, dependendo da obrigação, o destino no cumprimento da mesma terá diferente desiderato, como p. ex. nos casos de sentença que envolva condenação à obrigações de fazer, não fazer ou entregar coisa certa, onde não haverá pois, necessidade de *actio iudicati*, sendo o ato sentencial de natureza mandamental, cabendo ao magistrado oficiar a autoridade citada para a causa, com cópia da sentença ou do acordão, ordenando o respectivo cumprimento

Por fim, como importantíssima nota da Lei n. 12.153/09, está o tratamento dado ao denominado "reexame necessário ou remessa *ex officio*", cuja previsão ordinária consta do art.475 do CPC, nos casos relativos a sentença proferida e contrária à Fazenda Pública

Pela regulação disposta no art. 11 da Lei n.12.153/09, tal possibilidade não é passível de aplicação em sede de Juizado Especial da Fazenda Pública, não comportando *per si*, procedimentos que venham a obstaculizar a própria dinâmica da celeridade, contrária à exigência formalíssima da remessa do julgado, de ofício, a órgão superior competente, independentemente de qualquer provocação recursal pela parte condenada, no caso, os Estados, o Distrito Federal, os Territórios e os Municípios, bem como autarquias, fundações e empresas públicas a eles vinculadas.

III

RECURSOS

1. Recursos nos Juizados Especiais da Fazenda Pública

No âmbito dos Juizados Especiais da Fazenda Pública, prevê o art. 4º da Lei n.12.153/09 o seguinte permissivo:

"Art. 4º Exceto nos casos do art. 3º, somente será admitido recurso contra a sentença."

Depreende-se, por isso, que cabe recurso para enfrentamento da sentença, quer ela terminativa ou definitiva, no entanto, não traz qualquer indicativo recursal para tanto, aplicando-se então a regra do art. 41 da Lei n. 9.099/95,[1] consistindo na possibilidade de manejo do "Recurso Inominado", no prazo de 10 (dez) dias contados da ciência da sentença e com a necessidade de efetuação de preparo, nos termos do art. 42 e seus parágrafos, todos da Lei n. 9.099/95, *in verbis*:

> Art. 42. O recurso será interposto no prazo de dez dias, contados da ciência da sentença, por petição escrita, da qual constarão as razões e o pedido do recorrente.
>
> § 1º O preparo será feito, independentemente de intimação, nas quarenta e oito horas seguintes à interposição, sob pena de deserção.
>
> § 2º Após o preparo, a Secretaria intimará o recorrido para oferecer resposta escrita no prazo de dez dias.

---

[1] *"Art. 41. Da sentença, excetuada a homologatória de conciliação ou laudo arbitral, caberá recurso para o próprio Juizado."*

Por outro lado, conforme já exteriorizado em sede de JEF's, diferente de omissão contida regulação aos Juizados Especiais Cíveis Estaduais, mas por nós firmemente defendida quanto à sua presença neste Juizados (Parte I da presente obra), está a previsão trazida pela Lei n.12.153/09:

"Art. 3º O juiz poderá, de ofício ou a requerimento das partes, deferir quaisquer providências cautelares e antecipatórias no curso do processo, para evitar dano de difícil ou de incerta reparação." E em seguida, conforme já supracitado:

"Art. 4º Exceto nos casos do art. 3º, somente será admitido recurso contra a sentença."

Nota-se que, da conjugação de ambos os dispositivos, ou seja, do art. 3º, autorizando ao magistrado, de ofício ou a requerimento das partes, deferir quaisquer providências cautelares e antecipatórias no curso do processo, para fins de se evitar dano de difícil reparação, com o art. 4º, excetuando-o, na admissibilidade de existência recursal em sede de decisões interlocutórias, difícil não é constatação da real possibilidade de, nos casos de concessão de liminar, de medida cautelar ou de antecipação de tutela, admitir-se a interposição de Agravo para a turma recursal, caso em que o recurso se processará segundo as regras do CPC.[2]

Já, quanto às demais decisões interlocutórias, não há previsão de recurso, o que não passou despercebido pelo Enunciado n.88 do FONAJEF, este com possível racionalidade aplicável aos JEFP.[3]

Os embargos de declaração, como de certo, encontrará lugar em sede de Juizados Especiais da Fazenda Pública, dado não ser razoável admitir-se a existência de sentenças maculadas de contradição, omissão ou obscuridade em seu conteúdo (art.1.022, I e II do CPC/2015; art.. 48 da Lei n. 9.099/95).

Quanto ao prazo para a interposição dos Embargos de Declaração, este será de 5 (cinco) dias, conforme o art. 49 da Lei n. 9.099/95, em aplicação subsidiária.[4]

---

[2] Em sintonia com o Enunciado 05 dos Juizados Especiais da Fazenda Pública: *"É de 10 dias o prazo de recurso contra decisão que deferir tutela antecipada em face da Fazenda Pública (Aprovado no XXIX FONAJE – MS 25 a 27 de maio de 2011 - Nova Redação - Aprovada no XXX FONAJE – SP 16 a 18 de novembro de 2011)."*

[3] Enunciado nº88 do FONAJEF: *"É admissível MS para Turma Recursal de ato jurisdicional que cause gravame e não haja recurso."*

[4] No mesmo sentido está o Enunciado n. 58 do FONAJEF: *"Excetuando-se os embargos de declaração, cujo prazo de oposição é de cinco dias, os prazos recursais contra decisões de primeiro grau no âmbito dos Juizados Especiais Federais são sempre de dez dias, independentemente da natureza da decisão recorrida."*

2. Recurso Extraordinário

A temática dos Recursos extraordinários em sede de Juizados Especiais já foi deveras enfrentada de forma extensa na Parte I da presente obra, o que então, pedimos ao leitor que para lá se dirija quando da necessidade de maiores detalhes sobre o assunto, como p. ex., questões relativas à "Repercussão Geral em Recurso Extraordinário", "Multiplicidade de Recursos Extraordinários Repetitivos", "Ação de Reclamação", dentre outras.[5]

Não obstante a isso, evitando-se passar *in albis*, no que se refere aos Juizados Especiais da Fazenda Pública, a racionalidade é a mesma dos Juizados Especiais Cíveis Estaduais no que toca ao cabimento do Recurso Extraordinário.

É bem verdade que ofensas à Constituição não podem ser subtraídas à apreciação da Suprema Corte, qualquer que seja o órgão jurisdicional. Para isso, aliás, é que encontramos no art. 102, III da Carta Maior, o permissivo constitucional autorizador de manejo do Recurso Extraordinário, permitindo sua interposição quando de decisões judiciais que contrariem dispositivo constitucional, seja decorrente de causas decididas em única ou última instância.

Bem expressa a Súmula n.640 do STF:

"É cabível recurso extraordinário contra decisão proferida por juiz de primeiro grau nas causas de alçada, ou por turma recursal de juizado especial cível e criminal."

Tem cabimento, portanto, a interposição de Recurso Extraordinário para o STF uma vez que a decisão da Turma Recursal é final (*ex vi* do art. 102, III, da CF).

A Lei n. 12.153/09 teve por bem admitir, formalmente, em seu o art. 21, a admissibilidade nos Juizados Especiais da Fazenda Pública, do manejo do Recurso Extraordinário, expressando que o mesmo será processado e julgado segundo o estabelecido em seu art. 19 e no Regimento do Supremo Tribunal Federal.

Vale ressaltar, entretanto, que para tornar-se cabível o RE, necessário será o esgotamento da via recursal no âmbito do presente Juizado e por isso, deve-se interpor primeiro o recurso inominado, daí obtendo-se o respectivo julgamento e decisão de última instância na esfera local, esta representada pela Turma Recursal.

Com relação ao Recurso Especial, tendo em vista dicção do art. 105, III da CF que autoriza a interposição do mesmo perante o Superior Tribunal de Justiça somente contra decisões em única ou ultima instancia, dos Tribunais Regionais Federais ou dos Tribunais dos Estados e do Distrito Federal (Constituição, art,

---

[5] Confira as temáticas pertinentes ao Recurso Extraordinário também em nossas *Instituições de Direito Processual Civil*. 3ed. Salvador: JusPodivm, 2017.

105, III), não é de se admitir o recurso de tal espécie de decisões das Turmas Recursais dos JEFP.

Ratificando a presente afirmativa, encontra plasmado na Súmula n.203 do STJ entendimento quanto a citada impossibilidade:

"Não cabe recurso especial contra decisão proferida, nos limites de sua competência, por órgão de segundo grau dos Juizados Especiais."

3. Pedido de Uniformização de Jurisprudência[6]

Tratou a Lei n. 12.153/09 de enfrentar o indesejável problema da ocorrência de interpretações divergentes sobre matérias a ela pertinentes, entre diferentes Turmas Recursais de Juizados Especiais da Fazenda Pública.

Para isso, estabeleceu específico mecanismo procedimental uniformizador de questões de direito material, nos seguintes termos:

> *Art. 18. Caberá pedido de uniformização de interpretação de lei quando houver divergência entre decisões proferidas por Turmas Recursais sobre questões de direito material.*
>
> *§ 1º O pedido fundado em divergência entre Turmas do mesmo Estado será julgado em reunião conjunta das Turmas em conflito, sob a presidência de desembargador indicado pelo Tribunal de Justiça.*
>
> *§ 2º No caso do § 1º, a reunião de juízes domiciliados em cidades diversas poderá ser feita por meio eletrônico.*
>
> *§ 3º Quando as Turmas de diferentes Estados derem a lei federal interpretações divergentes, ou quando a decisão proferida estiver em contrariedade com súmula do Superior Tribunal de Justiça, o pedido será por este julgado.*

Destaca-se, portanto, que o julgamento do incidente será obtido de reunião conjunta das Turmas em conflito, sob a presidência de um desembargador indicado pelo Tribunal de Justiça do mesmo Estado a que pertençam ambas as Turmas. Vale ressaltar que, caso estejam em divergência magistrados domiciliados em diferentes cidades, autorizado estará a possibilidade de reunião das Turmas por meio eletrônico, aí em suas diversas modalidades, *v.g.* Skype.[7]

---

[6] Sobre o respeito e aplicação de acórdãos dos TRF's e TJ's decorrentes de Incidente de Resolução de Demandas Repetitivas (IRDR) em sede de Juizados Especiais, confira a Parte I, Capítulo 2, item 2 da presente obra.

[7] O Skype é um software que permite diálogo, seja por chamadas de voz e/ou vídeo, entre uma variedade de pessoas, sendo comum inclusive em reuniões de empresas onde os participantes

Já quando as Turmas em divergência pertencerem a Estados diversos, e derem interpretações diferentes aà lei federal ou mesmo a decisão contrariar súmula do Superior Tribunal de Justiça, o pedido de uniformização será julgado por este Tribunal Superior.

Nota-se também que o STJ convocado a se manifestar, a pedido da parte, quando a solução adotada pelas Turmas locais de Uniformização contrariar súmula daquela Corte Superior, conforme entendimento do art. 19, *caput* da lei em comento.

Como já destacado em outras partes da presente obra, ainda que a lei do JEFP não tenha empregado o termo" Recurso" para a situação da Uniformização em tela, trata-se mesmo de um Recurso a ser interposto diante de decisões das Turmas Recursais dos Juizados Especiais da Fazenda Pública que se encontrem em interpretações divergentes sobre questões de direito material na interpretação da própria Lei ou de Súmula do próprio STJ, e que pelas razões já anteriormente apresentadas, não desafiam revisão por meio do Recurso Especial.[8]

O prazo para formulação do pedido de uniformização no âmbito do STJ foi fixado em 10 (dez) dias "a contar da decisão recorrida", devendo a petição ser instruída com cópia dos julgados divergentes e conter a "análise precisa do pedido". O processamento ocorrerá nos próprios autos em que se proferiu o decisório impugnado (Resolução n. 390/2004 do Conselho da Justiça Federal, art.6º, §1º.).

Uma vez apresentado o pedido, permitido será ao relator deferir liminar de suspensão dos processos, quando plausível o direito invocado e presente o risco de dano de difícil reparação (art. 19, §2º da Lei n.12.153/09).

Outrossim, se necessário, facultado será ao relator pedir informações ao Presidente da Turma Recursal ou Coordenador da Turma de Uniformização, ouvindo o Ministério Público, no prazo de 5 (cinco) dias, conforme regra o §3º do art. 19.

Uma vez decorrido o prazo supracitado, o relator, conforme o §5º do art. 19, *incluirá o pedido em pauta na sessão, com preferência sobre todos os demais feitos, ressalvados os processos com réus presos, os habeas corpus e os mandados de segurança.*

---

estão situados em lugares diversos, sendo possível contato por meio de celulares, computadores ou mesmo em aparelhos de TV com o próprio Skype instalado.

[8] Importante lembrar que em relação à Justiça comum, a divergência de interpretação da lei federal enseja Recurso Especial, por meio do qual o Superior Tribunal de Justiça empreende a desejada uniformização (art. 105, III, *c* da CF).

Para fins de racionalidade processual, regra o §1º do art. 19 da Lei em comento que, eventuais pedidos de uniformização fundados em questões idênticas, recebidos subsequentemente em quaisquer Turmas Recursais, ficarão retidos nos autos, aguardando-se pronunciamento do Superior Tribunal de Justiça.

Nisto, tão logo publicado o acórdão do STJ sobre a questão idêntica, os respectivos pedidos retidos, conforme dicção do § 1º supracitado, serão apreciados pelas Turmas Recursais,[9] que poderão exercer juízo de retratação ou os declararão prejudicados, caso veicularem tese não acolhida pelo Superior Tribunal de Justiça. (§6º do art. 19).

Observa-se, por tudo, que a despeito da impossibilidade de alçar o Superior Tribunal de Justiça por meio do Recuso Especial, é possível em certa medida, provocá-lo a manifestar-se quando em discussão está a interpretação de súmulas ou jurisprudências da sua lavra, o que, de fato se faz necessário ao combate de inseguranças jurídicas decorrentes de decisões da Turma de Uniformização em confronto com o entendimento do presente Tribunal Superior.

Por fim, resta esclarecer que cabe aos Tribunais de Justiça Estaduais regulamentar, em seu âmbito, os procedimentos a serem adotados nos julgamentos de uniformização (art. 20). Já em sede de Superior Tribunal de Justiça, o conteúdo a este pertinente encontra-se disciplinado no Regimento Interno da Turma Nacional de Uniformização de Jurisprudência dos Juizados Especiais Federais definição esta realizada pela Resolução n. 390, de 17.09.2004 do Conselho da Justiça Federal.

---

[9] Enunciado n. 10 dos Juizados Especiais da Fazenda Pública: *"É admitido no juizado da Fazenda Pública o julgamento em lote/lista, quando a material for exclusivamente de direito e repetitivo. (Aprovado no XXXII FONAJE - RJ - 5 a 7 de dezembro de 2012)."*

IV

EXECUÇÃO E MEDIDAS CAUTELARES

1. Execução

De pronto, o art. 1º da Lei n. 12.153/09 já bem determina:

> Art. 1º Os Juizados Especiais da Fazenda Pública, órgãos da justiça comum e integrantes do Sistema dos Juizados Especiais, serão criados pela União, no Distrito Federal e nos Territórios, e pelos Estados, para conciliação, processo, julgamento e execução, nas causas de sua competência.

Assim, fica expresso que os Juizados Especiais da Fazenda Pública possuem competência para a execução das sentenças proferidas em processos ora tramitados em seu âmbito, portanto, de sua competência.

Neste sentido, pontos particulares da Execução em tal seara dos Juizados merecem atenção e contornos especiais, pois que permanecem no exato esquema de ideias traçadas pela lei regradora do aludido Juizado, no entanto, merecendo aplicação subsidiária ao Código de Processo Civil naquilo que for compatível com a lei dos JEFP.

Entendemos como cabíveis as execuções de títulos extrajudiciais contra a Fazenda Pública Estadual, desde que respeitando o limite de competência do próprio Juizado Fazendário, que é de 60 (sessenta) salários mínimos, em sintonia com a própria Lei 10.259/01 dos JEF's, não havendo, por isso, óbices para tanto.[1]

---

[1] No mesmo sentido, CHIMENTI, Ricardo Cunha. *Juizados Especiais da Fazenda Pública*. São Paulo: Saraiva, 2010, p.100.

Daí que, em tal hipótese, o procedimento será aquele do art. 910 do CPC/2015,[2] sendo a executada citada para oferecer embargos e uma vez julgado improcedente ou mesmo deixando de apresentá-lo,[3] o magistrado requisitará o respectivo pagamento a favor do credor, seguindo a importante forma do art. 13 da Lei n. 12.153/09, *in verbis*:

> *Art. 13. Tratando-se de obrigação de pagar quantia certa, após o trânsito em julgado da decisão, o pagamento será efetuado:*
>
> *I – no prazo máximo de 60 (sessenta) dias, contado da entrega da requisição do juiz à autoridade citada para a causa, independentemente de precatório, na hipótese do § 3º do art. 100 da Constituição Federal; ou*
>
> *II – mediante precatório, caso o montante da condenação exceda o valor definido como obrigação de pequeno valor.*
>
> *§ 1º Desatendida a requisição judicial, o juiz, imediatamente, determinará o sequestro do numerário suficiente ao cumprimento da decisão, dispensada a audiência da Fazenda Pública.*
>
> *§ 2º As obrigações definidas como de pequeno valor a serem pagas independentemente de precatório terão como limite o que for estabelecido na lei do respectivo ente da Federação.*
>
> *§ 3º Até que se dê a publicação das leis de que trata o § 2º, os valores serão:*
>
> *I – 40 (quarenta) salários mínimos, quanto aos Estados e ao Distrito Federal;*
>
> *II – 30 (trinta) salários mínimos, quanto aos Municípios.*

Por outro lado, igualmente já informado, a execução das sentenças que imponham cumprimento de obrigação de fazer, não fazer ou entrega de coisa certa, terá natureza mandamental, não havendo daí necessidade de *actio iudicati*.

Nestes termos, a autoridade citada para a causa será oficiada pelo juiz, com cópia da sentença ou do acordão transitado em julgado, com ordem para o cumprimento da obrigação devida, *ex vi* do art. 12 da Lei n. 12.153/09, traduzindo-se, portanto, em efetiva Tutela Específica.[4]

Nas condenações de obrigação de pagar quantia certa, o pagamento será efetuado por meio de requisição judicial, dentro de sessenta dias, mediante depósito em favor do credor na agência bancária depositária,[5] certamente, conveniada com

---

[2] Sobre o assunto, ver o nosso *Instituições de Direito Processual Civil*. 3 ed. Salvador: JusPodivm, 2017, p.871-876.

[3] Como outrora já apontado, inexiste "recurso de ofício" ou "reexame necessário" na espécie, tendo em vista a sua própria exclusão no âmbito dos Juizados Especiais Federais, mais precisamente ditada pelo art. 13 da Lei n. 10.259/01.

[4] Cf. o nosso *Tutela Específica das Obrigações de Fazer*. 7 ed. Curitiba: Juruá, 2017.

[5] Com relação ao saque por parte do credor, dita os §§6º e 7º do art. 13 dos Juizados Especiais da Fazenda Pública:

o respectivo Tribunal Estadual, portanto, independentemente de precatório, caso a obrigação seja de pequeno valor (art.100, §3º da CF/88), valendo trazer à luz aqui, novamente, as observações contidas no art.13, §§2º e 3º da Lei dos JEFP:

> *§ 2º As obrigações definidas como de pequeno valor a serem pagas independentemente de precatório terão como limite o que for estabelecido na lei do respectivo ente da Federação.*
>
> *§ 3º Até que se dê a publicação das leis de que trata o § 2º, os valores serão:*
>
> *I – 40 (quarenta) salários mínimos, quanto aos Estados e ao Distrito Federal;*
>
> *II – 30 (trinta) salários mínimos, quanto aos Municípios.*

Outrora, desatendida a aludida requisição do magistrado, este determinará o sequestro do numerário suficiente ao cumprimento da condenação devida, dispensada a audiência da Fazenda, como pontua o §1º do art. 13, podendo dito sequestro se dar pelo sistema BACENJUD. É o que entende o Enunciado n.07 dos Juizados Especiais da Fazenda Pública, do qual ratificamos:

"O sequestro previsto no § 1º do artigo 13 da Lei nº 12.153/09 também poderá ser feito por meio do BACENJUD, ressalvada a hipótese de precatório (Aprovado no XXX FONAJE – SP 16 a 18 de novembro de 2011)."

Insta ressaltar a impossibilidade de fracionamento, repartição ou quebra do valor da execução, de modo a que se faça a execução em parte por requisição de pequeno valor e parte por meio de precatório, nos termos do art. 13, §4º.

Lado outro, caso o valor da execução venha a ultrapassar o estabelecido para pagamento independentemente do precatório, dito pagamento far-se-á, sempre, por meio do precatório, sendo facultada à parte exequente a renúncia ao crédito do valor excedente, para que possa optar pelo pagamento do saldo sem o precatório (§5º do art.. 13).

É de se notar, conforme alhures dito, a tentativa do legislador de empreender certo grau de celeridade para sustentar o cumprimento menos tardio das demandas onde figura a Fazenda Pública no âmbito dos Estados, Distrito Federal, Territórios e Municípios bem como seus entes correlacionados, pois que, como notório que é, óbices ao cumprimento efetivo das decisões contrárias aos seus interesses são rotineiros, tamanha benesses legais encravadas secularmente em nossos textos legais.

---

§ 6º O saque do valor depositado poderá ser feito pela parte autora, pessoalmente, em qualquer agência do banco depositário, independentemente de alvará.

§ 7º O saque por meio de procurador somente poderá ser feito na agência destinatária do depósito, mediante procuração específica, com firma reconhecida, da qual constem o valor originalmente depositado e sua procedência."

2. Medidas cautelares

As medidas cautelares tiveram atenção da Lei n.12.153/09. Nestes termos, destaca seu art. 3º:

"O juiz poderá, de ofício ou a requerimento das partes, deferir quaisquer providências cautelares e antecipatórias no curso do processo, para evitar dano de difícil ou de incerta reparação."

Percebe-se a possibilidade de exercício das providências cautelares,[6] seja a requerimento de quaisquer das partes ou mesmo de ofício pelo próprio magistrado.

Nestes termos, pode o juiz na direção das demandas no âmbito do Juizado Especial da Fazenda Pública ter a faculdade de ordenar medidas cautelares necessárias, mesmo sem qualquer requerimento das partes, tudo com o fito de se evitar, por exemplo, dano de difícil reparação.

No mesmo sentido, em sede de Juizados Especiais Federais, observa o Enunciado n. 86 do FONAJEF:

"A tutela de urgência em sede de turmas recursais pode ser deferida de oficio."

Por outro lado, também será possível a parte interessada pleitear medida cautelar para a proteção de eventual dano de difícil reparação, cabendo ao juiz a análise de seus requisitos legais e fundamentos para a concessão da medida.

3. Tutela Provisória

Tema já por deveras enfrentado em nossas *Instituições de Direito Processual Civil*,[7] é cediça a possibilidade de concessão de Tutela Antecipada em face da Fazenda Pública, não havendo sequer, qualquer conflito entre o procedimento da Lei n. 12.153/09 e os regramentos reguladores da Tutela Provisória, mais precisamente os arts. 294 a 311 do CPC/2015.

É de se considerar, como também já salientado na Parte II da presente obra, que o art. 1.059 do CPC/2015, acerca da tutela provisória, afirma que requerida

---

[6]   "CONFLITO NEGATIVO DE COMPETÊNCIA. MEDIDA CAUTELAR DE NOTIFICAÇÃO JUDICIAL, PROPOSTA EM FACE DE ENTE MUNICIPAL. VALOR DA CAUSA QUE NÃO EXCEDE SESSENTA SALÁRIOS MÍNIMOS. MATÉRIA NÃO EXCLUÍDA DO ÂMBITO DOS JUIZADOS ESPECIAIS DA FAZENDA PÚBLICA. COMPETÊNCIA DE NATUREZA ABSOLUTA. CONFLITO JULGADO IMPROCEDENTE, COM O RECONHECIMENTO DA COMPETÊNCIA DO JUÍZO SUSCITANTE.TJ-SP – Câmara Especial.CC 0270448972012826000 SP 0270448-97.2012.8.26.0000.Rel.Des. Claudia Lúcia Fonseca Fanucchi. Julg. 01.04.2013. Publ. 01.04.2013.

[7]   *Instituições de Direito Processual Civil ...*, p. 373-378.

ela contra a Fazenda Pública aplica-se o disposto nos arts. 1º a 4º da Lei n. 8.437, de 30 de junho de 1992, e no art. 7º, § 2º, da Lei n. 12.016, de 7 de agosto de 2009.

A Lei n.12.016/2009, esta que rege o Mandado de Segurança, aponta no §2º do art. 7º a limitação de concessão de liminares em determinados conteúdos, nos seguintes termos:

> § 2º Não será concedida medida liminar que tenha por objeto a compensação de créditos tributários, a entrega de mercadorias e bens provenientes do exterior, a reclassificação ou equiparação de servidores públicos e a concessão de aumento ou a extensão de vantagens ou pagamento de qualquer natureza.

Observa-se, pois, as matérias objetadas de possível concessão por meio de medida liminar em sede de mandado de segurança, o que, certamente, se estende ao mesmo entendimento das medidas de urgência antecipada.

Por outro lado, em sede de tutela de urgência de natureza cautelar, vem a Lei n. 8.437/92, em seus arts. 1º, 3º, e 4º, respectivamente, limitar, igualmente, a sua permissividade:

> Art. 1º Não será cabível medida liminar contra atos do Poder Público, no procedimento cautelar ou em quaisquer outras ações de natureza cautelar ou preventiva, toda vez que providência semelhante não puder ser concedida em ações de mandado de segurança, em virtude de vedação legal.
>
> Art. 3º O recurso voluntário ou 'ex officio', interposto contra sentença em processo cautelar, proferida contra pessoa jurídica de direito público ou seus agentes, que importe em outorga ou adição de vencimentos ou de reclassificação funcional, terá efeito suspensivo.
>
> Art. 4º Compete ao presidente do tribunal, ao qual couber o conhecimento do respectivo recurso, suspender, em despacho fundamentado, a execução da liminar nas ações movidas contra o Poder Público ou seus agentes, a requerimento do Ministério Público ou da pessoa jurídica de direito público interessada, em caso de manifesto interesse público ou de flagrante ilegitimidade, e para evitar grave lesão à ordem, à saúde, à segurança e à economia públicas. (Grifo nosso).

Observa-se que, diante das supracitadas leis, não se encontra afastada a possibilidade de obtenção de tutelas provisórias de urgência em face do Poder Público, senão nas matérias pelas *legis* apontadas, isto é, que tratam de *compensação de créditos tributários, a entrega de mercadorias e bens provenientes do exterior, a reclassificação ou equiparação de servidores públicos e a concessão de aumento ou a extensão de vantagens ou pagamento de qualquer natureza.*

Por outro lado, importante ressaltar que, em uma análise mais detida, tem-se em entendimento, inclusive em sede doutrinária, de que a tutela de urgência antecipada encontraria lugar em demandas ajuizadas em face da Fazenda Pública, no entanto, aplicando-se igualmente outras ressalvas, máxime aquelas decorrentes da imprescindibilidade do regime estabelecido pelo precatório, este exigido para pagamentos devidos pelo erário em virtude de sentença judiciária. A própria Lei n. 9.469/97 aponta tal questão nos seguintes termos:

> *Art. 6º Os pagamentos devidos pela Fazenda Pública federal, estadual e municipal e pelas autarquias e fundações públicas, em virtude de sentença judiciária, far-se-ão, exclusivamente, na ordem cronológica da apresentação dos precatórios judiciários e à conta do respectivo credito.*
>
> *Parágrafo único. É assegurado o direito de preferência aos credores de obrigação de natureza alimentícia, obedecida entre eles à ordem cronológica de apresentação dos respectivos precatórios judiciários.*

Fato é que a própria doutrina admite como lícita a antecipação da tutela provisória de urgência, mesmo que relativamente a débitos do erário, processando-se imediata expedição de precatório, adquirindo aí efetiva primazia na ordem cronológica.[8] Atendido no devido tempo o precatório e efetuado o pagamento pela Fazenda, o respectivo numerário ficaria, no entanto, depositado à ordem da autoridade judiciária para entrega ao credor somente após a prolação de sentença final condenatória do respectivo Ente Público.

Bem colocada por Athos Gusmão, ainda sob a égide do CPC/1973, é a ideia que parte da construção de óbices à obtenção da tutela antecipada em face da Fazenda Pública, levando-se em conta a existência da exigência ao regime do reexame necessário da sentença (recurso de ofício), capitulado no art. 496 do CPC/2015 (art. 475 do CPC/1973), afirmando nisto que "se nem a sentença definitiva, proferida após a instrução da causa, pode produzir *imediato* efeito quando proferida contra entidade de direito público, muito menos tal efeito poderia decorrer de um julgamento provisório e revogável."[9]

Mais adiante e acertadamente, contudo, subscreve:

> (...) poder-se-á superar tal argumento pela consideração de que a exigência do duplo grau refere-se apenas às sentenças porque apenas estas possuem aptidão, exatamente pela prévia cognição exauriente, de adquirir o selo da imutabilidade pelo trânsito material em julgado (art. 467) do CPC/1973 (*art. 502 do CPC/2015*); destarte, constitui valiosa garantia para o erário que

---

[8] LOPES, João Batista. *Aspectos Polêmicos da Antecipação de Tutela*. São Paulo: RT, 1997, p. 214; MARINONI, Luiz Guilherme. *A Antecipação da Tutela*. 3. ed. São Paulo: Malheiros,1997, p. 212-213.

[9] CARNEIRO, Athos Gusmão. *Da Antecipação de Tutela no Processo Civil*. Rio de Janeiro: Forense, 1998, p. 71.

esta peculiar eficácia somente seja adquirida após a apreciação da causa não só no juízo monocrático como também no juízo colegiado.

Já a AT, esta é concedida através decisão interlocutória, de caráter provisório, modificável ou revogável pelo próprio juiz que a proferiu, e cuja eficácia pode igualmente ser suspensa pelo presidente do tribunal, em concorrendo as circunstâncias referidas no art. 4º da Lei n. 8.437, de 30.06.92 (cuja incidência às AT foi tornada explicita pelo art. 1º da Lei n. 9.494, de 10.09.97) [10].(*Inclusão nossa*).

Vale ainda aqui registrar que, com relação à Tutela Antecipada Antecedente, o Tribunal de Justiça de Minas Gerais, ao editar enunciados sobre o Código de Processo Civil de 2015 expressou em seu Enunciado de número 21 o entendimento de que "Fazenda Pública se submete ao regime de estabilização da tutela antecipada, por não se tratar de cognição exauriente sujeita a remessa necessária", centrando-se, como se nota, no caráter não exauriente bem como na desnecessidade de remessa necessária para fins de autorização da referida medida antecipatória em face da Fazenda Pública, o que concordamos em parte, já que é certo da possibilidade de concessão da Tutela Antecipada Antecedente em face da fazenda pública, no entanto, por todos os motivos já por nós expostos no presente item, onde, inclusive, não se reconhece a remessa necessária como elemento condicional para o deferimento de medida antecipatória.

Assim, ratificando a possibilidade da presença e utilidade de Tutela Antecipada, de ofício ou a requerimento das partes em sede de JEFP, está, inequivocamente, o art.3º da Lei n.12.153/09, já supramencionado:

"*O juiz poderá, de ofício ou a requerimento das partes, deferir quaisquer providências cautelares e antecipatórias no curso do processo, para evitar dano de difícil ou de incerta reparação.*"

---

[10] Idem, p. 72.

ANEXO VII

ORGANOGRAMA DOS JUIZADOS ESPECIAIS DA FAZENDA PÚBLICA

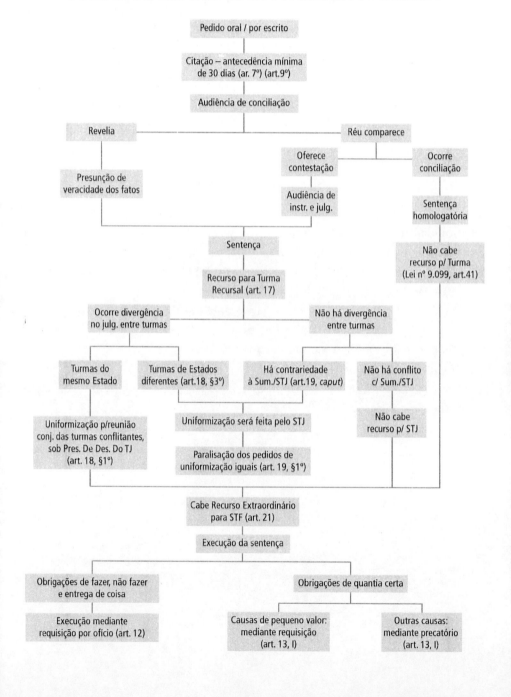

ANEXO VIII

LEI Nº 12.153, DE 22 DE DEZEMBRO DE 2009

> Dispõe sobre os Juizados Especiais da Fazenda Pública
> no âmbito dos Estados, do Distrito Federal,
> dos Territórios e dos Municípios.

O PRESIDENTE DA REPÚBLICA Faço saber que o Congresso Nacional decreta e eu sanciono a seguinte Lei:

Art. 1º Os Juizados Especiais da Fazenda Pública, órgãos da justiça comum e integrantes do Sistema dos Juizados Especiais, serão criados pela União, no Distrito Federal e nos Territórios, e pelos Estados, para conciliação, processo, julgamento e execução, nas causas de sua competência.

Parágrafo único. O sistema dos Juizados Especiais dos Estados e do Distrito Federal é formado pelos Juizados Especiais Cíveis, Juizados Especiais Criminais e Juizados Especiais da Fazenda Pública.

Art. 2º É de competência dos Juizados Especiais da Fazenda Pública processar, conciliar e julgar causas cíveis de interesse dos Estados, do Distrito Federal, dos Territórios e dos Municípios, até o valor de 60 (sessenta) salários mínimos.

§ 1º Não se incluem na competência do Juizado Especial da Fazenda Pública:

I – as ações de mandado de segurança, de desapropriação, de divisão e demarcação, populares, por improbidade administrativa, execuções fiscais e as demandas sobre direitos ou interesses difusos e coletivos;

II – as causas sobre bens imóveis dos Estados, Distrito Federal, Territórios e Municípios, autarquias e fundações públicas a eles vinculadas;

III – as causas que tenham como objeto a impugnação da pena de demissão imposta a servidores públicos civis ou sanções disciplinares aplicadas a militares.

§ 2º Quando a pretensão versar sobre obrigações vincendas, para fins de competência do Juizado Especial, a soma de 12 (doze) parcelas vincendas e de eventuais parcelas vencidas não poderá exceder o valor referido no **caput** deste artigo.

§ 3º (VETADO)

§ 4º No foro onde estiver instalado Juizado Especial da Fazenda Pública, a sua competência é absoluta.

Art. 3º O juiz poderá, de ofício ou a requerimento das partes, deferir quaisquer providências cautelares e antecipatórias no curso do processo, para evitar dano de difícil ou de incerta reparação.

Art. 4º Exceto nos casos do art. 3º, somente será admitido recurso contra a sentença.

Art. 5º Podem ser partes no Juizado Especial da Fazenda Pública:

I – como autores, as pessoas físicas e as microempresas e empresas de pequeno porte, assim definidas na Lei Complementar nº 123, de 14 de dezembro de 2006;

II – como réus, os Estados, o Distrito Federal, os Territórios e os Municípios, bem como autarquias, fundações e empresas públicas a eles vinculadas.

Art. 6º Quanto às citações e intimações, aplicam-se as disposições contidas na Lei nº 5.869, de 11 de janeiro de 1973 – Código de Processo Civil.

Art. 7º Não haverá prazo diferenciado para a prática de qualquer ato processual pelas pessoas jurídicas de direito público, inclusive a interposição de recursos, devendo a citação para a audiência de conciliação ser efetuada com antecedência mínima de 30 (trinta) dias.

Art. 8º Os representantes judiciais dos réus presentes à audiência poderão conciliar, transigir ou desistir nos processos da competência dos Juizados Especiais, nos termos e nas hipóteses previstas na lei do respectivo ente da Federação.

Art. 9º A entidade ré deverá fornecer ao Juizado a documentação de que disponha para o esclarecimento da causa, apresentando-a até a instalação da audiência de conciliação.

Art. 10. Para efetuar o exame técnico necessário à conciliação ou ao julgamento da causa, o juiz nomeará pessoa habilitada, que apresentará o laudo até 5 (cinco) dias antes da audiência.

Art. 11. Nas causas de que trata esta Lei, não haverá reexame necessário.

Art. 12. O cumprimento do acordo ou da sentença, com trânsito em julgado, que imponham obrigação de fazer, não fazer ou entrega de coisa certa, será efetuado mediante ofício do juiz à autoridade citada para a causa, com cópia da sentença ou do acordo.

Art. 13. Tratando-se de obrigação de pagar quantia certa, após o trânsito em julgado da decisão, o pagamento será efetuado:

I – no prazo máximo de 60 (sessenta) dias, contado da entrega da requisição do juiz à autoridade citada para a causa, independentemente de precatório, na hipótese do § 3º do art. 100 da Constituição Federal; ou

II – mediante precatório, caso o montante da condenação exceda o valor definido como obrigação de pequeno valor.

§ 1º Desatendida a requisição judicial, o juiz, imediatamente, determinará o sequestro do numerário suficiente ao cumprimento da decisão, dispensada a audiência da Fazenda Pública.

§ 2º As obrigações definidas como de pequeno valor a serem pagas independentemente de precatório terão como limite o que for estabelecido na lei do respectivo ente da Federação.

§ 3º Até que se dê a publicação das leis de que trata o § 2º, os valores serão:

I – 40 (quarenta) salários mínimos, quanto aos Estados e ao Distrito Federal;

II – 30 (trinta) salários mínimos, quanto aos Municípios.

§ 4º São vedados o fracionamento, a repartição ou a quebra do valor da execução, de modo que o pagamento se faça, em parte, na forma estabelecida no inciso I do **caput** e, em parte, mediante expedição de precatório, bem como a expedição de precatório complementar ou suplementar do valor pago.

§ 5º Se o valor da execução ultrapassar o estabelecido para pagamento independentemente do precatório, o pagamento far-se-á, sempre, por meio do precatório, sendo facultada à parte exequente a renúncia ao crédito do valor excedente, para que possa optar pelo pagamento do saldo sem o precatório.

§ 6º O saque do valor depositado poderá ser feito pela parte autora, pessoalmente, em qualquer agência do banco depositário, independentemente de alvará.

§ 7º O saque por meio de procurador somente poderá ser feito na agência destinatária do depósito, mediante procuração específica, com firma reconhecida, da qual constem o valor originalmente depositado e sua procedência.

Art. 14. Os Juizados Especiais da Fazenda Pública serão instalados pelos Tribunais de Justiça dos Estados e do Distrito Federal.

Parágrafo único. Poderão ser instalados Juizados Especiais Adjuntos, cabendo ao Tribunal designar a Vara onde funcionará.

Art. 15. Serão designados, na forma da legislação dos Estados e do Distrito Federal, conciliadores e juízes leigos dos Juizados Especiais da Fazenda Pública, observadas as atribuições previstas nos arts. 22, 37 e 40 da Lei nº 9.099, de 26 de setembro de 1995.

§ 1º Os conciliadores e juízes leigos são auxiliares da Justiça, recrutados, os primeiros, preferentemente, entre os bacharéis em Direito, e os segundos, entre advogados com mais de 2 (dois) anos de experiência.

§ 2º Os juízes leigos ficarão impedidos de exercer a advocacia perante todos os Juizados Especiais da Fazenda Pública instalados em território nacional, enquanto no desempenho de suas funções.

Art. 16. Cabe ao conciliador, sob a supervisão do juiz, conduzir a audiência de conciliação.

§ 1º Poderá o conciliador, para fins de encaminhamento da composição amigável, ouvir as partes e testemunhas sobre os contornos fáticos da controvérsia.

§ 2º Não obtida a conciliação, caberá ao juiz presidir a instrução do processo, podendo dispensar novos depoimentos, se entender suficientes para o julgamento da causa os esclarecimentos já constantes dos autos, e não houver impugnação das partes.

Art. 17. As Turmas Recursais do Sistema dos Juizados Especiais são compostas por juízes em exercício no primeiro grau de jurisdição, na forma da legislação dos Estados e do Distrito Federal, com mandato de 2 (dois) anos, e integradas, preferencialmente, por juízes do Sistema dos Juizados Especiais.

§ 1º A designação dos juízes das Turmas Recursais obedecerá aos critérios de antiguidade e merecimento.

§ 2º Não será permitida a recondução, salvo quando não houver outro juiz na sede da Turma Recursal.

Art. 18. Caberá pedido de uniformização de interpretação de lei quando houver divergência entre decisões proferidas por Turmas Recursais sobre questões de direito material.

§ 1º O pedido fundado em divergência entre Turmas do mesmo Estado será julgado em reunião conjunta das Turmas em conflito, sob a presidência de desembargador indicado pelo Tribunal de Justiça.

§ 2º No caso do § 1º, a reunião de juízes domiciliados em cidades diversas poderá ser feita por meio eletrônico.

§ 3º Quando as Turmas de diferentes Estados derem a lei federal interpretações divergentes, ou quando a decisão proferida estiver em contrariedade com súmula do Superior Tribunal de Justiça, o pedido será por este julgado.

Art. 19. Quando a orientação acolhida pelas Turmas de Uniformização de que trata o § 1º do art. 18 contrariar súmula do Superior Tribunal de Justiça, a parte interessada poderá provocar a manifestação deste, que dirimirá a divergência.

§ 1º Eventuais pedidos de uniformização fundados em questões idênticas e recebidos subsequentemente em quaisquer das Turmas Recursais ficarão retidos nos autos, aguardando pronunciamento do Superior Tribunal de Justiça.

§ 2º Nos casos do **caput** deste artigo e do § 3º do art. 18, presente a plausibilidade do direito invocado e havendo fundado receio de dano de difícil reparação, poderá o relator conceder, de ofício ou a requerimento do interessado, medida liminar determinando a suspensão dos processos nos quais a controvérsia esteja estabelecida.

§ 3º Se necessário, o relator pedirá informações ao Presidente da Turma Recursal ou Presidente da Turma de Uniformização e, nos casos previstos em lei, ouvirá o Ministério Público, no prazo de 5 (cinco) dias.

§ 4º (VETADO)

§ 5º Decorridos os prazos referidos nos §§ 3º e 4º, o relator incluirá o pedido em pauta na sessão, com preferência sobre todos os demais feitos, ressalvados os processos com réus presos, os **habeas corpus** e os mandados de segurança.

§ 6º Publicado o acórdão respectivo, os pedidos retidos referidos no § 1º serão apreciados pelas Turmas Recursais, que poderão exercer juízo de retratação ou os declararão prejudicados, se veicularem tese não acolhida pelo Superior Tribunal de Justiça.

Art. 20. Os Tribunais de Justiça, o Superior Tribunal de Justiça e o Supremo Tribunal Federal, no âmbito de suas competências, expedirão normas regulamentando os procedimentos a serem adotados para o processamento e o julgamento do pedido de uniformização e do recurso extraordinário.

Art. 21. O recurso extraordinário, para os efeitos desta Lei, será processado e julgado segundo o estabelecido no art. 19, além da observância das normas do Regimento.

Art. 22. Os Juizados Especiais da Fazenda Pública serão instalados no prazo de até 2 (dois) anos da vigência desta Lei, podendo haver o aproveitamento total ou parcial das estruturas das atuais Varas da Fazenda Pública.

Art. 23. Os Tribunais de Justiça poderão limitar, por até 5 (cinco) anos, a partir da entrada em vigor desta Lei, a competência dos Juizados Especiais da Fazenda Pública, atendendo à necessidade da organização dos serviços judiciários e administrativos.

Art. 24. Não serão remetidas aos Juizados Especiais da Fazenda Pública as demandas ajuizadas até a data de sua instalação, assim como as ajuizadas fora do Juizado Especial por força do disposto no art. 23.

Art. 25. Competirá aos Tribunais de Justiça prestar o suporte administrativo necessário ao funcionamento dos Juizados Especiais.

Art. 26. O disposto no art. 16 aplica-se aos Juizados Especiais Federais instituídos pela Lei nº 10.259, de 12 de julho de 2001.

Art. 27. Aplica-se subsidiariamente o disposto nas Leis nos 5.869, de 11 de janeiro de 1973 – Código de Processo Civil, 9.099, de 26 de setembro de 1995, e 10.259, de 12 de julho de 2001.

Art. 28. Esta Lei entra em vigor após decorridos 6 (seis) meses de sua publicação oficial.

Brasília, 22 de dezembro de 2009; 188º da Independência e 121º da República.

LUIZ INÁCIO LULA DA SILVA
Tarso Genro
Este texto não substitui o publicado no DOU de 23.12.2009

ANEXO IX

ENUNCIADOS CÍVEIS DO FÓRUM NACIONAL DOS JUIZADOS ESPECIAIS ESTADUAIS RELATIVOS AOS JUIZADOS ESPECIAIS DA FAZENDA PÚBLICA – FONAJE

Aplicam-se aos Juizados Especiais da Fazenda Pública, no que couber, os Enunciados dos Juizados Especiais Cíveis (XXIX Encontro – Bonito/MS).

ENUNCIADO N° 02
É cabível, nos Juizados Especiais da Fazenda Pública, o litisconsórcio ativo, ficando definido, para fins de fixação da competência, o valor individualmente considerado de até 60 salários mínimos (XXIX Encontro – Bonito/MS).

ENUNCIADO N° 03
Não há prazo diferenciado para a Defensoria Pública no âmbito dos Juizados Especiais da Fazenda Pública (XXIX Encontro – Bonito/MS).

ENUNCIADO N° 04
Cancelado (XXIX Encontro – Bonito/MS).

ENUNCIADO N° 05
É de 10 dias o prazo de recurso contra decisão que deferir tutela antecipada em face da Fazenda Pública (nova redação – XXX Encontro – São Paulo/SP).

ENUNCIADO N° 06
Vencida a Fazenda Pública, quando recorrente, a fixação de honorários advocatícios deve ser estabelecida de acordo com o § 4°, do art. 20, do Código de Processo Civil, de forma equitativa pelo juiz (XXIX Encontro – Bonito/MS).

ENUNCIADO N° 07
O sequestro previsto no § 1° do artigo 13 da Lei n° 12.153/09 também poderá ser feito por meio do BACENJUD, ressalvada a hipótese de precatório (XXX Encontro – São Paulo/SP).

ENUNCIADO N° 08
De acordo com a decisão proferida pela 3ª Seção do Superior Tribunal de Justiça no Conflito de Competência 35.420, e considerando que o inciso II do art. 5° da Lei 12.153/09 é taxativo e não inclui ente da Administração Federal entre os legitimados passivos, não cabe, no Juizado Especial da Fazenda Pública ou no Juizado Estadual Cível, ação contra a União, suas empresas públicas e autarquias, nem contra o INSS (XXXII Encontro – Armação de Búzios/RJ).

ENUNCIADO N° 09
Nas comarcas onde não houver Juizado Especial da Fazenda Pública ou juizados adjuntos instalados, as ações serão propostas perante as Varas comuns que detêm competência

para processar os feitos de interesse da Fazenda Pública ou perante aquelas designadas pelo Tribunal de Justiça, observando-se o procedimento previsto na Lei 12.153/09 (XXXII Encontro – Armação de Búzios/RJ).

ENUNCIADO Nº 10
É admitido no juizado da Fazenda Pública o julgamento em lote/lista, quando a material for exclusivamente de direito e repetitivo (XXXII Encontro – Armação de Búzios/RJ).

ENUNCIADO Nº 11
As causas de maior complexidade probatória, por imporem dificuldades para assegurar o contraditório e a ampla defesa, afastam a competência do Juizado da Fazenda Pública (XXXII Encontro – Armação de Búzios/RJ).

ENUNCIADO Nº 12
Na hipótese de realização de exame técnico previsto no art. 10 da Lei 12.153/09, em persistindo dúvida técnica, poderá o juiz extinguir o processo pela complexidade da causa (XXXVIII Encontro – Belo Horizonte-MG).

ENUNCIADO Nº 13
A contagem dos prazos processuais nos Juizados da Fazenda Pública será feita de forma contínua, observando-se, inclusive, a regra especial de que não há prazo diferenciado para a Fazenda Pública - art. 7º da Lei 12.153/09 (XXXIX Encontro - Maceió-AL).

REFERÊNCIAS BIBLIOGRÁFICAS

ALVIM, Eduardo Arruda. *Direito Processual Civil.* 2 ed. São Paulo: RT, 2008.

ALVIM, J. E. Carreira. *Juizados Especiais Cíveis Estaduais.* Revista e Atualizada por Luciana Gontijo Carreira Alvim.4 ed. Curitiba: Juruá,2009.

CARNEIRO, Athos Gusmão. Da Antecipação de Tutela no Processo Civil. Rio de Janeiro: Forense, 1998.

CARREIRA ALVIM, J.E. *Juizados Especiais Federais.* Rio de Janeiro: Forense, 2002.

ASSIS, Araken de. *Execução Civil nos Juizados Especiais.* 4 ed. São Paulo: RT, 2006.

BANCO MUNDIAL. *O setor judicial na américa latina e no caribe: elementos da reforma.* Documento técnico do banco mundial n. 319S. Washington, D.C., 1997.

BARBOSA, Claudia Maria. *Poder Judiciário: reforma para quê?.* Disponível em:</ www.ambitojuridico.com.br/site/index.php?n_link=revista_artigos_leitura&arti-go_id=2339>. Acesso em 20 de dezembro de 2009.

CACHAPUZ, Rozane da Rosa. *Mediação nos Conflitos e Direito de Família.* 4. ed. Curitiba: Juruá, 2006.

CALAMANDREI, Piero. *Opere Giuridiche.* Vol. I. Napoli: Morano Editore, 1965.

CÂMARA, Alexandre Freitas.*Juizados Especiais Cíveis Estaduais e Federais. Uma abordagem crítica.* 5 ed. Rio de Janeiro: Lumen Juris, 2009.

CÂMARA, Alexandre Freitas. *Juizados Especiais Cíveis Estaduais, Federais e da Fazenda Pública. Uma abordagem crítica.* 6 ed. Rio de Janeiro: Lumen Juris, 2010.

CAPPELLETTI, Mauro. *Processo, Ideologias e Sociedade.* Trad. de Elício de Cresce Sobrinho. Vol. I. Porto Alegre: Sérgio Antonio Fabris Editor, 2008.

CAPPELLETTI, Mauro. Problemas de reforma do processo civil nas sociedades contemporâneas. *In*: GRINOVER, Ada Pellegrini *et ali*. *O Processo Civil Contemporâneo*. Curitiba: Juruá, 1994, p.15.

CARNELUTTI, Francesco. *La Prova Civile*. 2 ed. Roma: Edizioni dell'Ateneo, 1947.

CHIOVENDA, Giuseppe. *Saggi di Diritto Processuale Civile*. 2 ed. Roma: Foro It., 1930.

CINTRA Antonio Carlos de Araújo *et ali*. *Teoria Geral do Processo*. 11 ed. São Paulo: Malheiros Editores, 1995.

COSTA, Hélio Martins. *Lei dos Juizados Especiais Cíveis*. 3 ed. Belo Horizonte, Del Rey, 2002.

COSTA, Hélio Rubens Batista Ribeiro; RIBEIRO, José Horácio Halfeld Rezende; DINAMARCO, Pedro da Silva. (Coord.). *Linhas Mestras do Processo Civil.*: São Paulo: Atlas, 2004.

CHIMENTI, Ricardo Cunha. *Juizados Especiais da Fazenda Pública*. São Paulo: Saraiva, 2010.

CUNHA, J. S. Fagundes. *Recursos e Impugnações nos Juizados Especiais Cíveis*. Curitiba: Juruá, 1996.

CUNHA, Luciana Gross. *Juizado Especial. Criação, Instalação, Funcionamento e a Democratização do Acesso à Justiça*. São Paulo: Saraiva, 2008.

DINAMARCO, Cândido Rangel. *A Instrumentalidade do processo*. 4 ed. São Paulo: Malheiros Editores, 1994.

DINAMARCO, Cândido Rangel. *Instituições de Direito Processual Civil*. Vol. III. São Paulo: Malheiros Editores, 2002.

DINAMARCO, Cândido Rangel. *Instituições de Direito Processual Civil*. Vol. III. 4 ed. São Paulo: Malheiros, 2004.

DINAMARCO, Candido Rangel. *Manual de Pequenas Causas*. São Paulo: RT, 1986.

EISLER, Rudolf. *Wörterbuck der philosophischen Begriffe*. Berlim: Verlag, 2010.

REFERÊNCIAS BIBLIOGRÁFICAS

ENGISH, Karl. *Introdução ao Pensamento Jurídico*. Trad. J. Baptista Machado. 8 ed. Lisboa: Fundação Caloust Gulbenkian, 2001.

FABRÍCIO, Adroaldo Furtado (Coord.). *Meios de Impugnação ao Julgado Civil. Estudos em homenagem a José Carlos Barbosa Moreira*. Rio de Janeiro: Forense, 2007.

FIGUEIRA JÚNIOR, Joel Dias. *Manual dos Juizados Especiais Cíveis Estaduais e Federais*. São Paulo: RT, 2006.

GAIO JÚNIOR, Antônio Pereira. *Instituições de Direito Processual Civil*. 3 ed. Salvador: JusPodivm, 2017.

GAIO JÚNIOR, Antônio Pereira. *Tutela Específica das Obrigações de Fazer*. 7 ed. Curitiba: Juruá, 2017.

GAIO JÚNIOR, Antônio Pereira. *Direito Processual Civil*. Vol. I. 3 ed. Belo Horizonte: Del Rey, 2009.

GAIO JÚNIOR, Antônio Pereira. *Direito Processual Civil*. Vol. II. Belo Horizonte: Del Rey, 2008.

GAIO JÚNIOR, Antônio Pereira. *Tutela Específica das Obrigações de Fazer*. 6 ed. Curitiba: Juruá, 2016.

GAIO JÚNIOR, Antônio Pereira. Direito, Processo e Desenvolvimento: Pacto de Estado e a Reforma do Judiciário. In: *Revista Magister de Direito Empresarial, Concorrencial e do Consumidor*, v.19, fev/mar., Magister: Porto Alegre, 2008, p.31-34.

GAIO JÚNIOR, Antônio Pereira. Embargos do Executado na Reforma da Execução por Título Extrajudicial – Lei n. 11.382/2006. In: DIAS, Ronaldo Brêtas de Carvalho; NEPOMUCENO, Luciana Diniz. (Coords.). *Processo Civil Reformado*. 2 ed. Belo Horizonte: Del Rey, 2009, p.25-63.

GAIO JÚNIOR, Antônio Pereira. *Tutela Específica das Obrigações de Fazer*. 3 ed. Rio de Janeiro: Forense, 2007.

GAIO JÚNIOR, Antônio Pereira; RAMOS, Rafaella Cardoso. Prova Documental Eletrônica como objeto probatório no contexto do Processo Civii Brasileiro. *In: Revista de Processo*. n.282, agosto de 2018. São Paulo: RT, p. 179 - 199.

GAIO JÚNIOR, Antônio Pereira; GAIO, Raquel Mota Dias. A Mediação na esfera civil como meio propício para solução de conflitos. *In*: VARGAS, Fábio de Oliveira; DOMITH, Laira Carone Rachid (Coords.). *Direito e Psicologia. Estudos em homenagem ao Professor Israel Carone Rachid*. Juiz de Fora: Editar, 2013, p. 81-106.

GOODIN, Robert A. *Mediation: an overview of alternative dispute resolution.* Disponível em: <http://usinfo.state.gov/journals/itdhr/1299/ijde/goodin.htm>. Acesso em: 14.09.2018.

GRECO, Leonardo. A Prova no Processo Civil: Do Código de 1973 ao Novo Código Civil. In: COSTA, Hélio Rubens Batista Ribeiro; RIBEIRO, José Horácio Halfeld Rezende; DINAMARCO, Pedro da Silva. (Coord.). *Linhas Mestras do Processo Civil.*: São Paulo: Atlas, 2004,p.403.

GRINOVER, Ada Pellegrini. *Novas tendências do direito processual.* 2 Ed.. Rio de Janeiro: Forense Universitária, 1990.

GRINOVER, Ada Pellegrini; WATANABE, Kazuo; LAGRASTA NETO, Caetano (Coords.). *Mediação e Gerenciamento do Processo. Revolução na Prestação Jurisdicional.* São Paulo: Atlas, 2007.

GRINOVER, Ada Pellegrini *et ali. O Processo Civil Contemporâneo.* Curitiba: Juruá, 1994.

KANT, Immanuel. *Metaphysische Anfangsgründe der Naturwissenschaft.* Leipzig: Verlag von C.E.M. Pfeffer, 1900.

KAPLOW, Louis; SHAVELL, Steven. *Fairness versus Welfare*, 114 Harv. L. Rev. 961, (200-2001).

KOCHEM, Ronaldo. Racionalidade e decisão - A fundamentação das decisões judiciais e a interpretação jurídica. *In: Revista de Processo*, v. 244. São Paulo: Revista dos Tribunais, 2015, p.68-87.

KUHN, Thomas. *A Estrutura das Revoluções Científicas.* São Paulo: Perspectiva, 2003.

LETTERIELLO, Rêmolo. *Repertório dos Juizados Especiais Cíveis Estaduais.* Belo Horizonte: Del Rey, 2008.

LOSANO, Mario. G. *Sistema e Estrutura no Direito.* Vol. 2.Trad. Luca Lamberti. São Paulo, Martins Fontes, 2010.

LUHMANN, Niklas. *Legitimação pelo Procedimento*. Trad. de Maria da Conceição Côrte-Real. Brasília: Universidade de Brasília, 1980.

MACEDO, Elaine Harzheim, Repercussão Geral das questões constitucionais: nova técnica de filtragem do recurso extraordinário, *Revista Direito e Democracia*, v.6, n.1, Canoas, Editora da Ulbra, 2005, p.88.

MAGANO, José Paulo Camargo. Cabimento de Agravo de Instrumento em sede de Juizado Especial. *Tribuna da Magistratura*, maio/junho de 1998.

MALACHINI, Edson Ribas. A Constituição Federal e a Legislação Concorrente dos Estados e do Distrito Federal em Matéria de Procedimentos. *In:* GRINOVER, Ada Pellegrini *et ali*. *O Processo Civil Contemporâneo*. Curitiba: Juruá, 1994, p.154.

MARINONI, Luiz Guilherme. *Incidente de Resolução de Demandas Repetitivas. Decisão de questão idêntica x Precedente*. São Paulo: RT, 2016.

MARINONI, Luiz Guilherme; MITIDIERO, Daniel. *Repercussão Geral no Recurso Extraordinário*. São Paulo: RT, 2007.

MARINONI, Luiz Guilherme; RENHART, Sérgio Cruz. *Manual de Processo de Conhecimento*. 2 ed. São Paulo: RT,2003.

MOREIRA, Wander Paulo Marotta. *Juizados Especiais Cíveis*. Belo Horizonte: DelRey, 1996.

NEGRÃO, Theotônio; GOUVEA, José Roberto F. *Código de Processo Civil e Legislação Processual em vigor*. São Paulo: Saraiva, 2008.

NERY JR, Nelson; ANDRADE NERY, Rosa Maria. *Código de Processo Civil Comentado*. 10 ed. São Paulo: RT, 2007.

NÓBREGA, Maílson da. Brasil: um novo horizonte. *In:* ZYLBERSZTAJN, Décio; SZTAJN, Rachel.(Orgs.) *Direito e Economia. Análise Econômica do Direito e das Organizações*. Rio de Janeiro: Elsevier, 2005, p.291.

NORTHFLEET, Ellen Grace. Novas Fórmulas para Solução de Conflitos. *In:* TEIXEIRA, Sávio de Figueiredo (Coord.). *O Judiciário e a Constituição*. São Paulo: Saraiva, 1994, p. 323-326.

TEMER, Sofia. Incidente de Resolução de Demandas Repetitivas. 2 ed. Salvador: JusPodivm, 2017.

NUSDEO, Fábio. *Curso de Economia: Introdução ao Direito Econômico*. 5 ed.. São Paulo: RT, 2008

PINHEIRO, Armando Castelar. Magistrados, Judiciário e Economia no Brasil. *In*: ZYLBERSZTAJN, Décio; SZTAJN, Rachel.(Orgs.) *Direito e Economia. Análise Econômica do Direito e das Organizações*. Rio de Janeiro: Elsevier, 2005, p.244-283.

RODRIGUEZ, José Rodrigo. Desenvolvimento sem retórica. In: RODRIGUEZ, José Rodrigo. (Org.). *O Novo Direito e Desenvolvimento. Presente, Passado e Futuro*. São Paulo: Saraiva, 2009.

ROCHA, Felippe Borring. *Manual dos Juizados Especiais Cíveis Estaduais*. 6 ed. São Paulo: Atlas, 2012.

SANTOS, Ernane Fidélis dos. *Novos Perfis do Processo Civil Brasileiro*. Belo Horizonte: Del Rey, 1996.

SANTOS, Moacyr Amaral dos. *Primeiras Linhas de Direito Processual Civil*. Vol.1.16. ed. Saraiva: São Paulo, 1993.

SEN, Amartya. *Development as freedom*. New York: Anchor Books, 2000.

SILVA, Jorge Alberto Quadros de Carvalho. *Lei dos Juizados Especiais Cíveis Anotada*. 3 ed. São Paulo:Saraiva, 2003.

STRECK Lenio Luiz. *O pan-principiologismo e o sorriso do lagarto*. Disponível em:< http://www.conjur.com.br/2012-mar-22/senso-incomum-pan-principiolo-gismo-sorriso-lagarto>. Acesso em: 29.09.2018.

SUPERIOR TRIBUNAL DE JUSTIÇA. Disponível em: <*www.stj.gov.br.*>. Acesso em 26 de junho de 2009.

SUPREMO TRIBUNAL FEDERAL. Gabinete Extraordinário de Assuntos Institucionais. *Repercussão Geral no Recurso Extraordinário*, p.1. Disponível em: <*www.stf.gov.br*>. Acesso em 14 de junho de 2008.

THEODORO JR., Humberto. *Curso de Direito Processual Civil*. Vol. I. 47 ed. Rio de Janeiro: Forense, 2007.

THEODORO JR., Humberto. *Curso de Direito Processual Civil*. Vol. III. 36 ed. Rio de Janeiro: Forense, 2006.

THEODORO JÚNIOR, Humberto. *Curso de Direito Processual Civil*. Vol. III. 45 ed. Rio de Janeiro: Forense, 2013.

REFERÊNCIAS BIBLIOGRÁFICAS

THEODORO JR., Humberto. *O Mandado de Segurança segundo a Lei n. 12.016, de 07 de agosto de 2009*. Rio de Janeiro: Forense, 2009.

TUCCI, Rogério Lauria. *Manual do Juizado Especial de Pequenas Causas*. São Paulo: Saraiva, 1985.

WATANABE, Kazuo. (Org.). *Juizado Especial de Pequenas Causas*. São Paulo: RT, 1985.

ZAFFARONI, Eugenio Raúl. *Poder Judiciário. Crise, Acertos e Desacertos*. Trad. Juarez Tavares. São Paulo: RT, 1995.

ZYLBERSZTAJN, Décio; SZTAJN, Rachel.(Orgs.) *Direito e Economia. Análise Econômica do Direito e das Organizações*. Rio de Janeiro: Elsevier, 2005.